『葛飾誌略』の世界

鈴木和明
Suzuki Kazuaki

文芸社

序

本書は筆者が市川市南行徳公民館主催講座全十四回（前・後期、館外二回含む）で講演した原稿を基にまとめました。

『葛飾誌略』は行徳の郷土史に興味を持たれる方々が必ず読まれる地誌だと思います。筆者も『葛飾誌略』に書かれている名所旧跡を辿って、浦安から行徳、市川、船橋、鎌ケ谷、江戸川区まで、自転車に乗って取材ノートとカメラ、画板、鉛筆、消しゴム、名刺を持って巡り歩きました。十四回の講座で参加者のみなさんに提供した資料は膨大な量になりました。

講座を担当させていただいてから早くも十二年の歳月が流れました。そのときの経験と取材が血肉となって現在の筆者の執筆活動を支えています。

本書は『葛飾誌略』の全文を収録し、各項目について解説を加えました。それは読者のみなさん方の理解の一助にとの思いからですが、筆者自身がこのような形の本を求めていたからにほかなりません。

本書は次の点に留意して執筆いたしました。

一、本書の底本は『房総叢書』（第六巻）所収『葛飾誌略』（房総叢書刊行会、一九四一年十一月十日発行）を使用しました。
一、字句の検索にあたっては『広辞苑第四版』及び『新版漢語林』を参照しました。
一、収録にあたっては、原文を忠実に再現するよう努めました。
一、原文に例えば「なり」とある個所と「也」とある個所がありますが統一せず原文のままとしました。他の例としては「あり」と「有り」、「いふ」と「云ふ」などがありますが原文のままとしました。
一、原文の意を損ねない範囲で常用漢字に改めた部分があります。例えば、「鹽」を「塩」などです。常用漢字に改めなくても十分に意が通じる場合、改めないほうがよいと判断した場合は原文のままとしました。
一、読みにくい難しい文字にはルビをふりました。
一、本文中に補足のため（　）を付けて説明を加えました。
一、本文の各項目のあとに（注）を加えて補足説明を付けました。
一、補足説明にあたり、出典を示すよう努力いたしました。
一、資料として『市川市史』第六巻上所収「塩浜由緒書」「塩浜由来書」の全文を収録しました。

本書の刊行が行徳の郷土史研究の一助となればこの上ない幸せです。

なお、本書の刊行にあたり市川市教育委員会のみなさまのご協力を得ました。ここに記してお礼申し上げます。

二〇一五年二月吉日

鈴木和明

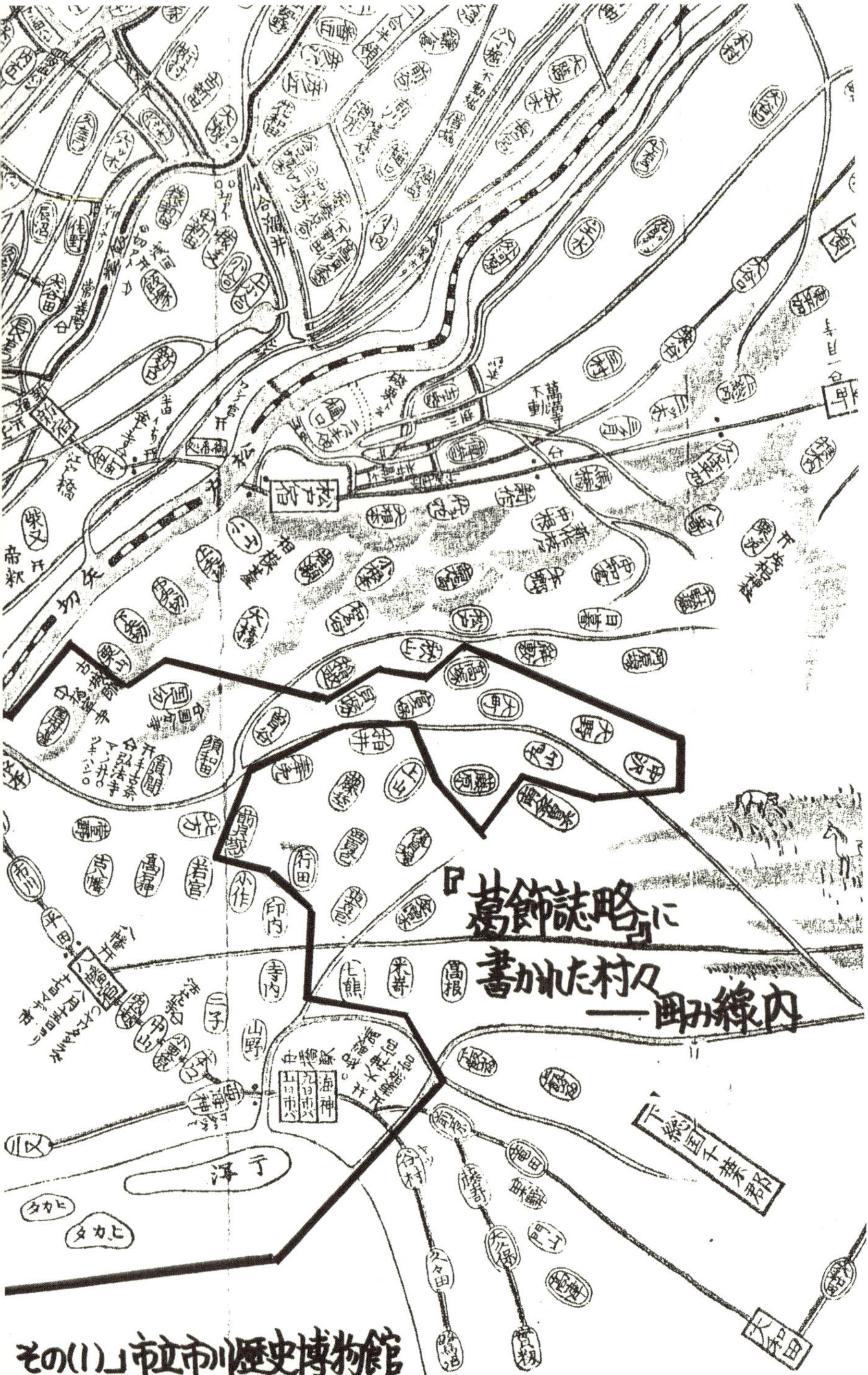

その(1)」市立市川歴史博物館

江戸近郊図・1844・弘化元年版「行徳レポート

『葛飾誌略』の世界　目次

塩　25

行徳領　43

船橋宿 195

『葛飾誌略』の世界
――行徳塩浜付村々へタイムスリップ・知られざる逸話の数々

（市川市南行徳公民館講座）

◉『葛飾誌略』について

底本　『房総叢書』（第六巻）所収『葛飾誌略』（房総叢書刊行会、一九四一年十一月十日発行）。

著者　不詳。但し、馬光という人物とも考えられます。根拠としては「香取社」の項中の「拝殿」の項に「予も雪の句を奉納せし也。うつくしや梅の香とりの舞乙女　馬光」があります。馬光とは俳号と思われますが、「寺内村」の項中の「常楽寺」の項に、「馬光山と云ふ。真言。」とあります。常楽寺の山号は、現在は海見山といいます。常楽寺の僧侶か檀家の関係者が馬光と名乗ったのかもしれませんが未詳。常楽寺の所在は船橋市西船七丁目五番八号です。

刊行時期　文化七年（一八一〇）とされます。明治維新の五十八年前の頃です。徳川家康の江戸入府（天正十八年、一五九〇）の二百二十年後、行徳船の許可（寛永九年、一六三二）から百七十八年後、行徳船場《ふなば》が新河岸に移った元禄三年（一六九〇）から百二十年後、『葛飾記』の刊行（寛延二年、一七四九）から六十一年後になります。

なお、『かいづかの35年―絆は歴史から―』（市川博物館友の会編集発行、平成二十三年三月二十日）所収「〈行徳志〉の著者礒貝某について」の筆者森亘男氏が文中で示唆に富んだ推論を述べています。森氏によれば『行徳志』と『葛飾誌略』の著者は同一人物であり、『行徳志』が『葛飾誌略』の原《もと》だとしています。したがって『葛飾誌略』の刊行年を文化七年とするのは誤りであると指摘しています。

しかしながら、本書『葛飾誌略の世界』では、これまでの①刊行年は文化七年、②著者は馬光であろう、という前提で筆を進めることにいたしました。それは『行徳志』が筆者の力では全文を判読しがたく、また、活字に書き換えられた文献もありませんので、そのような判断をしたわけです。今後の研究が進むことを期待します。

読者のみなさんは、そのことを含んで本書を読み進めていただきたいと思います。

内容の概略　多くの古文、詩歌が載っています。現代の観光ガイドブックに相当すると思います。

塩について　巻頭から触れています。

江戸川について　名物、産物、堤防の長さに触れてから内匠堀《たくみぼり》を書いています。

内匠堀について　内匠堀について言及した唯一の地誌です。元和六年（一六二〇）に公へ訴訟し、免許を受けてこれを開く、としていますが、元和六年に開削したとはされていません。

行徳領について　行徳領はおよそ四十余ケ村で、高およそ一万石等々、但し、本行徳は母郷なれば、行徳より書き出すはずだが、村々の順路が読み継ぎづらいようなので、下から書き出して国府台辺りで終わる、としています。

取り上げられている村々　堀江、猫実《ねこざね》、当代島、新井、欠真間《かけまま》、湊新田、湊、押切《おしきり》、伊勢宿、関ヶ島、本行徳、行徳新田、新宿《にいじゅく》、川原、大和田、稲荷木《とうかぎ》、下妙典《しもみょうでん》、上妙典、田尻、高谷《こうや》、原《ばら》木《き》、二俣、西海神、船橋海神、船橋宿（船橋九日市・船橋五日市・船橋漁師町）、山野、印内、本郷、寺内、二子《ふたご》、小栗原《おぐりはら》、古作《こさく》、中山、北方《ぼっけ》、藤原新田、丸山新田、中沢、高石神《たかいしがみ》、鬼越《おにごえ》、八幡町、古八幡、八幡、平田《ひらた》、菅野、宮久保、貝塚、高塚、曽谷《そや》、須和田、国分、大町、大野、市川、市川新田、真間《まま》、国府台《こうのだい》、上小岩、下小岩、笹ケ崎、上篠崎、下篠崎、上鎌田、下鎌田、伊勢屋、前野、上今井、下今井の村々六十八ケ町村が書かれています。

　順路としては、葛飾の浦を江戸川沿い、あるいは海岸沿いに北上して船橋に達し、次に、佐倉道（千葉街道）伝いに鎌ケ谷市域も紹介しながら西に進み、江戸川を越して武蔵国の江戸川沿いの村々を紹介しています。本文からは行徳領は堀江村から二俣村までを指しているものと推測できますが、広く船橋市の一部と鎌ケ谷市の一部を含み市川市市域全域を含む広大な地域と理解できます。この辺りが文化の時代（一八〇四～一七）に葛飾と呼ばれた範囲だったのでしょう。

以下、『葛飾誌略』を記述いたします。

『葛飾誌略』巻頭部分の「解説」文について

【解説】本書の著者は、行徳在住の名主か何かであったらしいことは想察されるが、氏名すら分からない。内容は凡例にもある通り見聞の儘を漫然と書き集めたもので、行徳及び船橋の記事が主となってゐる。書中の年代計数は文化七年（一八一〇）現在である。「予若年の頃、俳友の勧めにより催主となりて発句の額を奉納せし也。今是を顧みるに我句の拙《つたな》きを後悔致す也」の一節が見え、馬光の俳号も見えてゐるが、しかし、文化十年（一八一三）に刊行された新井（南行徳と注釈あり）の里正鈴木金堤撰「勝鹿図志手くりふね」の行徳俳人中には馬光はない。殆《ほと》んど同時期同地方人の著述と思はれる両書が、同一題目を取扱ひながら全然着眼を異にしたり、書中の何所を見ても終始没交渉であるのなど不思議である。（勿論、両書の著者が同一人とは受け取れない、と注釈あり）今こゝに収録したのは筆者所蔵の写本であるが、誤脱が少なくないので訂正を施した。著者は土地の実際について委《くわ》しいが、紀年の干支《えと》や引用の古文・詩歌には意を留めなかったやうである。なほ本書を第八巻の「葛

飾記」と併せ読んだら興味深いものがあらう。（稲葉）
（注）馬光についての筆者の推論については、「著者」の項で述べました。

凡例

一、引用する處《ところ》の書凡《およそ》百十七部、をこがましければ、皆其目《みなそのもく》を挙げず。

一、此《この》草紙、寛政の頃（一七八九～一八〇〇）ふと思ひ立ち、見聞の所を三つ二つと反古《ほご》に書き留めしが、世の経営に打捨てたり。又、文化（一八〇四～一七）の初め思ひ立ちしが、又、打捨てたり。よりて社宮村（？）より末の方は、寺院なども文化四年（一八〇七）迄の称也。

一、世の営みに遑《いとま》なく、夜分の閑暇に書き集めたれば、論なくも、書損多かるべし。重ねて閑暇を見合せ、認め直すべし。

次に本文に移ります。以下は、下総の国の産物と名所について述べています。

下総国中城地

古河土井様。関宿久世候。佐倉堀田候。結城酒井候。今は水野候。小見川内田候。生實《おゆみ》森川候。多古松平候。高岡井上候。但し古河・関宿・佐倉は城にして、其以下はみな陣営なり。

（注）生實森川候とは、正保元年（一六四四）、今井の渡しを渡ろうとして捕えられ処刑された久三郎とイネのねね塚由来に出てくる森川家のこと。

葛飾郡は凡《およそ》高二十万石余（米約五十万俵）也《なり》と云《い》ふ。元禄年中（一六八八～一七〇三）葛西《かさい》一円に新武蔵と改りしより、下総国葛飾郡の郷十万石余（米約二十五万俵）と成ると云ふ。御検地は平岡三郎右衛門様・池田庄兵衛様・比企長左衛門様、御勤め被《され》レ成《な》候也《そうろうなり》。

（注）元禄の検地は新検といい、元禄十五年（一七〇二）に行われた。

或《ある》老人云ふ、小田原北条の頃迄は、川（江戸川のこと）の東を葛東《かっとう》といひ、川の西を葛西《かさい》と呼びしと也。今は葛西の名はあれども、葛東の事は絶えて知る人稀《まれ》也と、茶話有りし也。南留別志《なるべし》に曰《いわ》く、庄と云ふを郡のやうに思へるは誤なり。庄は庄園にて私田にあるべし。公田《くでん》にはあるまじ。私田の内にも都に居給へる高官の人か。又は寺社の封戸なるべし。是を司る代官のやうなるものを庄司といふ也。されば庄のなき地もあるべし。何の郡、何の庄、何村と必ずいふ事は誤りなるべし。国郡郷と次第すること本法なり。云々《うんぬん》。

（注）南留別志。なるべし。随筆五巻、荻生徂徠著。宝暦十二年（一七六二）刊。多くの事物の

名目の語源を挙げ、転訛《てんか》を正すことを試みたもの。
（注）庄園。しょうえん、荘園。平安時代より室町時代にかけての貴族・寺社の私的な領有地。豊臣秀吉の太閤検地により最終的に廃止された。
（注）下総国全体の荘園はおよそ四十あり、『市川市史』によれば十一世紀末期（平安時代末期）以降に成立したとされる寄進型荘園。在地領主が開発した私領を形式的に中央の貴族や大社寺に寄進して、実際にはその土地からの上げ分（収益）の一部を差し出し、その土地の領有権を自分のものとすることで、そのようにして荘園として公認されたもの。

（注）荘号のいろいろ。相馬御厨《みくりや》（伊勢大神宮領）、萱田御厨、船橋御厨（夏見ともいう、後白河院領）、葛西御厨（伊勢大神宮領）、大須賀保、下河辺庄、松戸庄。
（注）御厨。みくりや。古代・中世、皇室や神社に所属した領地。古代末期には荘園の一種となる。神領。葛西御厨篠崎郷本行徳中洲に神明社があり、寛永十二年（一六三五）行徳塩浜十五ケ村の総鎮守として現在地の本行徳（一丁目）に遷座された。
（注）八幡庄。成立年代と領家ともに不明。中山法華経寺文書、正和三年（一三一四）以後のもの。谷中郷、蘇谷《そや》郷があり、谷中郷には、若宮・中山・高石神、蘇谷郷には、秋山村がある。その他に、北方《ぼっけ》・真間の地名もある。
（注）八幡庄の荘域。現在の国府台付近から中山までの一帯を占めていた。南は現在の東京

湾に面し、西は江戸川を挟んで葛西御厨と下河辺庄《しもこうべのしょう》に対し、北は松戸庄に接し、東は船橋御厨に隣り合わせていた。

葛飾浦

此辺の浦をすべて云ふ。古歌或は歌枕等にも多く載せたり。景物、松、かつしかの浦、朱《あけ》のそほ舟《ぶね》、沖津洲《おきつす》、など、読み遺したり。

（注）朱のそほ舟。朱は赤色のこと。「そほ」は塗料の赤土のことで、保全・装飾のために赤く塗った舟。高市連黒人《たけちのむらじくろひと》の旅の歌「旅にして物恋しきに山下の赤《あけ》のそほ船沖にこぐみゆ」万葉集巻第三　２７０

（注）沖津洲。沖にある砂洲。浦安の堀江・猫実村の沖津洲は貝ばかりが寄った白い洲で海中に見えるそれは景物とされていた。（『葛飾記』）

（注）『葛飾記』寛延二年（一七四九）青山某著。『燕石十種』（第五巻）所収では、「安房、上総、下総、武蔵四ヶ国の入り合い浦なり。西は、伊豆、相模の浦へ続く。すなわち富士の高嶺出で、突如として蒼波を覆圧す。関東不二山の余波の景、田子の浦にもおとらざる景なり。」とある。

（注）『勝鹿図志手くりふね』文化十年（一八一三）鈴木金堤撰。「我が住む葛飾は、古くよ

り名だたる所にて、赤人・虫麻呂の詠をはじめ、代々の歌枕となりて、久しくその名を失わず。古く真間の入江などつづけしを見るに、昔はこの辺りまで海の差し入りたるならん。その形おろおろ見にたれば、今の行徳という辺りより、すべてひとつの浦にして、この海辺をひろく葛飾の浦といいしと覚ゆ。」

真間浦

是《これ》も此浦の一名にて、古歌に多し。

(注)「葛飾の真間の浦廻《うらみ》を漕ぐ船の船人騒ぐ波立つらしも」作者不詳。万葉集巻第十四　東歌3349

(注)真間の手児奈が身を投げたのは市川村の辺りのこと。ここは昔大船の入津の湊だった。『葛飾記』には、「おすひ(真間の歌枕にあり)は国府台の赤岸山の水際をいうや、ままの手こな入水せし所は、その湊に投とある故、いまの市川村の辺りならん、この所はむかし大船の入津の場なるべし、故にその湊という、入江と川とにより、大船勝手に登り着きしと覚えたり」とある。

袖ヶ浦

是《これ》も此浦《この》の一名にて、発句等多し。但し本名には非《あら》ず。此浦の景色、袖の形に似たりとて、連俳の雅客名付けしと也。袖の浦は、雲州（出雲国《いずものくに》、島根県東部）の名所にて古歌等多し。又、袖師の浦は駿州（駿河国《するがのくに》、静岡県中央部）にして、有渡濱より東の海をいふと也。又、鎌倉の海をも袖の浦といふ也。寔に《しょく》（実際に、の意）葛飾の浦の景色は限りもなく、赤子もしるき白妙《しろたえ》の、富士は手に取るばかりに見え渡り、房総の名だたる山々は霞の外に現はれ、白浪は華をくたし、天晴れて沖津雁《かり》遠く聞え、そほ舟は猶《なお》小笹の葉かとも疑ふ。汐干の頃に貴となく賤となく行き遊ぶ様は、住吉の浦・品川の汐干にもをさをさ劣るまじくやと思ふ。或は夕なぎに漁舟《いさりぶね》の舟路に急ぐさま、真帆片帆《まほかたほ》の忙しく、此所の磯辺、彼所への入江に、漁火《いさりび》の月影に通ひて賑はふ様など、眺望限りなき所也。

（注）真帆片帆。真帆は帆を正面に向け、追い風を受けて走ること。順風にかけた帆。片帆は、横風をはらませるため、船の帆を一方に傾けてあげること。

（注）この記述からは、忙しく操船する漁師の舟、飛ぶ鳥の群れと鳴き声、夜間にちらちらと燃える漁火の幻想的な光景が想像できる。

（注）欄外注釈に、赤子も云々不明、とあり。

続後撰集《しょくごせんしゅう》。

かつしかの浦間の浪のうちつけに見そめし人の恋しきやなぞ　藤原道經（隆）

（注）欄外注釈に「葛飾の浦まの浪のうちつけに見そめし人の恋しきやなぞ」とあるので、本文注釈に「下句失念故略」とされているが補足した。

草も木も色かはれどもわたつ海の浪の花こそ秋なかりけれ　権中納言宗家
（注）続後撰和歌集《しょくごせんわかしゅう》。藤原為家撰。後嵯峨上皇の院宣《いんぜん》による勅撰和歌集。二十巻。建長三年（一二五一）。

菅家《かんけ》御集。

流れよる木と去る浪と焼く塩といづれかからきわたつ海の底　菅公
（注）菅家。菅原道真《すがわらみちざね》の異称。菅公とは菅原道真の敬称。

片帆空懸秋満腹。涼月淡水更無レ波。平生湖海亢龍意。早入二西風一渙二棹歌一。　月東渓

房州遠山。山有二房陵一路更遙。一邦傍レ海望二天涯一。片雲似レ島返返縁。髣髴仙人三朶花。

新白石
（注）欄外注釈に、この詩新井白石の詩集には見えない、とあり。

上巳海遊前書略。興来何望廣凌濤。水蓋難レ求源上桃。歩歩穿レ砂老蚌出。不レ知明月與レ潮高。

昆泰仲《こんたいちゅう》

袖浦曉望。水面新晴波不レ揺。残虹落處起二漁樵一。釣翁徒似レ食二風月一。車馬何須應二幣招一。

雄仙

（注）昆泰仲《こんたいちゅう》。昆常。淵斎と号す。字を子典という。泰仲とも称した。天明六年（一七八六）武蔵国安達郡与野村生まれ。新井村の医師。泰仲様といわれて尊敬された。昆泰仲は新

井村名主鈴木清兵衛、俳号行徳金堤の親友。財を投じて塩浜開発に参加する。その浜を泰仲場という。いまの市川市福栄四丁目にあった。かつての欠真間字東浜、字西浜の場所（『勝鹿図志手ぐり舟』）。

春のうみ八重に霞もかゝり舟きゆるか浪のあはかつさ山　道頼
乙女子の中に言まふ袖ケ浦藝もあかりて見える月影　江戸住
袖が浦霧ふきかけて沖つ風もめたる浪の皺もなくなる　凹
よる波の涼しくもあるかしき妙の袖しの浦の秋の初風　藤原信實
西行歌集。敷く波にひとりや寝なん袖が浦さわぐ湊も寄る舟もなし
此二首は、この浦の袖が浦にはあらねど、因《ちなみ》に此所へ書きし也。

塩（注）原文は「鹽」の文字を使用するが、常用漢字の「塩」の文字に変換した。
御領中産物さまざま多き中に、わけて塩は第一の名産にて、海浜付共二十余村は、大体塩を焼いて以《もっ》て活計《かっけい》とする也。塩は米穀と共に位し、貴賤とも一日も欠いては、身命を全くする事ならず。昔、永禄十年（一五六七）十月の比、甲州家と北条家と楯鉾《たてほこ》の時、小田原より甲州へ塩留めをせられければ、流石《さすが》の名将も難儀に及び、国中大きに苦しめりとぞ。徒然草略に云ふ、医師篤繁、故法皇の御前にありし時、六条故内府有房公、鹽《しお》といふ字は、何れの偏にか候と問はれける

に、土偏に候と答へられければ、才の程すでに顯《あらわ》れたり。今は床しきことなしと、どよみになりて罷《まか》り出《い》でられにけりと。云々《うんぬん》。是はふと略字の塩といふ字を答へられしなり。

（注）鹽は部首十一画、鹵（ロ）の部。鹵は、塩分を含んだ土地。しおち。やせ地。あらしお。鹵とは笊の中にある塩の粒を示す。

（注）欄外注釈に、徒然草第百三十六段、とあり。

一、塩浜由緒書略言

権現様《ごんげんさま》（徳川家康）関八州御領地ト成リ、東金御成リノ節、行徳ヲ御通行被《され》レ遊《あそば》、塩之儀ハ御軍用第一、御領随一ノ宝也。トノ上意、百姓共ヲ被《され》二召出《めしだ》一、金子等被《れ》二下置《くだしおか》一候。台徳院様《だいとくいんさま》（徳川秀忠）モ右ノ如《ごと》ク上意アリ。金三千両被二下置一候。大猷院様《だいゆういんさま》（徳川家光）御代モ右ノ如ク、東金御成リノ節、舟橋村ノ御殿へ、塩焼百姓ヲ被二召出一、金二千両拝借被二下置一、夫食《ぶじき》等被《さる》二下置《くだしおか》一。故ニ塩浜繁昌イタセリ。塩浜ノ事ハ、田畑ノ御取計《はか》ラヒトハ格別ニテ、凶年ニハ御年貢引方相立チ、塩直段下直《げちょく》ノ節ハ御買上ゲ有ル年也。丑年《うしどし》大水ニテ塩浜大破ノ節、有徳院様《ゆうとくいんさま》（徳川吉宗）達《たっし》二上聞《じょうぶんに》一、金千両余ノ御入用ニテ御普請有リ。塩浜ノ事ハ御損失ニ不《らず》レ拘《かかわ》、御取計ラヒ可《べき》レ有《ある》旨被《され》二仰渡《おおせわた》一候。御内意サハ無ク、年貢地ニモ可《べき》レ被《らる》二仰付《おおせつけ》一思召《おぼしめし》ト雖《いえど》モ、却《かえっ》テ百姓

共未熟ニ相成リ可《べき》レ申《もうす》間、取続キ出来候様ニ心ヲ付ケ取計ラヒ候様、有馬兵庫頭《かみ》・加納遠江守《とおとうみのかみ》
両人立会ヒ被《され》二申渡《もうしわた》一候。下略。小宮山杢《もく》之進。

（注）行徳領塩浜開発手当金　合計六千両。『下総行徳塩業史』による。
権現様（家康）慶長十三年（一六〇八）金三千両（慶長八年　将軍となる、元和二年没）
台徳院様（秀忠）元和三年（一六一七）金二千両（慶長十年　将軍となる、寛永九年没）
大猷院様（家光）寛永五年（一六二八）金一千両（元和九年　将軍となる）

（注）小宮山杢之進。農政の専門家。享保六年（一七二一）七月二十五日、徳川吉宗により行徳領塩浜付村々の代官に任ぜられる。享保十一年（一七二六）、行徳塩浜増築計画を吉宗に上申、海面囲堤を幕府定式御普請とし、村々に朱印状を賜る。堤防補強に尽力し、小宮山堤を築く。享保十九年（一七三四）七月解任、宝暦九年（一七五九）八月五日隠居、安永二年（一七七三）没。この間、明和六年（一七六九）八月、塩浜の由緒を記した「覚」を作成、これを塩浜由緒書という。（『明解行徳の歴史大事典』）

（注）慶長元年（一五九六）妙典村治郎右衛門に新塩浜開発書付の手形を与える。
慶長十七年（一六一二）舟橋御殿建設（『船橋市史』前編）。
元和元年（一六一五）大坂夏の陣で豊臣家滅亡。

寛永二年（一六二五）江戸川の流路変更完成。
寛永六年（一六二九）新川の開削できる。この年、寛永検地実施。
寛永九年（一六三二）行徳船始まる。

一、**塩竈製方**《しおかまどせいほう》

埴土《しょくど》（ねばつち、粘土）を以て壇を築き、貝殻を焼き、臼《うす》にて搗《つ》き砕き、苦塩《にがじお》を以て練り作るなり。是、昔よりの製方なり。然《しか》るを、先年諸村にて工夫を致して、銅釜・鉄釜・石釜等も製し試みたりと雖も、不便利の由にて、昔の如く今の製方也。昔は内竈屋とて、居屋鋪《しき》に竈有りて塩水を馬の背にて取れり。今は一円外竈なり。昔は六百竈有りしといふ。

（注）苦塩。にがじお。苦汁。にがり。豆腐の製造に使用する。
（注）六百竈。竈は一塩田に一ケ所あった。『江戸名所図会』「行徳塩竈の図」を参照のこと。
（注）『塩浜由緒書』「汐竈《しおかまどこしらえかた》 拵方一竈拵え候に手間取り申し候」とある。

（注）焼貝殻粉粘土吊釜（貝釜という）。結晶釜。
①海水直煮の東北地方両岸、越後、伊豆諸島。
②自然揚浜と組み合わされた加賀、若狭湾、駿河湾
③入浜系の江戸湾、で使用。

④大きさ、底面十二尺（約三・六メートル）に九尺（約二・七メートル）、深さ三寸（約九センチ）、底の厚み一寸（約三センチ）ほど。底面一尺四方に一本の吊鉄を植え、綱で釜上の梁に吊るす。行徳における貝釜の使用日数二十～三十日。（『塩の日本史』第二版）

（注）浦安の貝灰工場。貝灰の別名「漆喰《しっくい》」「カキ灰」。白壁の材料。石灰肥料。（『浦安町誌上』）

一、**塩外**

是は桶なり。七升三合入る。是、昔の儘にて、国初様（徳川家康）の御時も改むる事なく、昔の儘にて今通用なり。当所の諺にて、つかり千両といふ。旱天にて専一とする産業なる故に、雨天には損害多ければなり。問屋有りて数万の塩を買ひ請け捌《さば》くこと也。俵は五つ角にして花梅にも似たり。四つ五つ入りの差別有り。日々江戸へ鬻《ひさ》ぐも多しと也。よく泣けばなくほど、十のもの九分は上州辺へ上るといふ。此職の言葉になくといふを吉事とする也。よく泣けばなくほど塩も多々出来る也。大和詞《やまとことば》に泣涙の二字をしほたると訓ず。斯様《かよう》の言葉は田舎言葉にて、方言のやうに思へる人もあれど、古語にして片言にあらず。

（注）つかり千両。連なる・鎖などを「つがり」といい、また、ツカリともいう。晴天がつながり続くと塩焼がはかどることから、つかり千両の諺になったと思われる。

（注）俵の表面は円形または梅鉢型。塩俵は三～五俵を縦に積んだ。横積みは米俵。（『行徳の塩

づくり』の写真参照）

（注）行徳塩の江戸内府売りは、笊売りで、六升三合入りの枡（六三判《ムサバン》）を五分切として六升に計算し、この枡九杯で三斗入りとして、それを江戸笊と称した。（『下総行徳塩業史』）計算してみると江戸笊の塩の容量は二斗八升三合五勺入りと計算できる。

（注）古積塩《ふるづみじお》の場合、六升三合桶で四杯半入れて一俵とし、それを四ツ半と称す。二斗九升入り、八貫二百匁（三十・七五キログラム）を通常とし、三斗一升入り、八貫八百匁（三十三キログラム）を上等とした。実際は、一升の重量を二百八十匁として、それぞれの総重量になれば量目に達したものとした。（『下総行徳塩業史』）

一、**苦塩水**

御請といふ事ありて、年賦にて永代上納する事也。此御請は、元禄十丑年《うしのとし》（一六九七）、十ケ年賦に御運上、全（金カ）五十両同百九十両は村々割賦の苦塩代にて、川原村某請負ひの始也。今は金高も年賦も変わりて一定ならず。

（注）ニガリの販売は、行徳に請負人がいて運上金を上納して特権を持っていた。文化の頃（一八〇四～一七）、欠真間村伝次郎、同村太左衛門、西海神村村中だった。

（注）寛永六年（一六二九）の記録、苦潮水の儀はその年柄に応じ、難儀の村方へ下し置かれて売りさばくことに御座候。苦潮水はその領中村々の内、年季限り見計らい合力永ご上納仰せつけられ候。享保六年（一七二一）の記録、苦潮の儀、当領の内、入札にてご運上仰せ付けられ候。

（注）江戸地回り塩問屋よりの申し立て、行徳請負人は江戸問屋から苦塩水代前金を借り受けても、品切れと称して荷物を送らず、また、西海神の釜元達に対しても代金を払わないという不正を重ねた。そのため、西海神村から直接江戸の問屋へ直買いとなった。（以上『下総行徳塩業史』）

一、**御手浜**

御手浜《おてはま》といふは、欠真間村《かけままむら》にて、寛政三亥年《いのとし》（一七九一）、御大老松平越中守様の時に、御勘定早川富三郎殿開発有り。初めは、上様（徳川将軍家）にて御持の所故に此名あり。

（注）御手浜。一之浜～七之浜まで七つの塩浜を開発。現在の市川市南行徳一～二丁目地域。天災に苦しむ農民のための救済事業。のちに欠真間村小川伝次郎に金千両、無利子年賦で払い下げた。（『下総行徳塩業史』）

御手浜公園。南行徳一丁目七番。『市川市南行徳第一土地区画整理組合記念誌　区画整理のあゆみ』によれば、当初仮称「六七之浜公園」とされていた。富美浜小学校名は、同誌によれば、仮称「二三之浜小学校」とされていた。

一之浜竜王宮。寛政八辰年《たつのとし》（一七九六）吉日建立、現在は東海面公園内に鎮座。区画整理により遷座。（『明解行徳の歴史大事典』）

一、**新開浜**
是も此村先（欠真間村）、都《すべ》て四ケ村へかかる。文化四卯年《うのとし》（一八〇七）、御勘定中川瀬平殿、塩浜海面囲堤長六千八百七十四間（約十二・五キロ、一間＝約一・八二メートル）、但し新井村より二俣村迄也。
（注）文化六年（一八〇九）、当代島村二町七反九畝、新井村十六町四反、欠真間村十三町七反一畝、下妙典村三町九反二畝の合計三十六町八反二畝（約十一万坪）の新塩浜開発を命じた。文政十二年（一八二九）、新開塩浜にお取り立てになった。（『下総行徳塩業史』）新開浜にあたり築堤工事が先行する。

一、**利根川**

景物、ちどり、川瀬、川原。底は濁りて上すみてと読めり。

（注）利根川とは、江戸川の別称。

（注）ちどり。『江戸名所図会』に「行徳衛《ちどり》」の図がある。コチドリ、ムナグロが美しい。河原などに群棲し、歩行力も飛翔力も強い。

（注）欄外注釈に、古今和歌集第六帖第三、利根川は底は濁りてうはすみてありけるものをさ寐て悔しく、とあり。

一、**夕巻川**

是も此川の一名にて名所に出でたり。はい川。是も此川の一名也。或書に、葛飾郡の中大河有り。西をば葛西と云ふ。云々。はい川とは大川故の名なるべし。此川筋は武蔵・下総の国境と成る。昔は隅田川境也。故に万治年中（一六五八～六〇）に流せし大橋に両国橋の名あり。利根川は日本三大河の其一つ也。和漢名数増補曰《いわく》、坂東太郎、刀禰《とね》。四国次郎、吉野川。筑紫三郎、筑後川。是刀禰川は日本一の大川也。此川上は百里に及び、筑波根の男女の川も、源は上州千珠ケ嶽より落ちる故に、智恵利根の意を以て利根川といふと也。赤城山の麓を経て、此国に到る。武州通りの辺にては上野国《こうずけのくに》境也。但し利根は郡名也。万葉集幷《ならび》に三才図会等には刀禰といふ。

曉下㆓刀禰川㆒。落月沈々送㆓客船㆒。回㆑頭刀禰水如㆑烟。晨鐘一動長空外。早巳東方海日懸。

紀徳民

刀禰帰船。長風掃レ岸浪侵レ津。一片暮烟懸二水濱一。閑聞舟中歌笑趣。聲々総似二毛人一。　雄仙

此川水至りて軽く、清冷にしてよく茶に合ひ、味甚《はなは》だよし。山城国《やましろのくに》宇治橋の三の間の水にも劣るまじき也。或茶和尚、此所の水を甚だ賞美有りし也。

朝霧や利根に横たふ竹筏　雅乙

此川、むかしは小川にて、葛西方に付て川筋あり。古利根とて今に存す。今の如く大川と成りしは、元和年中（一六一五～二三）、公命を以て開く。当年迄凡八九十年に及び、凡東北上野《こうずけ》・下野《しもつけ》其余五七ケ国の通川にて、天下無双の用川也。大小の船、日夜間断なく、上り下りの舟唄の聲も喧《かまびす》し。

（注）欄外注釈に、或書とは仙覚抄である、とある。「万葉集注釈」の別称。鎌倉中期の学僧仙覚の著。

（注）夕巻川。江戸川の別称。

（注）両国橋。万治二年（一六五九）に架橋。

（注）和漢三才図会。図説百科事典。正徳二年（一七一二）自序。寺島良安著。

（注）上州。上野国の別称。今の群馬県。

（注）武州。武蔵国の別称。大部分は今の東京都、埼玉県で、神奈川県の一部を含む。

下総。今の千葉県の北部と茨城県の一部。北総ともいう。

山城国。今の京都府の南部。

（注）雅乙。新井村の名主鈴木清兵衛（俳号行徳金堤）著『勝鹿図志手くりふね』に「禿山《はげやま》の木がらし何を吹をとす　雅乙」の句がある。

（注）今の如く大河と成りしは、元和年中公命を以て開く、とあり、江戸川の流路変更工事をしたことが分かる。『葛飾記』には「いつの世かは河築き留め、今皆塩浜と成る、但し、築き留めたるも寛永年中歟《や》」とある。

一、**厚氷**

安永三甲午年《きのえうまのとし》（一七七四）、此大川（江戸川）を張り詰めし也。此冬毎日大北寒風烈しく、遂に人馬の往来する程に張り詰めし也。古老も覚えざる変也とぞ。恰《あたか》も信州諏訪の氷の如し。

水神の罰も當るか川面をはつた氷に手のかゞむのは　金鶏

（注）山本周五郎著『青べか日記』に、昭和三年（一九二八）の初冬、江戸川に一面に氷が張り詰めて、夜中に氷の凍み割れる音がする、とある。

一、**溺死**

天明三 癸卯《みずのとう》（一七八三）七月六日七日、信州浅間山焼け崩れ、其音雷鳴の如く聞えて物凄かりけるが、九日十日の頃は水血色にて、溺死の人馬 夥《おびただ》しく此川へ流れ来る。魚類己《おのず》と浮み死したり。前代未聞の変事也。

（注）浅間山の噴火。天明三年（一七八三）、昼夜三日間砂降り、塩浜不稼ぎ、畑方年貢減免（『千葉県東葛飾郡誌』）。全国で天明の大飢饉始まる。八年後の寛政三年（一七九一）幕府御手浜開発を始める。

一、**鯉**

これ此川之名産也。山城国（今の京都府南部）淀川の鯉にも勝りて風味格別也。此故に、江戸にても利根川鯉とて賞味する也。此近辺の沼湖よりも多く出づと雖も、肉強く味宜《よろ》しからず。

（注）この文章から江戸川筋での鯉を獲る漁師の存在が推測できる。

（注）鯉屋市兵衛。御用提灯を許された魚屋。芭蕉の援助者。俳号杉風《さんぷう》。日本橋小田原町に店、深川元番所橋（万年橋）近くに別荘があり、生け簀に鯉を飼っていた。そこが芭蕉庵になった。（『日本橋魚河岸物語』）

（注）松尾芭蕉。寛永二十一年（一六四四）伊賀上野赤坂町に生まれる。松尾家は平宗清の

末裔。藤堂家の侍大将進七郎に仕える。寛文二年（一六六二）の句が最も古い。寛文十二年九月、江戸下向、同伴者の藤堂家の家臣向井八太夫の紹介で杉風を知る。貞享《じょうきょう》三年（一六八六）芭蕉庵で発句「古池や蛙飛びこむ水の音」、同年八月十五日の月見の会での発句「名月や池をめぐりて夜もすがら」。ここに同席した一人に「其角」があり、赤穂浪士の大高源吾と親交があった。源吾は子葉と号した（『日本橋魚河岸物語』）。貞享四年八月、芭蕉庵から船を仕立てて本行徳へ上陸、八幡から木下道で布佐へ出て、木下夜船で鹿島の根本寺《こんぽんじ》の仏頂和尚を訪ねた。これが『鹿島紀行』となる。

一、**鮒**
是も此川の名物也。江州《ごうしゅう》（近江国《おうみのこく》、今の滋賀県）の源五郎鮒に劣らず風味よし。こぶ巻のにえも匂ひも焼太刀の刀禰川鮒ぞ火かげんの程　俊満
（注）源五郎鮒。ゲンゴロウブナの養殖種をヘラブナという。琵琶湖産。

一、**水虎**
川童《かっぱ》とも獱《ひん》（かわうそ）とも書く。此川に有りとて、川童に取られしといふ事、年々にある事也。水練筆記曰《いわ》く、水虎は海中に出来るもの也。流川にはなし。只《ただ》真水の潤すところに住むもの

也と。云々《うんぬん》。或は曰く、水虎とて別に有るにあらず。鼈《すっぽん》の所為也といふ。然《しか》れ共《ども》、本草（水練筆記カ）にも出でたれば別に有るものなるべし。或は云ふ、老獺《ろうかわうそ》変ずる所と。小児など川へ引き入ると也。

（注）欄外注釈に、水練筆記不明、水虎に関する書目中には見えない、とあり。

一、**江戸川通**

此川の字にて、官家《かんけ》御普請の個所付等に如《ごとく》レ此《かくの》也。

（注）官家。かんけ。天子または朝廷をいう。

一、**仙台公御手伝い**

明和四丁亥年《ひのといのとし》（一七六七）也。此川普請の御手伝也。今凡四十余年也。此川筋に御関所多し。市川関所は佐倉道中也。松戸関所は水戸道中也。栗橋関所は日光道中也。川俣・五料等の関所有り。上州境皆此筋也。

笠取りて濡るゝ時雨の堪忍も五りやうの関を通る旅人　東凡

（注）延享二年（一七四五）、全国で五十四ケ所の関所があった。最重要個所は箱根・今切・福島の三関。重要個所は二十五ケ所で、江戸川筋では金町・松戸・市川・関宿の四つの渡し場が入っている。

（注）中川の番所は軽い関所とされていた。しかし、女は決して通し申さず、もし所の女縁《えん》組《ぐみ》、あるいは神仏参詣、召し抱えなどの女出入りは、御代官証文、またはその所の名主手形をもって相通し申し候、だった。

一、**江戸川通水防組合村々**
伊奈半左衛門様御支配之節、村々連印を上る。
（注）七代目伊奈半左衛門忠順。
（注）組合文書は、元禄十五年（一七〇二）ころのもの。
（注）江戸川筋の村々十三ケ村のそれぞれが護るべき川堤を決めた。

一、**堤長三千五百五十七間**（約六千四百七十三メートル）
但し、欠真間《かけまま》村より堀口村（堀江村）之内。伊勢宿村、関ヶ島村、押切《おしきり》村、欠真間村、新井村、当代島村、猫実《ねこざね》村、堀江村。
（注）伊勢宿、関ヶ島、押切の三ケ村は、自村の堤を放って他村へ出向くことになっていた。

一、圦樋《いりひ》二ケ所

但し湊村地内也。湊村、月（同カ）新田。

（注）水防組合は、洪水の際に、圦樋を防備して塩浜への真水押しの被害を防ぐためのものだった。

（注）水田耕作をする耕地から江戸川への排水は、元禄十五年（一七〇二）当時は湊村内の圦樋二ケ所だけだったことが分かる。一ケ所は現在の押切と湊の境にある水路跡地であり、もう一ケ所は湊新田にあった。二つの圦樋は、江戸川からの引水のためのものではない。雨水や溜まり水、その他の排水のためのものだった。塩浜を突っ切って海へ直接真水を落とさなかった。

（注）河原樋、本行徳三丁目樋、香取樋、欠真間樋、相之川樋について。江戸時代文政（一八一八～）以後の掘削。元禄当時はまだなかった。香取から下は塩場《しょば》が江戸川に近かったため。それまでは、湊から上流部の真水は湊村内から落とし、香取から新井までは掘削した新井川で落とした。当代島、猫実の真水は境川と船圦川《ふないりがわ》へ落とした。（『葛飾風土史　川と村と人』）

一、**堤長六百間**（約千九十二メートル）

但し川原村より上《うえ》（下カ）新宿村迄。川原村、田尻村、高谷《こうや》村、下新宿《しもしんしゅく》村。

一、**堤長三千三百三十二間**（約六千六十四メートル）

但し大洲外野《そとの》田《た》丼《ならび》に稲荷木《とうかぎ》、大和田村之内。本行徳村、大和田村、稲荷木村、両妙典村、鬼《おに》越《ごえ》村、本郷村、小栗原《おぐりはら》村、寺内村、二子《ふたご》村、原木《ばらき》村、二俣村、西海神村。

一、**堤長二千五百八十八間**（約四千七百十メートル）

但し市川村分也。市川村、同新田、平田《ひらた》村、八幡《やわた》町。

一、**衣川《ころもがわ》の堰長千六百五十間**（約三千三メートル）

内、千六十間（約千九百二十九メートル）、千足《せんぞく》野地之内。五百九十間（約千七十三メートル）、往還道より古八幡三ツ又迄。

一、**真間堰長三百四十間**（約六百十八メートル）

内、三百二十間（約五百八十二メートル）、溜井より往還道橋迄。千二十間（約千八百五十六メートル）、新溜より三ツ又圦樋迄。

凡利根川付の村々、十三ケ村四十余町に建成也。

（注）千二十間は二十間の誤りか。

一、内匠堀《たくみぼり》

一名浄天堀《じょうてんぼり》。川幅二間（約三・六メートル）。八幡町近所にては富貴川《ふうきがわ》といふ。凡一万石余（米約二万五千俵）之《の》用水堀にて、下は当代島村より上は凡三里余（約十一・八キロ）へ続き、鎌ケ谷の脇道辺村《みちのべむら》囃水《はやしみず》の池にして続く。此用水川を斯《か》く便利に開きしは、元和《げんな》六庚申年《かのえさるのとし》（一六二〇）狩野《かのう》浄天・田中内匠の両人、公へ訴訟し、蒙《こうむり》二免許《めんきょを》一開《ひらく》レ之《これを》。今に至り、其人々の大功を賞し、川の名に呼びて永代朽ちず。当年迄凡百九十年に及ぶ。堰長四千三百十四間（約七千八百五十一メートル）也。但し当代島村より八幡圦樋迄也。水引組合高之事略《りゃくす》レ之《これを》。

（注）内匠堀。たくみぼり。浄天堀。じょうてんぼり。道辺村は道野辺村。

（注）狩野新右（あるいは左）衛門。別名狩野浄天。寛永六年（一六二九）没。浄土宗源心寺の創立者。天正元年（一五七三）建立の正念寺を慶長十六年（一六一〇）に改築して源心寺と改めた。芝増上寺の末寺で、源誉上人観智国師が創建した。

（注）田中重兵衛。別名田中内匠。慶安四年（一六五一）没。当代島の開拓者。東海山善福寺の大旦那と『葛飾誌略』にあるが、寺は興教大師の孫、栄祐の創立（明暦二年、一六五六）としている。

（注）開削年代。囃子水～八幡圦樋迄は寛永（～一六二四）迄に、八幡圦樋～稲荷木・田尻迄は元禄（～一六八八）迄に、川原～当代島迄は元禄十五年（～一七〇二）迄に開削された（『葛飾風土史　川と村と人』）。なお、八幡圦樋の位置は国道十四号線（千葉街道）の行徳側。

（注）千葉街道から南を内匠堀と呼ぶ。江戸川放水路を行徳側へ越した河原十三番から現在は暗渠になる。徳願寺、妙応寺、長松寺、常運寺、法善寺、妙覚寺、円頓寺、浄閑寺、正讃《かん》寺、本久寺、教信寺、徳蔵寺、清岸寺、おかね塚、光林寺、稲荷神社、法伝寺、善照寺、香取《どり》神社、源心寺、日枝神社、了善寺、善福寺等の寺社の外堀を利用して流路を延ばした。
（『葛飾風土史　川と村と人』）

行徳領

凡四十余ケ村にして高凡一万石余（米約二万五千俵）也。但し組合村方は六千二石（米約一万二千俵）、外十二ケ村四千石余（米約一万俵）也。年々開発の新田地は此外也。且《かつ》、領中にはあらねども、隣村の因《ちな》みに、此迄書かせたるもあり。是も同じく別高也。

（注）　欄外注釈に、隣村云々誤脱あるらしい、とあり。

一、**行徳塩浜**

高凡二百町六反四畝七歩（約六十万千九百二十七坪）。但し西海神村は未レ詳《いまだくわしからず》。本行徳は母郷なれば行徳より書き出す筈なれども、村々順路読み継ぎ悪しきやうなれば、下より書き出して、国府台辺にて終る也。

（注）文化十二年（一八一五）の塩浜反別（『市川市史』第二巻）によると百八十四町五反十五歩（約五十五万三千五百十五坪、約百八十二万六千五百九十九平方メートル）である。

（注）本行徳は母郷。江戸川向こうの本行徳中洲に神明社があり、長い間、行徳の本地とされてきた。塩焼をしていた地にはすでに本行徳村という村があった。しかし、室町時代を通じて行徳の本地は江戸川向こうの地だった。それが元亀元年（一五七〇）に至り、行徳という土地を今の本行徳へ移した（『現代語訳成田参詣記』）。その後、寛永十二年（一六三五）、本行徳中洲の神明社を現在の本行徳へ遷座した。これにより、名実ともに行徳という土地が今の本行徳へ移されたことになった。寛永十二年から百七十五年後に『葛飾誌略』が刊行され、本行徳を母郷としたのには、このような意味があったのである。（『行徳歴史街道4』）

一、**堀江村**（注）浦安市堀江一～六丁目・富士見一～五丁目。

高四百三十一石六斗八升五合（米約千百二十九俵）。外に新田といふ處、凡四五百石（千～千二百五十俵）也。家数二百余戸。内高百五十六石三斗二升五合（米約三百九十俵）新規。

民家凡二百八九十軒。当村は此辺にての古き所也とぞ。古《いにしえ》、利根川の尻にて、天然と土砂淀みをなし、丘をなして、田畑と成りし也。故に年々歳々に新田地を開きて絶えず。国中無双の宝郷也。里人云ふ、鍛治町抜戸等、昔は家数千軒有りて繁昌せしが、大津波にて退転せしとなり。

(注) 村高。むらだか。単に「高」ともいう。村高は石高《こくだか》で表される。暫定的な生産目標。年貢以外の賦役《ふえき》割り出しの元になる。助郷人夫・川普請・将軍の社参や鷹狩りの勢子《せこ》・灌漑用水路や堤の修復作業の人夫の割付などがある。

(注) 村高の決め方。耕地と屋敷地（公道と屋敷周囲六尺を除く）の位置・地形・地味・水利・冠水などの良し悪し、有無を検討して、耕地一反を標準にして等級をつけ、すべて米に換算する。なお、「塩」については別。

田地―上田　一石五斗、中田　一石三斗、下田　一石一斗、下々田　九斗
畑地―上畑　一石三斗、中畑　一石一斗、下畑　九斗
敷地―中田　一石三斗

(注) 石盛《こくも》り。出来秋になると、地方《じかた》役人が、村役人（農民）立ち合いで各村を回り、等級別に一反分の収穫量を見積もる。それを石盛りという。これにより、その年の実際の収穫量が算出されて決定する。

(注) 反取り。収穫が済むと石盛りによって年貢割付が算定される。これを反取りという。凶

年、豊年により年貢高は違ってくる。
（注）定免《じょうめん》。過去五年、十年または二十年の田租額を平均して租額を定め、一定期間豊作・凶作にかかわらず定額を徴収すること。
（注）大津波。永仁元年（一二九三）八月二十五日、当代島村十戸全滅。弘治年間（一五五五〜五七）、堀江村壊滅、江戸へ移転。これが現在の東京都中央区堀江町。漁業に使う網を干した場所が後年になって小網町と名付けられた。元禄十六年（一七〇三）十一月二十二、二十三日、元禄大地震と津波。延享三年（一七四六）八月一日、大暴風雨と津波。寛政三年（一七九一）八月六日と九月二十四日、大暴風雨と津波。以上が『葛飾誌略』が刊行されるまでの浦安の災害。
（『浦安町誌上』）

（注）一割船。魚介類を江戸に行商するために使用。出荷した魚介類の仕切りの一割を運賃とした。享保十二年（一七二七）以後、極印を打って運上金を上納した。
（注）番船《ばんぶね》。本行徳村の番船（行徳船）とは異なる。浦安の貨物運搬船は主に魚介類や鮮魚を運んだ。腐りやすいので中川番所を一刻も早く通過したかった。代官と交渉の結果、「堀江何番船でございい」と声をかけると「通れ」といって、無検査で通れるようになった。そのため、そのときから番船といわれるようになった。極印を打って運上金を出していた。

（注）江戸時代を通じて幕府領（行徳領の内）。江戸川区側に堀江新田を開発、現在の南葛西地域。
（注）立地。南東から南西まで東京湾に面し、西は江戸川、北は境川を挟んで猫実村と接する。したがって漁労に適するが、一年中東京湾の波浪にさらされていた。

（注）おっぱらみ。境橋付近の字名。入梅時期になると、増水した江戸川の真水が境川を流れて東京湾へ大量に流れ込んだ。行徳の塩焼百姓は塩分が薄くなるのを恐れて、大挙して押しかけて境川を締め切ってしまう。お上の権力を笠に着ての暴挙だった。浦安の漁民が追い払っても追い払っても締め切ってしまう。追い払うことを「おっぱらう」という。それで境橋周辺のことを「おっぱらみ」と字名するようになった。
（注）境橋。境川は、昔は堺川といわれた。その川の一番東端に架けられた。その最初の橋は天保年間（一八三〇～四三）に架けられた。堀江と猫実《ねこざね》とのただ一つの橋だった。江戸時代後期の海への出口で、今の浦安市文化会館裏の境川東水門付近だった。

一、**清瀧社**　（注）清滝神社《せいりゅうじんじゃ》。浦安市堀江四丁目十四番。
当村（堀江村）の鎮守。別当寶珠院（宝城院）。八幡行徳より堀江入口迄三千百二十四間（約五千五百六

十五メートル）有りといふ。山城国清瀧権現同神也。祭神玉依姫、地神五代の御后にして神武帝の御母公也。又、法華経序品に八大龍王有り。此内婆伽羅龍王に三女あり。其一女は玉依姫也とぞ。提婆《だいば》本に八才女龍成仏は豊玉姫なり。云々《うんぬん》。

（注）山城国。やましろのくに。五畿の一。今の京都府南部。

（注）祭神。大海津見神（大綿積神）。おおわだつみのみこと。

（注）提婆。だいば。三世紀頃の南インドの僧。「百論」などを著す。

（注）清滝神社は建久七年（一一九六）創建。例年十月十五日が祭日。

（注）境内に三社あり。①八坂神社、②竜神社、③道祖神。以上共に創祠年不明。

（注）欄外注釈に、提婆本は提婆喝羅闍儀軌らしいが此の記事は不明、とあり。

一、**寶城院**（注）浦安市堀江四丁目十四番。

清瀧山といふ。真言小岩末。開基願行上人《がんぎょうしょうにん》。建久七年丙辰《ひのえたつ》（一一九六）建立。当年迄に凡六百十四年に及ぶ。地蔵堂。行徳札所三十二番目観音安置。

（注）武蔵国小岩村善養寺の末寺。天正十五年（一五八七）七月、覚厳法印により再興。新義真言宗豊山派。本山、大和国長谷寺（奈良県桜井市初瀬町）。

（注）地蔵堂。今はない。本尊は地蔵尊。

（注）行徳札所三十二番目観音安置。十一面観世音菩薩。その他に千手観音、如意輪観音安置。

御詠歌「参り来て頼むたからのしろの寺　木くさのいろも浄どなるらん」（『葛飾記』）

（注）びんずる明王。賓頭盧明王。おびんずる様。仏像。なで仏。仏弟子。十六羅漢《らかん》の一。神通力をもてあそんだとして釈尊の叱責を受けた。涅槃《ねはん》に入れず終生衆生救済につとめた。日本では、本堂の外陣に置いて、これを撫でて病気の平癒を祈る。文政七年（一八二四）申年《さるのとし》七月、大仏師両山浄磨清八作。

（注）堀江字卯新田。十五世宥宣法印開墾。海岸線に大堤を築き、数十町歩の美田を開く。

（注）昭和二十年（一九四五）より前の寺地。旧浦安町役場から清滝神社境内一円と大蓮寺の一部分。寺の所有田二町八反九畝九歩（八千六百七十九坪）も農地改革により喪失。現在境内四百五十坪。

一、**東学寺**　（注）浦安市堀江二丁目四番。

医王山といふ。真言宗小岩末。開基常誉法師。元亀元庚午年《げんきがんかのえうまのとし》（一五七〇）建立。凡二百四十一年に及ぶ。本尊亀乗薬師《かめのりやくし》葛飾浦より出現す。一の大亀尊像を負ひ、海浜の清草に移し去る。臺給有事縁起に有り。八所観音三十一番目安置。

（注）真言宗小岩末。武蔵国小岩村善養寺末。新義真言宗豊山派。本山、大和国長谷寺（奈良県桜井市初瀬町）。

（注）『浦安町誌上』では永禄年間（一五五八～六九）建立とする。

（注）亀乗薬師如来《かめのりやくしにょらい》。元亀元年六月八日、堀江に住んでいた森田与八郎の母が人形を砂浜で拾った。武州（埼玉県）利根川の薬師へお参りに行くと、別当があなたの家に薬師如来があるではないか、という。拾った人形が薬師如来だった。亀に乗った薬師如来を東学寺へ納めると病気が治った。（『浦安町誌上』）

（注）八所観音。観音像は、今はないとされる。御詠歌「ふだらくや南のきしをみわたせば　誓ひもうみもふかき浦なみ」（『葛飾記』）

一、**正福寺**　（注）浦安市堀江二丁目六番。

江山といふ。日蓮宗中山末。開基日永上人。天正元年癸酉《みずのととり》（一五七三）建立。二百三十七年に及ぶ。御除地《じょち》一反四畝二歩（約四百二十二坪）。

（注）江山は説江山。日永は日詠。『浦安町誌上』では、文禄二年（一五九三）開基としている。本尊、釈尊一塔両尊四菩薩。

（注）除地。じょち。のぞきち。よけち。江戸時代、租税を免除された土地。

（注）浦安の日蓮宗の寺はこの寺のみ。正中山中山法華経寺が本寺。

（注）日蓮大菩薩尊像。大正十一年（一九二二）十一月の本堂再建時に中山法華経寺から寄贈された。
（注）洗い仏。病人が自分の体の悪い部分と仏像の同じ部分を洗うと病気が癒えるという霊験がある、とされる。浄行菩薩。

一、**大蓮寺**　（注）浦安市堀江四丁目十四番。
吉縁山といふ。浄土芝末。開基覚誉上人。天文十三甲辰年《きのえたつのとし》（一五四四）建立。二百六十六年に及ぶ。本堂庫裏共に綺麗也。常念仏《じょうねんぶつ》。図鑑僧正寄附の事、鉦の銘に有り。日夜怠らず。勢至《せいし》堂。本尊、行基菩薩作。千葉寺観音彫刻の桜木の末木にて刻み給ふと也。霊給也。行徳札所観音三十三番安置。
（注）相州小田原の大蓮寺をこの地に移した。覚誉上人は旅の僧。（『浦安町誌上』）
（注）吉縁山。『浦安町誌上』では光縁山勢至院としている。『観音札所のあるまち　行徳・浦安』では吉縁山としている。
（注）常念仏。絶えず念仏を唱えること。字名。村人寄贈地名がある。
（注）勢至。せいし。勢至菩薩の略。宝冠中に宝瓶を乗せる。阿弥陀如来に脇侍する。菩薩堂

は、第三世逞誉上人《ていよしょうにん》が創建して安置した。菩薩像は逞誉上人の代に火災で焼失、その後は阿弥陀如来を本尊とした。

（注）行徳札所観音三十三番安置。当時は三十三番札所巡りの大願成就の寺院で「本堂庫裏共に綺麗也」とある。御詠歌「もちむかへ給ひしみねの大蓮寺　花のうてなにやどるしゅんれい」。結願所《けちがんしょ》は藤原観音堂。（『葛飾記』）

（注）宇田川六郎兵衛の碑。中川番所に掛け合って、浦安の漁師の船を無検査で通過できるようにした人物の碑。堀江村の項の（注）番船を参照のこと。

一、**久助稲荷祠**　（注）大蓮寺境内にある。

裏門傍に有り。図鑑僧正は当村（堀江村）の産にて当寺（大蓮寺）の弟子也。所化《しょけ》の頃、此稲荷甚だ信仰にて、徳を積み智識となりなば、神位を願い可《べし》レ献《けんず》と誠心に祈り奉るに、空しからず大僧正と成り給ふ。或時、稲荷の影方丈の障子に忽然と映る。僧正其忌りに驚き、早速神位を戴《いただ》き、此稲荷へ献ぜしと也。狐は稲荷の神使也。昔三条小鍛冶宗近、霊刀の奇瑞より稲荷と崇めしとぞ。是野狐を稲荷と祭るの初め也といふ。今山城国男山の麓に末社に崇めて有り。又、稲荷山の命婦社といふは是なり。都《すべ》て狐狸には稀々に霊獣有るもの也といふ。

(注) 所化。しょけ。僧侶の弟子、寺で修行中の僧。
(注) 稲荷堂。本尊は久助稲荷大明神。天文十三年(一五四四)五月、創築。明治初年再建。小田原の大蓮寺境内に祀られている福徳稲荷の分身として建立。

(注) 久助稲荷の由来。小田原大蓮寺に修行でいたことのある芝増上寺の高僧学誉上人のもとに、小田原の老僕久助がきて、稲荷を復興願いたいという。上人は聞き入れて再建したが、久助は二十年前に死んでいたという。稲荷の身代わりで現れた久助の名を取ったと言われる。
(注) 久助稲荷講。昭和五年(一九三〇)頃、猫実の醍醐定吉が始めた。先達は大蓮寺住職。毎月十八日に講中が本堂で祝詞をあげる。五月十八日と九月十八日が春秋の大祭。(『浦安町誌上』)

一、船渡

堀江村の渡しといふ。葛西・雷《いかずち》・長島・中割《なかわり》辺の渡し也。
(注) 江戸時代から、堀江村の百姓が江戸川区側の土地を耕して「堀江」という地名があるほど。したがって、古くから渡しがあった。だがそれは、農業渡しとされていた。ただ、江戸時代

中期までの史料がなく、『浦安町誌上』でも不詳。しかし、江戸時代後期には、今井の渡しが女性が渡れないことから小松川から新川伝いに江戸川に出て南下、堀江の渡しを越える旅人が多くあった。（『江戸近郊みちしるべ』）

（注）堀江の渡しは、江戸末期～明治初期に内田平次郎が始めた。内田家には明治時代の警視総監の許可証が残っている。屋号ワタシバ。浦安橋が昭和十五年（一九四〇）に開通して廃業。場所は、境川の江戸川出口の下流。（『浦安町誌上』）

一、**鷺打**

年々冬の中御用にて、餌を以て上総山の鷺《さぎ》を呼びて打たするを、をかめ新田といふ。浜辺はのはての事なり。

（注）御用とは、幕府御用の意味。「御用提灯」の使用が許される。ワシ撃ち。

（注）欄外注釈に、浜辺云々は不明、とあり。

一、**塩場圃**

古川の辺にある畑の字也。昔、当村（堀江村）にて塩を焼きし也。今、此所より海辺迄は二十余町（約二千百八十メートル）もあり。
（注）塩場圃。しょばほ。圃は、はた、はたけ、場所などの意。
（注）寛永六年（一六二九）十月の検地（古検という）で堀江村は荒浜になったとして塩浜永免除となった。他は、猫実、二子、本郷、院内、寺内、山野、西海神で合計八ケ村。
（注）古川とは、新川が開削されるまで行徳船が通行していた船堀川の一部分。新川が開削されてから利用されなくなった部分を古川と呼んでいた。古川を含む全川を船堀川と呼んだが、新川開削後は新川と繋がった分を含めて全川を新川と呼び、江戸川から新川との接続部分までの川を古川と呼んだ。脇水路。通船の便利のために川幅二十間の新川を掘った。完成は寛永六年（一六二九）。（『明解行徳の歴史大事典』）

一、**鷹野場**

元文三年午《うま》（一七三八）十月、一ツ橋刑部卿様初めて入られしより、今に宇喜田村より高村へ移り、欠真間村・湊村迄にて御還りなり。
（注）鷹野場。たかのば。鷹を使って山野で鳥を狩ること。たかがり。鷹狩りをする場所。
（注）高村とはこの場合は堀江村を指す。

一、**猫実村**（注）ねこざねむら。浦安市猫実一～五丁目、北栄一～四丁目。
高百二十二石四斗七合（米約三百俵）。外に新田八十石（米約二百俵）。計家数凡二百四五十。

当村は大抵漁州なり。大網小網さまざま有りて漁猟をする也。
（注）寛永検地（一六二九）で荒浜として塩浜永免除となる。
（注）猫実村の沿革は堀江村とほぼ同じ。堀江村とは境川を挟んだ北に位置し、当代島村の南に位置する。
（注）村名。豊受神社付近（猫実三丁目十三番）に立派な堤防を築いて松の木を植えた。どんな大きな津波でも、この「松の根を越さじ」との意味から「根越さね」という。猫実の字をあてた由来は不明。

（注）農家の肥料として用いるキシャゴは、明治維新までは猫実村の触れがないと獲ることができなかった。六人網（イワシ、コハダ漁）などの大網、小網の漁労が発達。キシャゴはキサゴ。ニシキウズガイ科の巻き貝。殻をおはじきなどにして遊んだ。（『浦安町誌上』）

一、**神明社**（注）豊受神社のこと。浦安市猫実三丁目十三番。
当村（猫実村）鎮守也。伊勢内宮勧請。別当、花蔵院。

（注）堀江・猫実・当代島三ケ村の総鎮守で「神明さま」と言った方が見つけやすい。大銀杏《いちょう》の木がすばらしい。昔、海岸がすぐそばだったころ、苗木が流れ着いて根を張ったという伝承。樹齢三百五十年以上、幹周り約三メートル。
（注）祭神。豊受姫大神。風水害によりたびたび社殿を再築。十月十六日が祭日。里神楽を奉納する。
（注）豊受姫。とようけびめ。豊受大神（とようけのおおかみ）と同じ。『広辞苑』では「外宮」の祭神とされる。

一、**花蔵院**《けぞういん》（注）浦安市猫実三丁目十番。
海照山といふ。真言小岩末。開基賢融阿闍梨《あじゃり》。御除地一反六畝歩（約四百八十坪）。天正元癸酉年《みずのととりのとし》（一五七三）建立。凡《およそ》二百三十七年に及ぶ。札所観世音三十三（三十が正しい）番目安置。
（注）新義真言宗真言小岩善養寺末。本山、和歌山県那須郡岩出町根来寺《ねごろじ》とする。
（注）阿闍梨。あじゃり又はあざり。阿闍梨とは、真言宗、天台宗の僧位。密教で修行が一定の階梯に達し、伝法灌頂により秘法を伝授された僧。
（注）札所は三十番が正しい。御詠歌「浪の花晴れておさまる海やまの　ながめはひろきこの寺の庭」（『葛飾記』）

（注）不動堂。本尊、不動明王。賢融上人が海上安全祈願で勧請。別名浪切不動尊。毎月二十八日が縁日。漁業者の守護本尊。

（注）観音堂。本尊、子盲観音《こめくらかんのん》。延宝三年（一六七五）信徒が勧請。毎月十七日が縁日。

（注）公訴《こうそ》貝猟《かいりょう》願成《ねがいなり》の塔《とう》が建立されている。

紛争事件の顛末その一。

その① 享保年間（一七一六～三五）、三番瀬は行徳・葛西・深川・芝・品川五ケ所が入会権を主張する漁場と、代官小宮山杢之進の御裁許あり、と堀江村と猫実村は主張。

その② 宝暦十三年（一七六三）、堀江村の善次郎が三番瀬で漁労中、船橋村に漁具を取り上げられ、入会権のないこと、今後立ち入らないことを誓約させられ、詫び状を取られた。

その③ 天明二年（一七八二）、代官宮村孫左衛門は、三番瀬は船橋村一ケ村の磯漁場と申し渡した。猫実村の長三郎は白装束に身を包んで単身代官所に乗り込んだが、捕えられて獄死した。そのため、猫実村の長兵衛は老中に直訴したが捕えられ、釈放されたときに毒殺された。天明三年三月四日、当代島の善三郎は成田不動尊に裸の願掛けをしていたが、大雪の日に原木村の成田道で凍死した。そのような犠牲を払った結果、天明八年（一七八八）、勝訴した。

その④　この三名の義侠の士と常に励まし続けた花蔵院の住職を記念するため、天明八年十二月、四名の名を刻んだ「公訴貝猟願成の塔」が建立され、花蔵院に祀られている。
（注）紛争事件の顛末その二。
その①　文化十年（一八一三）五月二十八日、湊新田・湊・欠真間・押切の四ケ村は、猫実・東宇喜田村より訴えられ敗訴。船橋漁師町は浦請金一両二分を受け取ったことを違法とされた。船橋漁師町が南行徳の四ケ村から金を取って漁をさせたことが発端。
その②　文化十年六月十三日、猫実村が三番瀬境界のことで船橋村を訴訟。船橋漁師町の者は駕籠訴をしたが、入牢申し付けあり。
その③　文政七年（一八二四）九月六日、船橋村は猫実村が三番瀬の境界を越えて貝猟をし、乱闘となり双方に怪我人が多数出たとの訴えがあったが、代官所により和解。
その④　文政八年（一八二五）八月十六日、猫実村と船橋村との境界のことで争いあり。代官所の仲介で双方連署の上、請書を取り交わし、定め杭を打って和解。

一、**沖津洲**
海浜にある貝殻塚にて、白き洲也。古歌の読合の沖津洲は是也といへども不《からず》レ詳《くわし》。冬に至り、此洲の辺にて上より新鷹を取らせらる。中昔は東浜にて取られしといふ。

飯を焚く蟹も住むらん置く苫《とま》の白き洲ばしを立てる真名鶴　和樽。
（注）苫。とま。スゲやカヤで編んで屋根をふくもの。むしろ、こも。
（注）『葛飾記』より。堀江村清滝権現の社あり、鎮守なり。猫実村神明の社あり、この所、海岸の出張りにて能景地なり。すなわち、八景の夜雨に入る所なり。また、海中に白き洲あり、これ景物の沖津洲なり。みな貝ばかりなり。この洲にて新鷹を取らるるなり。中古は東浜にあり。竜宮より運び移し給うといへり。

一、**御成先御用船**
川狩御成りの節御用相勤むる也。当村（猫実村）名主和泉沢氏は、先祖権頭といふ。昔よりの家柄にて、今に名主職也。真間弘法寺の壇越也。日蓮上人の真筆を所持す。
（注）川狩り。川で魚を獲ること。特に、夏に川で大量に獲ること。川猟。

一、**ごし字極印**
是は舟手形也。当村（猫実村）に十余艘有りといふ。其外、浦付の村々に五はい五枚もあり。田地一反畝（三百坪）に結ぶといふ。手形書替之時は、常の手形とは違ひ、御支配御代官より添状有りて手形書替有りといふ。

一、川

猫実川といふ。猫実・堀江の村境也。

（注）この場合の猫実川とは、現在の境川のこと。

一、**当代島村**　（注）浦安市当代島一〜三丁目。

高二百一石三升（米約五百二俵）。外に欠真間村分八十二石（米約二百五俵）。外に三石七斗七升三合（米約九俵）。家数凡四十二三軒。外に欠真間村分八軒。

（注）立地。浦安の北端、三角州上の土地。北は新井村、南は猫実村と欠真間村分の飛び地に接する。村内を横切るように船圦川《ふないりがわ》がある。江戸時代を通じて幕府領。

（注）開発。江戸時代初期、武蔵国小岩村の田中重兵衛（内匠）が移住・開拓した。また、旧江戸川対岸の武蔵国東葛西領当代島村の開墾もした。

（注）寛永検地。寛永六年（一六二九）、塩浜永三貫八百五十文。反別不明。永とは永楽銭のこと。中国の明国の銅銭。慶長十三年（一六〇八）徳川幕府は使用を禁止。関東では徴税のために幕末まで名目的に使用。

換算基準。永一貫＝永千文＝小判金一両＝金四分＝銭四貫文＝銭四千文

当代島の塩浜永の換算、寛永検地で永三貫八百五十文

（永三貫＝金三両）＋（永八百五十文×四倍＝銭三千四百文＝金三分と銭四百文）＝金三両三分と銭四百文

農民の使用貨幣は銭だったので、すべて銭に換算すると次の通り。

永三貫八百五十文×四倍＝銭十五貫四百文＝一万五千四百文

銭一貫文とは、一文銭を緡《さし》という紐に千枚通したもの。

当代島村の実際の納税。

五分の一が現物の塩納め、五分の四が金納。

銭一万五千四百文÷五＝銭三千八十文＝金三分と銭八十文

文化元年（一八〇四）当時の塩の相場は金一両（金四分）分の塩の量＝五斗入り塩俵で二十俵で、これを寛永元年（一六二四）に適用してみると、一分で五俵だから当代島村は十五俵を現物で納めていたことになる。

金納は五分の四だから、銭一万五千四百文÷五×四＝銭一万二千三百二十文＝金三両と銭三百二十文

『葛飾誌略』が刊行された文化の時代の納税は、金納が四分の一、現物納が四分の三だった。元禄検地（新検）で変更。しかし、当代島村は元禄検地のときに荒浜になったとして年貢永免除とされたので古検の数字で計算した。

当代島村の塩の生産量の推定（寛永六年当時のもの）

古検の際の行徳塩浜全体の塩生産量は約四万石＝八万俵とされている。そのときの行徳塩浜全体の塩浜永は六〇四貫八百六十七文なので、塩俵に換算すると約一万二千俵分になる。したがって税率は一万二千÷八万＝十五パーセントとなる。その比率で当代島村を計算すると、

永三貫八百五十文÷〇・十五＝永二十五貫六百六十六文＝金二十五両二分と銭六百六十四文となる。この金高は塩を金に換算した当代島村の数字だから一両＝二十俵で塩俵に換算すると約五一〇俵となる。これが当代島村の寛永検地のときの塩の生産高に近い数字となる。

当代島の塩垂百姓の収入

五一〇俵のうち十五俵は現物で納めるから、売りさばくものは四九五俵である。全部一両＝二十俵で売ったとすると、二十四両と三分になる。金納は金三両と銭三百二十文だから二十一両二分と銭六八〇文が塩垂百姓の実収入になる。そこから諸経費を差し引くのだが、この手取りで塩垂百姓の生活が成り立つかどうかは不明。ただ、塩作りは米作りをするよりも同一面積で十～二十倍の利益があったと推定されている。（『塩の日本史』第二版）

（注）助郷。享保十年（一七二五）、小金牧で徳川吉宗の鹿狩りの際に、勢子人足として十六人を差し出した。天明四年（一七八四）、水戸徳川家や諸大名通行のため、人足四人、馬六疋を差し出した。（『松戸宿明細帳』山崎家文書）

一、**稲荷社**　（注）稲荷神社。浦安市当代島三丁目十一番一号。

当村（当代島村）鎮守。山城国《やましろのくに》（今の京都府の南部）稲荷山同神。別当善福寺。当社は倉稲魂命にて、五穀を司る神なれば、諸人の崇敬勿論也。又、疱瘡の守り恵み深く在すとて、氏子は云ふも更也。他郷よりも信心の輩《やから》歩みを運び、参詣するもの多し。

（注）祭神。豊受大神。例祭日十月十五日。元禄二年（一六八九）武蔵国小岩村の善養寺から移し祀ったもの。疱瘡に霊験ありとされた。昭和十九年（一九四四）十一月二十七日、米軍機の爆撃で破壊、昭和三十四年（一九五九）一月再建。

一、**善福寺**　（注）浦安市当代島二丁目六番二十七号。

東海山といふ。真言小岩末。開基不レ詳《からずくわし》。大旦那田中内匠。元和《げんな》五《ご》己卯年《つちのとうのとし》（一六一九）建立。御除地二反四畝歩（約七百二十坪）。寶篋印塔《ほうきょういんとう》、堂前右傍に有り。札所観世音二十九番目安置。時華《じか》地蔵。境内に有り。元、川端に有り。溺死の人の塚也。故あって今は時行す。

（注）新義真言宗小岩善養寺末。ただし、平成十五年（二〇〇三）に訪ねたときに、現在では、和歌山県那須郡岩出町根来の大伝法院根来寺を本山とする、との冊子をいただいた。開基は、明暦二年（一六五六）興教大師の法孫、栄祐の創立とされる。本尊は阿弥陀如来像。

（注）宝篋印塔。ほうきょういんとう。宝篋印陀羅尼を納める塔。後には供養塔、墓碑塔として建てられるようになった。

（注）田中重兵衛（内匠）の墓がある。墓については諸説あり。慶安四年（一六五一）没。
（注）時華。じか。その時期の流行の意。

（注）善福寺をロケに使用した映画。永井荷風の『墨東奇譚』昭和十二年（一九三七）朝日新聞連載、映画化、山本富士子主演。山本周五郎の『青べか物語』昭和三十五年（一九六〇）文藝春秋に連載、映画化。

一、**川**（注）船圦川《ふないりがわ》のこと。
幅凡五六間（九〜十・九メートル）。村の真中にあり。利根（江戸川）の枝川也。田中内匠は当村（当代島村）草創の家也。利根川向ふに当代といふ字の田畑凡十四五丁（約四万二千〜四万五千坪）あり。此人開発の新田也。今井渡舟も此人の農業渡し也。今も右渡し船持より田中氏へ上げ銭出づといふ。
（注）利根川向ふに当代といふ字、とは今の東京都江戸川区江戸川三丁目の当代児童遊園地周辺地域。当代橋という名の橋も近くにある。
（注）『葛飾記』より。「大昔は、行徳領の内、堀江村を大船の場という（中略）、その時代は葛西、長嶋という所と地続きなり。（中略）長島の湊のときは、辰巳《たつみ》の方《かた》（南東方向）、当代島村の

耕地より大船入る。（中略）太田道灌の時代、国府台の湊に寄するをもって、堀江村河尻堂面という所を掘割、水を落とすなり。（中略）鎌倉へ召して太田氏は殺されたり」

以上は、太田道灌の主人上杉定正による謀殺とされる。当代島の耕地より大船入る、とは、船圦川を通過したということ、東京湾とつながっていた大きな水路。江戸時代、元禄三年（一六九〇）本行徳に新河岸が開かれたときに船圦川は東京湾への出口部分に水門を設置、江戸川の真水が塩田がある海岸へ流れ出ないように堰きとめられてしまった。（『葛飾風土史　川と村と人』）

（注）今も右渡し船持より田中氏へ上げ銭出づ、とは、今井の渡しの権利が欠真間村の船頭九軒に譲渡されたが（『市川市史』第七巻所収「譲申証文之事」）、文化の時代になっても田中家へ上げ銭が渡されていたことになる。そのような契約だったたと思われる。

一、**新井村**　（注）市川市新井一～三丁目・南行徳一～四丁目・相之川二～四丁目・広尾一～二丁目。

高百五十八石七斗四升四合（米約三百九十六俵）。外に一石二斗二升四合（米約三俵）。塩浜高九町五反四歩（約二万八千五百四坪）。家数凡八十戸。高村は欠真間村の出村《でむら》也。

（注）出村。でむら。本村から分かれた飛び地などにある村。新在家。分村。

（注）塩浜高。塩浜の分類、上々浜、上浜、中浜、下浜、下々浜の五位。塩浜反別永（一反に付き）上々浜は永四百文、上浜は永三百五十文、中浜は永二百文、下浜は永二百五十文、下々浜は永二百文（各五十文下がり）。判定された塩浜の等級に塩浜の面積（反別という）を乗ずれば塩浜永が算出できる。

（注）『塩浜由来書』より。元禄新検二又・原木・高谷三ケ村の義上々浜これ無く、上浜反永三百文にて中・下・下々まで五十文下り。田尻村の義上々浜これ無く上浜反永三百五十文にて段々五十文下り、上妙典村より新井村までは上々浜反永四百文より段々五十文下り。

（注）新井村の塩浜永。寛永六年（一六二九）十七貫六百三十　文、元禄十五年（一七〇二）二十四貫八百七十二文、反別九町三反十七歩、文化末カ（一八一七カ）三貫七十一文、反別九町五反四歩（ただし、反別のみ文化十二年、一八一五の数字）。

（注）村名の由来。①欠真間村の移住者が「新居」と名付けた。②井戸伝説その一、欠真間村から移住した平林某が、飲料水が欲しくて掘ったところ、よい水が出たので「新井」とした。③井戸伝説その二、船橋の宝成寺の能山和尚が観世音菩薩に祈願して新たに井戸を掘ったところ、真水が出たので「新井」とした。④昔は島であり、「新島」つまり「にいじま」といっていた。それが転じて「新井」になった。

一、**熊野社**　（注）熊野神社。市川市新井一丁目九番二号。

当村（新井村）鎮守。祭神紀州熊野同神。別当、延命寺。三社と申すは国常立尊・伊弉諾尊《いざなぎのみこと》・伊弉冉尊《いざなみのみこと》是也。天地開闢《てんちかいびゃく》にて男女生々の祖神なり。熊野に鳥牛王といふ有り。官家にも誓詞文に用ひ給ふ。江戸紺屋町に牛王所有り。当社の額、三井親和筆。絵馬、雪山筆。

（注）元和年中（一六一五年頃）創建、祭神、伊弉冉尊、女神、豊年には神楽を奉じたことがあるが現在は絶えている。当初は素五社稲荷と称したが、寛永年中（一六二四〜四三）熊野神社と改称。文政五年（一八二二）と昭和五十七年（一九八二）に拝殿を再建。

一、**新井寺**《しんせいじ》　（注）市川市新井一丁目九番一号。

普門山といふ。禅宗。栗原寶成寺末。開基不レ詳《からずくわし》。元和《げんな》二《に》辰年《たつのとし》（一六一六）建立。行徳札所観世音二十七番安置。

（注）曹洞宗。船橋の宝成寺の能山和尚が観音菩薩に祈願して、霊告により真水が湧き出る井戸を掘り当てたので、それを記念して建立された寺と伝える。

（注）御詠歌「いさぎよきあらいにやどる月かげの　誓ひはいつもあらたなりけり」（『葛飾記』）

一、**秋葉祠**

新井寺《しんせいじ》持。火防の神にて遠州秋葉山同神也。遠州秋葉山《あきばさん》は祭神大巳貴命也。延喜式小図帳に詳也《つまびらか》。余（予）先年参詣せし時、秋葉寺に止宿し、宝物さまざま拝観せし内に、三尺防の書翰といふあり。貞享二年（一六八五）八月十六日と有り。珍しき書也。但し三尺防は拝殿に祭りてあり。秋葉御祭礼といふは十月七日より十六日迄也と。此夜丑満《うしみつ》（午前二時ころ）に社頭の後にて鎮火の祭あり。此時、山嶺鳴動する事物凄かりと。云々《うんぬん》。

そまつには踏むな秋葉の山の端にひかげいをもて散す紅葉に　金埒《きんれつ》。

（注）遠州。えんしゅう。遠江国、とおとうみのくにの別称。現在の静岡県西部。

（注）延喜式。延喜とは、醍醐天皇朝の元号。延喜式とは、弘仁式、貞観式の後を承けて編集された律令の施行規則。平安初期の禁中の年中儀式や制度を漢文で記す。五十巻。康保四年（九六七）施行。

（注）欄外注釈に、延喜式云々不明、神名帳考證に式曰式内小国神社とあるを誤ったのか、とあり。

（注）欄外注釈に、ひかげい云々不明。但し、秋葉祠は火伏鎮護の神である、とある。

一、**延命寺**　（注）えんめいじ。市川市新井一丁目九番二号。

寶珠山といふ。真言小岩末。開基券長法真誉法印。慶長元申年《さるのとし》（一五九六）建立。行徳札所二十八番安置。

（注）御詠歌「そのかみのそそぎし菊のながれとも　はこぶかとしのえん命じかな」（『葛飾記』）

（注）新井小学校。明治七年（一八七四）七月二十五日、延命寺本堂で開校。生徒数男三十四、女十三、計四十七名、教員一名。学校の設立者は新井村の名主鈴木清兵衛。お寺の学校と呼ばれた。

（注）首きり地蔵。天明三年（一七八三）七月六日と七日の浅間山の大噴火の犠牲者が江戸川を流れて来て延命寺のお坊さんと檀家の人たちが収容して手厚く葬った。寛政七年（一七九五）の十三回忌法要の際に石地蔵を建立、江戸川縁に立っていた。石地蔵の台座には「今歳寛政七年乙卯七月十三日」「別当寺新井村延命寺」と刻まれていた（『行徳物語』）。明治・大正・昭和の頃にこの石地蔵に願掛けをする風習ができ、願をかけるときに石地蔵の首をはずして草むらに隠し、願いが成就したときにはずした首を載せるようになった。以後、首石地蔵、首きり地蔵などと呼ばれるようになった。延命寺にある首きり地蔵は二代目のもの。
（『明解行徳の歴史大事典』）

一、**経塚**　（注）市川市新井三丁目十六番。
海浜に有り。中頃自潭和尚《じたんおしょう》大般若を書いて、水難除け祈祷に築きしといふ。川幅五間（約九メートル）ばかり。元禄御縄入後（一七〇二）開レ之《ひらくこれを》といふ。利根川の枝川也。

（注）自潭は慈潭で、じたんおしょう。新井寺第四世。宝永年間（一七〇四～一〇）、和尚は貝殻に大般若経を書いて塚を築いた。貝殻は堤防修理のときの資材の一。重要資材。東京湾の粘土と混ぜて突き固めるとツルハシが突き刺さらないほど丈夫な堤になった。（『明解行徳の歴史大事典』）

（注）大般若。般若経は般若波羅蜜《はんにゃはらみつ》を説いた経典の総称。大品般若経、小品般若経、金剛般若経などがあり、玄奘三蔵法師が訳した「大般若経」はその集大成。

（注）「法華経寫塔」「爲妙栄信女也」「元禄十年十月六日」と刻まれている。自潭和尚との関わりや経塚との関係も不詳。

（注）『千葉県東葛飾郡誌』は元禄十年（一六九七）で、経文は法華経としている。敷地内にある『お経塚由来記』では、法華経塚とし慈潭和尚は火定したとする。時代が新しくなるにつれて経塚の由来の変遷が見られる。

（注）川幅五間ばかりとは、この部分は新井川についての記述。元禄お縄入り後とは、元禄十五年（一七〇二）以後のことの意。

（注）災害について。元禄の時代は大地震で終わった。

元禄十五年（一七〇二）、元禄検地（新検という）実施。十二月十四日赤穂浪士討ち入り。元禄十六年十一月二十三日、元禄大地震。塩浜海面干潟潮除堤大破、大津波襲来、津波二メートル、被害甚大。宝永と改元。

宝永元年（一七〇四）七月七日、江戸川大出水、村内水丈三尺。この年、浅間山噴火。

宝永二〜四年、長雨、暴風、大津波あり。

宝永四年（一七〇七）十一月二十〜二十六日、富士山大噴火、宝永山できる。二十三〜二十六日まで焼砂降りやまず、江戸の焼砂一〜二寸。（以上『塩浜由来書』）

一、**釈迦堂前**（注）この土地の所在は不明。
畠の字と成る。松二三本あり。新井寺の旧地なり。

一、**正道防事跡**
今より四十余年以前、当村（新井村）の産にて、江戸糀町《こうじまち》一丁目に茶を持ちて、歓喜天の法を行ひ、奇験有りて貴賤群集せしといふ。
（注）人物不詳。

一、医師蘭石《らんせき》

諸人疫病蘭石と賞す。此医古方家にて巧者、別して疫病の療治に功験有りし也。仲景傷寒論《しょうかんろん》を明らめたる医なるべし。

（注）蘭石。らんせき。昆泰仲《こんたいちゅう》のこと。昆常。淵斎と号す。字を子典といい、泰仲とも称した。天明六年（一七八六）武蔵国足立郡与野村生まれ。新井村の医師。泰仲様といわれて尊敬された。財を投じて塩浜開発に参加。それを泰仲場という。今の福栄四丁目にあった。かつての欠真間字東浜、字西浜の場所。新井村の名主鈴木清兵衛、俳号行徳金堤の親友。

（注）傷寒論。しょうかんろん。欄外注釈に、傷寒論に医宗仲景考というのがある、とある。傷寒とは、漢方医学で急性熱性疾患の総称。今の腸チフスの類。

一、欠真間村《かけまままむら》

（注）市川市欠真間一～二丁目、その他香取一～二丁目・湊新田一～二丁目・相之川一～四丁目・福栄一丁目・福栄三～四丁目・南行徳一～二丁目・島尻・広尾一～二丁目の一部。

高四百五十二石六斗二升五合（米約千百三十一俵）。塩浜高二町三反四畝三歩（約七千二十三坪）。家数凡二百三十軒。香取《かんどり》相の川分一村也。

（注）塩浜高二町三反四畝三歩は、『市川市史』第六巻の数字では二十町三反四畝二十歩

（六万千四十坪）であり『葛飾誌略』の記載と異なる。「二町」は誤りであろう。

（注）村高から田畑の総面積を計算してみる。一反当たり中田一石三斗、中畑一石一斗なので中間の一石二斗で計算。村高四百五十二石六斗÷一石二斗＝約三百七十七反＝三十七町七反となる。

（注）塩浜反別。文化十二年（一八一五）、二十町三反四畝二十歩。塩浜永。文化末カ、永三十三貫七百七十九文（『市川市史』）。換算する。永三十三貫＝金三十三両、永七百七十九文＝銭三千百十六文＝金三分と銭百十六文。金一両＝塩二十俵として六百七十五俵になる。これは正塩納めと現金納付の合計の俵数。欠真間村の塩の総生産量は、六百七十五俵÷税率十五パーセント＝四千五百俵＝二千二百五十石である。塩俵は一俵＝五斗詰めである。四千五百俵÷二十町三反＝反収約二十二俵である。

（注）立地。欠真間村は湊新田村の西、江戸川の南岸に位置し、対岸の武蔵国上今井村との間を結ぶ今井の渡し（現在の相之川一丁目）があった。今井の渡しから行徳街道に沿って集落が点在した。地内に浄土真宗了善寺、浄土宗源心寺、香取《かとり》神社、日枝神社、香取《かんどり》神社がある。

（注）村名の由来。①江戸川の洪水で真間の崖の一部が崩れ、流れてきてできた陸地なので欠真間という。②国府台合戦の難を逃れた真間の人々がここに移住して開拓したので欠真間という。
（『市川の地名』）

一、山王社《さんのうしゃ》（注）日枝《ひえ》神社。市川市相之川一丁目二番十九号。
相の川鎮守。江州《ごうしゅう》日吉《ひえ》山王《さんのう》同神。別当、延命寺。神木松、疸松といふ。松は寿永きもの故まつと訓めりといふ。松脂地に入り、千年にして茯苓《ぶくりょう》と成り、万年にして琥珀《こはく》と成ると、程子の説也。然《しか》らば、正真の茯苓琥珀は稀なるべし。日吉山王は祭神大山祇神《おおやまくいのかみ》也。神代巻曰《いわく》、伊弉諾《いざなぎの》尊《みこと》抜レ剣斬リ二軻遇突智ヲ一、為二三段一。是為二大山祇神一。云々。先年江州山王へ詣せし時一見せしに、鳥居の造り余社とは別也。総合の鳥居とて、笠木の上に又二角の笠木有る也。又、神前に猿あり。社僧云ふ、天子様御疱瘡の時、山王の猿も同じく煩ふ。御快癒なれば猿の病重くして死す。奇なる事也といふ。三峯山祠、末社に有り。講中有りて近年立つ。則《すなわ》ち御犬を拝借し、神體《しんたい》と崇めし也。秩父郡三峯山は祭神伊弉冉尊《いざなみのみこと》也。役行者《えんのぎょうじゃ》開闢《かいびゃく》の御山也といふ。雲取・白石・妙法ケ嶽の三峯秀立する是也。火防盗賊除の神符は人の知る處也。

三ツ峯のお犬桜をうつし植ゑて花盗人の守りにやせん　金埒《きんれつ》

（注）日枝神社。万治二年（一六五九）九月十日創建。宝暦七年（一七五七）再建。明治十六年（一八八三）改築。
（注）江州。ごうしゅう。近江国の別称。おうみのくに。今の滋賀県。
（注）茯苓。ぶくりょう。松の根に寄生するサルノコシカケ科の菌の菌核。

（注）日吉山王。日吉は「ひえ」といい、日吉神社のこと。滋賀県大津市坂本本町。東本宮

に大山咋神《おおやまくいのかみ》、西本宮に大己貴神《おおなむちのかみ》を祀る。古来、山王・山王権現または山王二十一社と称し、朝廷の尊崇が厚かった。例祭は四月二十一日で日吉祭・山王祭という。東京都千代田区永田町にある日枝神社は太田道灌が日吉神を勧請したもの。神田祭とともに江戸の二大祭りのひとつ。山王権現・山王社ともいう。

（注）山王。さんのう。滋賀県大津市坂本本町の日吉神社の別称。名称は、最澄が中国の天台山国清寺の山王祠にならって神号を山王と奉り、比叡山の守護神としたことに始まるとされる。

最澄（七六七～八二二）、平安初期、日本天台宗開祖。比叡山に入って修行。中国の唐に留学し天台教学を学ぶ。伝教大師・根本大師・叡山大師・山家大師。

（注）大山祇神。大山咋神《おおやまくいのかみ》。須佐之男神《すさのおのかみ》の子孫で大年神の子。国土守護を司る。

（注）笠木。かさぎ。鳥居や門・板塀などの上にわたす横木。二本目を貫という。

（注）役行者。えんのぎょうじゃ。役小角《えんのおづの》。奈良時代の山岳修行者。修験道の祖。

一、**道陸神石祠**

順和妙抄云、共工氏之子好ム二遠遊一。故其死後以為レ祖と。

（注）道陸神。どうろくしん。道祖神と同じ。道路の悪霊を防いで行人を守護する神。

（注）欄外注釈に、共工氏云々は風俗通からである、とあり。

一、**了善寺**　（注）りょうぜんじ。市川市相之川二丁目十二番二十八号。

親縁山といふ。一向宗西末（浄土真宗西本願寺派）。麻布宗福寺末。開基慈縁和尚。応仁二戊《つちのえ》子年《ねのとし》（一四六八）建立。凡三百四十二年に及ぶ。御除地四反三畝十二歩（約千三百二坪）。当寺は、昔、吉田佐太郎といふ士《さむらい》の陣屋也といふ。然《しか》れども、吉田といふ士は何れの軍臣に候や、未だ是を詳《つまびらか》にせず。札所観世音二十六番安置。

（注）御詠歌「まよひしに心もはれてさとるべし　よき教へぞとたのむ我身は」（『葛飾記』）

（注）慈縁和尚。①鎌倉公方足利持氏の武将吉田佐太郎。持氏は家臣の関東管領上杉憲実に殺された。下剋上の世の無常を感じて出家した（『南行徳村史』）。永享十一年（一四三九）二月十日、持氏鎌倉永安寺にて自殺。四十二歳。②下総国鎌田（現在の江戸川区）の庄吉田源五左衛門の八代の孫吉田佐太郎。親鸞聖人関東布教（一二二六、五十二歳）の際に源五左衛門宅へ足を留めた。応仁二年（一四六八）建立。

（注）吉田佐太郎。慶長元年（一五九六）正月晦日、新塩浜開発御書付　新塩浜開発之義五ケ年之間諸役有間敷候、其以後者十分一之積ヲ以御成ケ可致納所候、為後日手形如此仍如件

慶長元年申正月晦日　吉佐太郎書判　妙典村　治郎右衛門　図書

（注）出土品。鈴木金堤著『勝鹿図志手くりふね』文化十年（一八一三）刊行より。「三十年も以前（天明三年、一七七八頃）、境内に井戸をうがちしに石櫃土中にあり、鏡、太刀おさめ置きたり。ことに鏡は明鏡たるべし、什宝となす。鏡裏に文字あれども文明ならず」「寺より西の田畑を城山という。愚老が住居に隣れり」とある。

（注）鈴木金堤。新井村の名主鈴木清兵衛。天保七年正月二十四日没。俳号行徳金堤。『勝鹿図志手くりふね』の著者。二冊本。上冊は観光ガイドブック、下冊は俳句集。現在の自費出版本にあたるもの。

夏目成美（なつめせいび、蔵前の札差）、春の水海の中まで流れけり
鈴木道彦（芝の医者）、閑古鳥啼や漕去艫一声
建部巣兆（たけべそうちょう、武州千住の書道家、画家）、芦の穂や浦さびしくも御茶所
以上三人は江戸の三大家といわれた。
小林一茶　片浦の汐よけ椿咲きにけり。宝暦十三年（一七六三）長野県信濃町柏原で生まれる。松戸市馬橋の油問屋大川立砂（俳号）に身を寄せる。一茶は年間の半分を俳諧行脚の旅をした。パトロンは、松井（日本橋久松町の商人、『七番日記』に松井に入るとある）、鈴木金堤（新井村の名主、『七番日記』に新井に入るとある）、秋山双樹（下総流山のみりん醸造家）、海禅寺（茨城県守谷町高野、行徳から約四十キロ）。
行徳の俳人は二十八名だった。

葛飾北斎　画家、宝暦十年（一七六〇）江戸本所の生まれ、嘉永二年（一八四九）九十歳で浅草の借家で没。墨田区の本所は昔、下総国葛飾郡だったので名乗りにした。谷文晁（たにぶんちょう。江戸画壇の総帥）、宝暦十三年（一七六三）江戸下谷根岸に生まれる。天保十一年（一八四〇）没。七十七歳。
（注）お成り道。了善寺参道と交差する道は徳川家康と、秀忠が東金の鷹狩りの途次に通過した道。了善寺は要衝の地。

一、**道散寺**
地中也。大門並木の右に有り。（注）現在不詳。

一、**当宗本山跡**　（注）当宗とは浄土真宗のこと。
号の始は、応仁年中（一四六七～六八）、御即位の料を献じければ、後柏原院御即位有りて、叡感不レ斜。准門跡《じゅんもんぜき》の号を勅許あり。此頃兵乱相続き、凡四十余ケ年間御即位の事なかりしと也。又、東派（浄土真宗東本願寺派）の祖は、太閤の御舎弟顕如上人也。元一本寺なりしが、天正の頃（一五七三～九一）東西と成ると。云々《うんぬん》。
（注）准門跡。じゅんもんぜき。江戸時代、門跡に准ぜられた寺院の称。門跡とは、祖師の法統

を継承し、一門を統領する寺。また、その僧。例えば、本願寺などのこと。

（注）東西と成るとは、徳川幕府の政策。慶長七年（一六〇二）一向一揆に悩まされた徳川家康の後援で、教如が西本願寺（お西という）から分かれて創立、大谷本願寺派、お東という。

（注）時の政権による宗教政策の結果。徳川幕府は浄土宗寺院に手厚い保護をした。
二〇一四年現在で行徳・南行徳・浦安地域に三十三ケ寺ある（別に廃寺六ケ寺がある）。
（　）内の数字と寺名は浦安の寺、《　》内は廃寺になった寺。

浄土宗　十一ケ寺（一）正源寺、大徳寺、徳願寺、法泉寺、浄閑寺、教信寺、清岸寺、光林寺、善照寺、源心寺、（大蓮寺）、以下廃寺二《浄林寺》、《信楽寺《しんぎょうじ》》

真言宗　八ケ寺（四）養福院、自性院、徳蔵寺、圓明院《えんみょういん》、（宝城院）、（花蔵院《けぞういん》）、（善福寺）、（東学寺）、以下廃寺二《宝性寺》《金剛院》

臨済宗　一ケ寺　長松寺

曹洞宗　一ケ寺　新井寺《しんせいじ》

浄土真宗　二ケ寺　法善寺、了善寺

日蓮宗　十ケ寺（一）妙好寺、清寿寺、妙応寺、妙頂寺、常運寺、妙覚寺、円頓寺、正讃寺、本久寺、（正福寺）、以下廃寺二《常妙寺》、《本応寺》

一、**香取祠**　（注）香取神社《かとりじんじゃ》。市川市相之川一丁目二十六番七号。

渡し場九軒鎮守。別当今井圓勝寺。

（注）渡し場。今井の渡しのこと。

（注）祭神。經津主神《ふつぬしのかみ》。例祭日十月十四日。

（注）渡し船の権利。江戸初期は田中内匠持ち、権利譲渡があり中期以後は船頭九軒持ち、明治期は十八軒持ち。明治天皇が市川の渡しを渡ったときの船頭を相之川の小野田家が受け持った。

一、**今井渡**　（注）市川市相之川一丁目二十三番と二十七番地先。

此《この》渡しは欠真間村也。然《しか》れ共、諸人《もろびと》今井の渡といふ。尤《もっと》も、以前今井にて渡せし也。此渡しより富士山見えて佳景也。浅草観世音の絵馬に、此所の図を油畫《あぶらが》にて、総州（房総・下総）今井渡望二富嶽一図、横須賀藩大久保好徳写と有り。今猶存す。新に当所の景望を図すること珍しく、遠山に大川の映り畫法《がほう》に応ぜしもの也。行徳より此渡し場まで千七百六十六間三尺（約三千二百十四メートル）。国初様（徳川家康）東金御成りの節、則ち此渡しを御通り被《され》レ遊《あそば》し也。台徳院様（徳川秀忠）御成りの時も御通り也。還御《かんぎょ》には市川を御通り有りし也。慶長年中（一五九六～一六一四）、本多出雲守上総国大田喜城主の時、江戸往還に何れも此渡し也。本多家の織取茂右衛門、并《ならび》に当村（欠真間村）七郎左衛門親《おや》清七郎といふ者と両人にて、舟越を致す。毎度御通りの前日より清七郎方に相詰め、両人にて船役を勤む。大坂兵乱の節も、本多様八人持の大鉄棒を荷はせ、此所を被《られ》レ通《とお》し也。明暦三年（一六五七）、江戸大火の節、当所舟越えの儀、運上金差上げ、長く御免許の儀、郷中より伊奈半十郎様へ願上候處、行徳より小網町迄の御免の長渡し有《あり》レ之《これ》、右の障りに相成候に付、相叶はず。近郷のもの、外、旅人等一切渡す間敷旨《まじきむね》、被《られ》二仰付《おおせつけ》一候也。渡船由緒書略《りゃくす》レ之《これを》。

（注）今井の渡しは、今井の方で権利を持って渡していたことは明らか。しかし、いつの頃に欠真間村が渡すようになったのか不明。①当代島村を開墾した田中氏へ上げ銭を出していたこと、②江戸からの旅人は渡すが、欠真間村からの旅人は渡さなかったこと、③ねね塚伝承のとき、欠真間の船頭が今井の船頭と相談していたことが想像できるので、正保元年（一六四四）ころはまだ今井から渡していたと思われる。ところが、明暦三年（一六五七）の江戸大火のあと、欠真間村からの船渡しの許可願いを出している。これは却下されたが、そのころには欠真間村の方で渡していたと思われる。船渡しの由緒書があったことが略されている。

（注）東金御成り。家康、慶長十九年正月（一六一四）、元和元年十一月（一六一五）。『葛飾誌略』では「両三度」としている。秀忠、元和四、六、八年（一六一八、一六二〇、一六二二）、寛永元、二、五、七年（一六二四、一六二五、一六二八、一六三〇）。このすべてが行徳を通過したかどうかは不明。家光、寛永十三年以後（一六三六〜）。家光は行徳には来ていないとされる。以上の記録は東金御殿設立後のもの。（『江戸川区史』第一巻）

（注）御免の長渡し。行徳船のこと。欠真間村から今井側への渡しを認めたのでは行徳船の意味がなくなる。通行の制限と旅人の監視。江戸への旅人が行徳を通過するときは行徳船しか認められていなかった。河原の渡し、今井の渡し、堀江の渡しなどは土地の百姓ならば行き来ができた。

（注）大坂兵乱の節。慶長十九年十月（一六一四）、冬の陣、元和元年四月（一六一五）夏の陣。本多様。『房総諸藩録』によると大多喜藩十万石。

（注）明暦三年江戸大火の節。一六五七年一月十八日、振袖火事。江戸三大火事の一とされる。大名五百余、武家七百七十三、町家二万余、寺社三百余、橋六十一ヶ所、死者十万七千六人。両国に回向院を建立して慰霊した。三大火事の他は、明和九年閏二月二十九日の大火（火付け）、文化三年三月四日の大火。

（注）道標。現在は市立市川歴史博物館に収蔵されている。①明治六年（一八七三）十二月のもの「東房総街道本行徳駅江廿五町廿二間欠真間村」とあり、換算すると約二千七百七十メートル。②明治八年（一八七五）二月のもの「南　路新井邨六町三十六間　路當代島邨十二町三十六間　路猫實邨廿町五十二間三尺　路堀江村廿三町十二間三尺」。換算すると、新井村まで七百二十メートル、当代島村まで千三百七十五メートル、猫実村まで二千二百七十八メートル、堀江村まで二千七百七十メートルになる。

（注）連歌師《れんがし》柴屋軒宗長《さいおくけんそうちょう》。永正六年（一五〇九）、今井の浄興寺へ来た。紀行文『東路の津

登』を著す。隅田川の川船で、葛西の庄の河内を、よしあしをくぐりぬけながら半日ばかりで今井の津に着き、迎えの馬で浄興寺へ行き、国府台の真間の継橋を見てから、中山の法華堂の本妙寺で一泊、千葉の小弓まで足を運んだ。

一、桀場《はりつけば》

此渡下一丁許《ばかり》（約百九メートル）いま字のやうに成れり。此由緒を尋ぬるに、正保元甲申《しょうほうがんきのえさるの》年《とし》（一六四四）、生實《おゆみ》の城主森川半彌様御家来男女二人、久三郎とイネ駆落ち、此川舟越えす。船頭両人鎌田村某当村某、此両人法外の価を取り船を渡したり。尤も渡船にては越さずと雖も、渡し場見懲らしめのため御仕置被《され》レ成《な》、男女両人船頭両人共、幷《ならび》に当村某が女房、共に五人同罪になり、村方三人は菩提所へ引取り葬る。両人は此所へ埋む。印には石地蔵を立て、ね、塚といへり。何れの頃か洪水に川へ埋れたりと。云々。桀刑《はりつけけい》は元天主様の徒を刑するの法也。刑罪の重き最上也。五刑といへるは笞杖徒流死是也。昔は死刑に行ふは稀也と。大抵笞にて済みしといふ。

（注）下総生実藩。千葉市中央区生実町付近。一万石。六代目藩主森川半弥重政。徳川の御親藩。先代の重俊は去る寛永九年（一六三二）に徳川秀忠が没したときに殉死した。明治初年の実高、一万六百二十七石、年貢高四千三十石、家臣百九十三名。（『房総諸藩録』）

（注）渡船にては越さずといえども。①浅瀬を歩いて渡ったか、②渡し船以外の船を使ったか。

（注）菩提所。欠真間村の場合の寺は、了善寺か源心寺。
（注）この所へ埋む。渡し場下一丁、今井の渡し下流百九メートルほどの場所。
（注）印。石地蔵を立てる。ねね塚と呼ばれたが、洪水で埋もれて行方不明になった。

（注）五刑。日本古代の律に規定された五種の刑。律とは、中国で発達した刑法典。日本では唐律を模して大宝元年（七〇一）大宝律を制定、養老二年（七一八）養老律とした。
笞刑。ちけい。罪人の身体を笞で打つ刑。

杖刑。じょうけい。罪人を杖で打つ刑。笞刑より重く徒刑より軽い。六十～百回まで十回ごとの五等級とする。江戸時代の百叩きなどの刑罰。

徒刑。ずけい。今の懲役刑。一年から三年まで半年ごとの五等級とする。

流刑。るけい。刑として辺地に流すこと。近・中・遠の三等級。近流《こんる》は越前・安芸など、中流では信濃・伊予など、遠流《おんる》では伊豆・佐渡・隠岐《おき》・土佐などに配し、各国司に監視させた。赦（しゃ）のあるまで無期限。江戸時代には遠島の制があった。

死刑。しけい。絞（こう）・斬（ざん）の二種があり、斬は絞より重い。

一、**妙見島**（注）みょうげんじま。東京都江戸川区東葛西三丁目十七番。

川尻に有り。妙見祠有る故にいふ。此一島は先年小宮山杢之進様御支配の節（享保六年～十九年、一七二一～三四）、当村（欠真間村）狩野氏《かのうし》御手代を勤めし功により被《され》レ下《くだ》たりといふ。

（注）妙見菩薩。みょうけんぼさつ。北極星または北斗七星を神格化した菩薩。主として日蓮宗で尊宗。国土を擁護し、災害を滅除し、人の福寿を増す。北辰菩薩。千葉一族が信仰した。

（注）妙見島は、江戸時代は下総国に属し、明治前期は千葉県に属し、その後、東京府の所管とされて現在に至る。

（注）小宮山杢之進。享保六年（一七二一）行徳塩浜の代官となり、同十九年（一七三四）まで務めた。

（注）狩野氏。内匠堀を開削した狩野浄天の子孫。妙見島はもと欠真間村の飛び地。

（注）手代。てだい。江戸時代、郡代、代官、奉行などに雇用され、収税その他の雑務を司った小吏。

一、**源心寺**（注）市川市香取《かんどり》一丁目十六番二十六号。

西光山といふ。御朱印六石（十五俵）。浄土芝末。開基増上寺中興開山源誉上人観智国師。大檀那狩野《かのう》新右衛門尉《じょう》。慶長十六年辛亥《かのとい》（一六一一）建立。

（注）浄土芝末。浄土宗芝増上寺末。

（注）狩野新右衛門。狩野浄天。新左衛門とも。寛永六年（一六二九）三月十五日没。元和六年（一六二〇）田中内匠と共に灌漑用水路開削を願い出る。
（注）日露戦争記念碑がある。明治三十九年（一九〇六）五月十五日建立。押切・湊・湊新田・香取・欠真間・相之川の六ケ村。殉職者六名、出征軍人五十二名、在営軍人十名の氏名あり。

一、古金襴袈裟《こきんらんけさ》

是《これ》国師の御袈裟也。札所観世音二十五番安置。抑《そもそも》、観智国師と申すは、生国武州《ぶしゅう》（武蔵国の別称）由木左衛門尉《じょう》源利重也。天正十七年（一五八九）八月、縁山の寺僧と成り、翌十八年、神君（徳川家康）の御駕を拝し、官家師壇《しだん》の台命有りて御戒師と成る。血脈《けつみゃく》御相伝有りしとなり。慶長十五年（一六一〇）遷化《せんげ》也といふ。
（注）御詠歌「みなもとの清きながれをこゝろにて　にごる我身もすみよかりけり」（『葛飾記』）
（注）官家。かんけ。天子、朝廷。
（注）師壇。しだん。師僧と檀那。寺僧と檀家。将軍徳川家康・秀忠の戒師となった。
（注）遷化。せんげ。高僧の死去をいう。

一、不動堂

石体尊像、高野大師の作といふ。昔は大門石橋の傍に濡仏にて在す。五十五六年以前、今の堂建立也。霊験掲焉《けつえん》にして常に詣人多し。

（注）「源心寺のお不動さま」という。いぼとり不動ともいう。飴を上げる。不動堂の周囲に御手洗《みたらし》の古池があった。昭和の後半に埋め立てられた。

（注）掲焉《けつえん》。高くあがるさま。はっきりときわだっているさま。
（注）碑。欠真間安楽院不動尊本殿改修寄付者芳名　昭和三十五年（一九六〇）六月二十七日四十七名の名がある。
（注）「昭和二年三月　新井　及川源蔵」の石柱がある。十五×十八×五十センチ。埋もれている。八十二番　よいのまのたへふるしものきへぬれば　あとこそかねのごんぎやうのこえ。

一、**地蔵尊**
是も同石同作也。故有りて、今、葛西郡宇喜田安楽寺《かさいごおりうきたあんらくじ》にあり。
（注）浄土宗金胎山不断光院と号す。江戸川区北葛西一丁目二十五番十六号。『江戸川区史跡散歩』に寺宝として木食《もくじき》作の延命地蔵尊一体とあるが、それが同じものか不明。

一、**鐘**

当寺（源心寺）六世雲堂和尚代鋳《だいちゅうす》レ之《これを》。大門の額、西光山雲臥筆。

一、**安楽院**

地中也。古き草庵にして、昔は今井金蔵寺末にて正念寺といふ。源心寺建立有りしより地中となれり。札所観世音十四番目安置。元は法善寺に有りしを後に此庵へ遷せし也。

（注）札所十四番は浄土真宗法善寺だが、関係がよく分からない。

（注）浄土宗宝徳山松壽院金蔵寺。東京都江戸川区江戸川三丁目三十三番。大本山増上寺末。明治維新前までは葛西・行徳二領の本宗寺院の觸頭《しょくとう》（リーダーの意）だった。

一、**六地蔵**

本堂に向ふ。石体総高一丈三四尺（約四メートル）、狩野氏本国豆州（伊豆）より積み下したりと。云々。

一、**狩野氏影堂**（注）御影堂《みえいどう》。

当寺（源心寺）大檀那源正院心誉浄天居士、其外一族の影有り。今はなしと雖も、其有りし時を記す。予幼年の頃是を見しに、皆玉眼入りて彫刻するが如し。堂は室形造りにて美麗也。四方の長押《なげし》には三十六歌仙を畫《か》き、格天井に真中蟠龍《ばんりゅう》有り。其四面天人の畫《え》也。狩野友信畫也とぞ。其頃不審なることは、此近辺に時々龍が降るといふ事有りて、大風吹き立て、災度々あり。諸人又源心寺の龍が出でたりと云ひ合へり。此蟠龍破れてより、此辺に左様の災なし。奇なる事也。友信は龍の畫《え》に妙を得たり。公命にて龍を畫《か》き、朝鮮国へ送られしといへり。凡天井に蟠龍を畫く事は、洛東東福寺の兆殿司より始むといふ。又、今天人の図は往古女官の姿也。領巾裾帯《れいきんきょたい》とを肩の方に脂を強張りにして掛け、腰にも帯を引き下げたり。源氏・枕草子などに有り。

(注) 御影堂。みえいどう。御影堂の尻切龍という伝説。北条軍の戦死者、狩野家祖先の供養のため廟堂一宇《びょうどういちう》と六地蔵を建立。御影堂は六地蔵を覆っていた。寛政以前、天明のころは壮麗な堂宇があった。狩野某の花鳥画、中の一間は丸龍。

(注) 蟠龍。ばんりゅう。龍がとぐろを巻いている様。

(注) 領巾。れいきん。夫人の首にかける飾り布。ネッカチーフ。裾帯。きょたい。すそおび。

一、**楠谷墓**

辞世。蓮さくも別の仔細は候はず南無阿弥陀仏の聲に任せて。手跡は香誉上人也。麗し。楠谷は祇徳の社中にて、橘中仙等撰者なり。

一、**大椎**

堂前に有る大木なり。枕草子に云ふ、あふちの木・山梨の木・椎の木、ときはにいづれもあるを、それしも葉がへせぬためしに、いはれたるをかし。云々。

（注）欄外注釈に、枕草子第四十四段、とあり。

一、**香取社**　（注）香取神社《かんどりじんじゃ》。市川市香取一丁目九番二十三号。

当村（欠真間村）鎮守。祭神經津主命《ふつぬしのみこと》。香取郡香取宮同神。別当圓明院《えんみょういん》。欠真間《かけまま》・香取《かんどり》・湊新田・湊村四ケ村の鎮守也。下総国一宮香取太神宮を勧請也。日本鎮守棟梁也。神代巻の事予が鹿島詣に書き出したれば爰《ここ》に略す。元文《げんぶん》二巳年《みのとし》（一七三七）八月、覚敬法印大明神号を取捧げし也。或人評定に曰《いわ》く、香取太神宮は神代よりの号にして、それを辨《わきま》へず、いま新たに官を取りて大明神とせしは、神威を一等引下げたる也。覚敬は愚僧也といふ。中庸《ちゅうよう》子曰、鬼神之為レ徳其盛矣。視レ之而弗レ見。聴レ之而弗レ聞。體レ物而不レ可レ遺。貞永式目云、神者依二人之敬一増レ威、人者依二神之徳一添レ運。然則恒例之祭祀、不レ致二陵夷一。如レ在之禮奠、莫レ令二怠慢一。云々。又、神ハ不レ稟二非禮一。といへり。

当社祭礼は九月十一日也。家臺四番出づ。三十六年前、安永一癸巳年《みずのとみのとし》（一七七三）花麗の事有りし也。其後は神輿のみ渡りて本祭なし。御膳、古は狩野家にて奉献せし也。中頃、四ケ村へ譲りし也。又、毎正月備射武射ともいふとぞ。神酒を供し、人々打寄りて祝ふ事也。備射の式は古書にも有りて、政事の一也と雖も、今は名のみ残りて其式を知る人稀也といふ。
（注）中庸。ちゅうよう。四書の一。儒教の総合的解説書。孔子の孫、子思の作と称される。
（注）かんどりさまと呼ぶ。文和（一三五三〜）、至徳（一三八五〜）の年代に佐原の香取神宮から勧請された。
（注）祭礼には家臺が四ケ村一台ずつで計四台出て花麗を極めたことがうかがえる。『葛飾誌略』が著されたころは、神輿のみ渡って本祭りがなかったとされている。家臺を出すことが本祭りだったと分かる。

（注）地名。①地内にある香取神社《かんどりじんじゃ》に由来。本宮と区別するために「かんどり」と読む（『市川市の地名』）。②『日本書紀』神代下の九段に、斎主の神は「今東国の楫取《かんどり》の地に在す」とある。『千葉県の地名』。「楫」（しゅう）とは、「かじ（かぢ）」舟を漕ぐ道具。かい。③『香取文書《かとりもんじょ》』に「かんとり」「楫取」などと散見される。香取より楫取の方が古語。④したがって、「香取」が「かんどり」と訛ったのではなく、古語の読みをあてたと分かる。「かんとり」の読みを「香取」にあて、「かんどり」になったと思われる。⑤『広辞苑』第四版「楫取り」、船の櫓や櫂を使って船を漕ぐ人。船頭。かんどり。かとり。

一、**社旧地**

小例。今、重兵衛といへる家の側に有り。大洪水の後、今の所へ移す。

（注）小例。小洲。古社地は、いまより川寄りにあった。

（注）『葛飾記』に次のようにある。この社、元は利根川の端なり。香取の末枯松とて大木の松あり。水当たり強きをもって、欠け入りてこの木も河へ倒れ入り、その社地も今は河中なり。その後、今の所へ遷宮す。

一、**鳥栖額**

森修成筆。

一、**拝殿**

法楽の額、主波受け、予も雪の句を奉納せし也。

うつくしや梅の香とりの舞乙女　馬光

（注）この項は一人称で「予」とし、「馬光」と俳号を記している。『葛飾誌略』の著者であろう。

（注）馬光は本書著者の俳号らしいが、船橋市西船七丁目五番八号の常楽寺の山号が馬光山

だった。常楽寺は、今は海見山という。

（注）欄外注釈に、馬光は本書著者らしいが常楽寺の山号でもある、とあり。

一、**郷蔵地**《ごうぐらち》

香取南側に有る除地也。本朝通記略に云ふ、唐土には常平倉といふ。本朝廃帝の時、常平倉を置く。云々。食貨篇略に云ふ、義倉政談に曰く、日本古代の民図帳に取箇《とりか》の至りて高くあるは、籾納の時事也と。

（注）郷蔵。江戸時代、年貢米の保管、凶作に備える貯穀のため、郷村に設置された共同穀倉。香取神社南側の土地に建てられていたらしい。

（注）本朝。我が国の朝廷。

（注）常平倉。じょうへいそう。奈良時代、天平宝字三年（七五九）に米価の調節のために置かれた官庁。米を価の安い季節に購入して高くなると放出する。平安時代には常平所として一時設置。江戸時代は、水戸・会津・鹿児島の諸藩に置かれた。

（注）取箇。とりか。箇は数で、領主の取り分の意。江戸時代、田畑に課した年貢のこと。

一、**欠所外形**

延宝八申年《さるのとし》（一六八〇）閏《うるう》八月六日、大津浪の節、堤切れて深き事数丈（十五〜十七メートル）也。今は底浅し。此時に汐除堤を築き廻したり。此時、香取《かんどり》にて二十八人、新田にて二十四五人、領内都て百人余の溺死あり。大変也。

（注）大津波。記事のほか、家財・塩浜諸道具・雑穀などことごとく流失。代官伊奈半左衛門から仕入れ金の借用ができず、江戸商人田中源右衛門から金九百両の借金。堤普請には幕府より人足一人につき鐚（ビタ）百文支給されたが、そのほかの夫食《ぶじき》拝借なし。（『塩浜由来書』）

一、**松原淡路守**

永正末裔香取《かんどり》松原氏是也。永正は小篠家の旗本、此辺永正の領地也と。云々。

一、**狩野氏《かのうし》事跡**

先祖浄天は用水堀を開き、塩浜定免永の事、幷《ならび》に塩浜御普請の事、村々耕地圦樋の事、願ひを立て粉骨し、便利にせしとなり。先祖本国は豆州（伊豆国の別称）狩野庄にて、北条氏政の舎弟陸奥守氏照の臣、狩野一庵といふ祐筆なりしが、武辺にして侍大将となる。天正年中（一五七三〜九一）、一三千の兵にて八王子の城に籠り、太閤様御手先加賀上杉の五万余騎を引請け、決戦する事数十度にして本丸に引入り、忠死して名を万代に揚げたり。神君御感有りて甚だ惜しませ給ひ、悴主膳を被《され》二召出《めしだ》一、禄を下し給ふ也。

（注）定免。じょうめん。免とは地租率の意味。江戸時代の徴税法の一。過去五年・十年・または二十年の田租額を平均して租額を定め、一定期間、年の豊凶にかかわらず、定額を徴収したこと。水・旱・風などの災害の大きいときは、特に検見（けみ）して減免した。これを破免という。

（注）豊臣秀吉の小田原征伐のときに八王子城に籠って戦ったこと。徳川家康は狩野氏の名を惜しんで、悴の主膳を旗本に召し抱えたとされる。主膳とは新右衛門、新左衛門のいずれか、あるいは第三の人物であるかは不詳。

（注）狩野浄天については、内匠堀開削者として功名が高いが、本項によれば、①用水堀を開く、②塩浜定免永のこと、③塩浜御普請のこと、④村々耕地圦樋のこと等々の願いを立て、粉骨したとされる。

一、**湊新田**　（注）市川市湊新田・湊新田一〜二丁目。その他行徳駅前四丁目・福栄一〜三丁目の一部。

高三十石五斗四升七合（米約七十六俵）。塩浜反別四町三反一畝十九歩（約一万二千九百三十九坪）。実は新田にあらず。元禄年中（一六八八〜一七〇三）故有りて一村と成り、公儀へ新湊村と書き上げし也。家数凡五十戸。

（注）立地、欠真間村の北東、湊村の南西、江戸川の左岸に位置している。行徳街道に沿って集落が形成された。江戸時代は幕府領。元禄十三年（一七〇〇）ころまでは湊村に含まれ、前野分という土地があった。前野とは江戸川区にあった前野村のこと。

（注）田畑などの耕作地の計算。村高から中田一石三斗、中畑・石一斗から、一石二斗で換算。三十石五斗四升七合÷一石二斗＝約二町五反四畝（田畑地など）。

（注）文化末カ（一八一七カ）の塩浜年貢永は四貫九百五十八文八分。

反永（平均）の計算をする。

元禄十五年（一七〇二）永十六貫七百六十六文÷反別六町五反＝反永二百五十七文（下浜相当）。

文化十二年（一八一五）永四貫九百五十八文÷反別四町三反＝反永百十五文（下々浜以下）。

塩の生産量の計算をする。

永四貫＝金四両。

永九百五十八文×四倍＝銭三千八百八十二文＝金三分と銭八百三十二文。

金一両＝塩二十俵として

（金四両＝八十俵）＋（金三分＝十五俵）＝九十五俵（年貢分）実際には文化のころは現物の塩納が四分の一、金納が四分の三である。年貢塩は塩の総生産量のおよそ十五パーセントだから九十五俵÷〇・十五＝約六百三十三俵（年間総生産量）。六百三十三俵－九十五俵（年貢分）＝五百三十八俵　五百三十八俵×二十両＝一万七百六十両（塩売りさばき年収）。

反当たりの収量

六百三十三俵＝三百十六石（塩は一俵五斗入りだから）。三百十六石÷塩浜反別四町三反＝反当たり約一石三斗（実際の収穫量）＝反当たり約十四俵。

（注）興味深い記載がある。湊新田村は「実は新田にあらず」だという。「昔、前野鎌内（鎌田？）より塩稼のため舟越えしたり。今に当村（この場合の当村とは湊村のこと）に前野分という所あり」だった（後記の「舟渡」の項）。

だから「元禄年中故有りて一村と成り、公儀へ新湊村と書き上げし也」なのである。湊新田村としてではないのだという。「故有りて」というのは、どのようなものだったのか、湊村内でどのようなことがあったのか不詳。

このことと関連して湊新田の胡録神社だが、創建年代が不詳であり、これは推測にすぎないのだが、新湊村と書き上げられて一村となってからの創建か、あるいはその直前のことではあるまいか。行徳地域の村々には一つの村に神社が一つある。寺は湊村に善照寺、圓明院、法伝寺の三ケ寺があることから新湊村に新たな寺を創建しなかったのではないかと考えられる。

また、百姓渡しで女を渡すことを公認されていた「前野渡し」は明治の時代に「湊の渡し」と名称が変わった。元禄検地（一七〇二）により前野村は塩浜年貢永が免除されたが、湊村の年貢の中に「前野分」というものが含まれていた。土地としても前野分というところがあったというのだが『市川市字名集覧』には「前野」の字地が見られない。

一、**第六天祠**　（注）胡録神社。市川市湊新田一丁目十番二十四号。

圓明院持。野中に有り。毎年六月花火神事あり。

（注）第六天。他化自在天《たけじざいてん》と同じ。多くの眷属《けんぞく》をひきいて仏堂の妨げをなすことから、第六天の魔王といわれる。

（注）他化自在天。欲界六天の第六で欲界の最高所。この天に生まれたものは楽事を自由自在に自己の楽として受容するからという。他化天。第六天。胎蔵界曼荼羅外金剛部の一尊。

（注）祭神。面足尊、おもだるのみこと。例祭日七月十四日。

（注）第六天免。除地。一石六升一合。破格の除地。本行徳一丁目の神明社除地五升六合。租税免除地。神社維持料。江戸時代初期は田地がないので浜地を与えられた。下々浜相当として一反（三百坪）になる。江戸時代後半は内陸に取り込まれたので田地になった。下田に相当する。
（注）花火神事。白煙玉の打ち上げ。狼煙（のろし）。船の出入りの合図。鎌倉時代から。
（注）『葛飾記』より。第六天免という御除地もある。これは、魔王というときは彦火々出見《ひこほほでみ》の尊《みこと》の釣《つりばり》を呑みて釣失せし心にて、赤女の魚を祀りたりと覚るなり。これ故に、これも御類神なり（お舟玉の神のこと）。また、第六天の魔王は天竺の神なり。我が朝にては、天神七代の内、六代面足尊、惶根尊《かしこねのみこと》の御事なりとぞ。

一、**法伝寺旧地**（注）現在の法伝寺は市川市湊七番一号。
圦樋より北の方にて、其頃は圦の寺と呼びしと也。
（注）圦樋は市川市湊新田四番付近。圦は行徳街道沿いにあったから「寺は圦樋より北」ということは、圦から江戸川に向かって右側となる。南の向かい側に吉田畳店、小川家がある。

（注）松原淡路守の砦があった。松原氏、天文七年（一五三八）の第一次国府台合戦後、北条氏に属して葛西方面を本領とした。本拠地は（江戸川区の）長島村で、行徳の塩を押さえるための要衝の地。天正の時代（一五七三～）になり砦跡地を寺地にした。だから法伝寺は

「圦の寺」とも呼ばれた（『葛飾風土史　川と村と人』）。松原氏の子孫は、明治維新のときに経営していた剣術道場に官軍が駐屯したので薩長様とも呼ばれる。香取《かんどり》神社横。山岡鉄舟が訪れていた。（『浦の曙』）

（注）鴨場道。旧御猟場道は湊新田バス停脇の道。道そのものは古くからあった。江戸時代から湊新田の人たちが塩浜へ出るための道。御猟場道としては明治二十三〜二十四年（一八九〇〜九一）ころに開発された。御猟場は明治二十六年（一八九三）に設置。大正十年（一九二一）ころ、御猟場へ行く人の休憩所を兼ねた連絡所の建物があった。宮内省管轄の馬小屋が並んだ広場になっていた。現在の御猟場道は、湊新田二番と三番の間の広い道をいう。土地区画整理の際に江戸川からの水路だった土地を埋めて、道路にした。

（注）新田圦河。いが。旧川沿いに御猟場道をたどると新田圦河に行きつく。行徳駅前公園のプールのある周辺にあった。その圦は、押切方面からのミオ筋で潮除堤跡に設けられていた。御猟場道と交差するミオ筋にかかる橋を圦河橋《いがばし》といい、鴨場へ行くにはこの橋を渡ってミオ筋沿いに進むと鴨場に到達した。「字竜宮」が行徳駅前公園プール近くにあった。しろへび様が祀られていた。

一、**湊村**　（注）市川市湊。行徳駅前二〜四丁目・入船・日之出・新浜一〜二丁目の一部。

高八十九石六斗八升九合（米約二百二十四俵）。塩浜高十一町一反九畝二十八歩（約三万三千五百七十八坪）。倭訓栞《わくんかん》に云ふ。湊は水上人所《ひとのところ》レ會《あう》也。注すれば水人の義にや。云々。故に今の俗海船の湊口の名とす。

（注）立地、湊新田村の北東、押切村の南西にあたる。江戸川の左岸に位置し、行徳街道沿いに人家が続く。江戸時代幕府領。

（注）湊新田村と同様に田畑の面積を計算すると八十九石六斗÷一石二斗＝約七町四反になる。

（注）塩の生産量の計算。文化末カ（一八一七カ）の塩浜永十一貫五百十五文八分。

永十一貫＝金十一両

永五百十五文×四倍＝銭二千六十文＝金二分と銭六十文

金一両＝塩二十俵として（金十一両＝二百二十俵）＋（金二分＝十俵）＝二百三十俵（五斗入り）。

年貢は塩の生産量の約十五パーセントとして、年貢二百三十俵÷〇・十五＝千五百三十三俵（総生産量）。

塩浜年貢二百三十俵のうち四分の一は現物の塩納め、四分の三は現金納。

千五百三十三俵－二百三十俵＝千三百三俵　千三百三俵×一俵二十両＝二万六千六十両（塩売りさばき総年収）。

反当たりの収量の計算
千五百三十三俵÷十一町二反＝約十三俵
（注）『葛飾記』より。行徳の内、湊村というは、海辺より大船の河への入口なり。いま村名となる。寛永年中（一六二四～四三）寺社地方御改め御吟味の節の由という。

> （注）湊とは、水上で人や物が集まるところ。定期的に出会う常設の場所。平安朝（七九四～）のころ、貢納期《こうのうき》が近づくと川口を出た海上に大船を停泊させておく。郡家や国府から貢納物を積んだ川舟が下ってくる。大船の水夫《かこ》、川舟の宰領や水夫たちが海上で出会って積んできた荷を積み替える。（『明解行徳の歴史大事典』）

一、**圓明院**《えんみょういん》（注）市川市湊十一番二十一号。
水奏山といふ。真言小岩末。開基正誉法印。家数百余戸。御除二反二畝歩（約六百六十坪）。永禄五壬戌年《みずのえいぬのとし》（一五六二）建立。凡二百四十八年に及ぶ。札所観音二十二番目安置。
（注）真言宗葛西小岩村善養寺末。本尊は阿弥陀仏。
（注）御詠歌「有りがたや月日の影ともろともに　身は明かになるぞうれしき」（『葛飾記』）
（注）江戸時代は香取神社（かんどりさま）の別当寺。

（注）子育て地蔵。昭和五十二年（一九七七）建立。縁結び地蔵。墓から掘り出された別々の地蔵を繋ぎ合わせたもの。上は宝珠地蔵、下は六面地蔵。昭和四十五年（一九七〇）建立。

一、**不動堂**

霊験有り。弁天祠。昔は野中に在り。宝永年中（一七〇四〜一〇）此所へ遷す。

（注）弁天祠。弁財天。境内にあり。別当、圓明院。『葛飾記』の記載から。元は潮除堤の際は弁天山という。堂の建立は享保三年（一七一八）で拝殿があった。近来（寛延二年、一七四九から見てということ）境内へ引き取る。しかし、境内が狭かったので拝殿を省略して遷した。安芸の厳島の明神と御同体。お舟玉の神。弁財天は天竺の神。近来まで小柴を立てて祈った。湊村竜神弁財天へ竜燈たびたび上がる。みな拝す。ただし、今はなし。大舟その余の舟の目当ての森なり。

（注）圓明院の寺地は周囲より一・五メートルほど高かった。かつては野中にある微高地で、江戸時代初期は浜辺に突き出た岬状の島地だったといわれる（『葛飾風土史　川と村と人』）。だから昔は、弁財天の拝殿を省略せざるを得なかったのではないのだろうか。

一、**善照寺**（注）市川市湊十八番二十号。
青騰《せいとう》（暘《よう》）山《ざん》といふ。浄土芝末。開基覚誉上人。元和《げんな》七辛酉年《かのととりのとし》（一五二一）建立。凡百九十九年に及ぶ。額、文豹筆。
（注）青暘山《せいようざん》。浄土宗芝増上寺末。寺歴では寛永二年（一五二五）建立とする。
（注）「青」は五行説で春、「暘」は日之出。騰《とう》は、あがる、のぼる、あげるの意。
（注）御詠歌「あはれみの大慈大悲のちかひにはもらさでよよぞてらす寺かな」観音札所第二十四番目。（『葛飾記』）
（注）青山文豹。『葛飾記』の著者とされる。俗名、青山藤左衛門英貞。
（注）大旦那の青山家は小田原北条の落ち武者で、青山伊予守は法伝寺を建立、その子息四郎兵衛正貞の寄進により当寺を建立。
（注）除地田を囲んでいた外堀は内匠堀に利用された。法伝寺から幅一メートルほどの農道があり、鴨場道に続いていた。湊十三番は、今は住宅地。

一、**月輪御影**
内仏に有《あり》二円光大師真筆《えんこうだいしのしんぴつ》一。札所観世音二十四番目安置。

一、五智如来

石像也。文豹墓。辞世。極楽も地獄もさきにあらばあれ心の外に道もなければ。文豹は青山氏にて、佐文山の門弟。能書也。所々に筆跡残る。徘徊し遊び、両后といふ。

(注)五智如来。五智とは、密教で仏の備える五つの智恵のこと。法界体性智《ほっかいたいしょうち》、大円鏡智《だいえんきょうち》、平等性智、妙観察智、成所作智《じょうしょさち》。五智如来とは、密教で五智の各々を成就した五如来の総称。①大日如来（法界体性智）、②阿閦く《あしゅく》如来（大円鏡智）、③宝生如来《ほうしょうにょらい》（平等性智）、④阿弥陀如来(妙観察智)、⑤不空成就《ふくうじょうじゅ》如来（成所作智）。五智五仏。

(注)文豹墓。下総国八幡庄行徳湊村青山四郎兵衛吉貞一族の墓。万治元年（一六五八）ころのもの。

(注)①大日如来。宇宙と一体と考えられる汎神論的な密教の教主。その光明があまねく照らすことから偏照または大日という。大日経系の胎蔵界大日如来像と金剛頂経系の金剛界大日如来の二種がある。②阿閦如来。東方に位し、大円鏡智を表す。大円の鏡が色像を映すように、あまねく万法を照らして知らないことのない智慧。③宝生如来。南方の如来。宝部の主尊。大日如来の平等性智の徳を司る。④阿弥陀如来。西方にある極楽世界を主宰するという仏。衆生救済のため四十八願を発し、成就して阿弥陀仏となる。浄土宗・浄土真宗の本尊。念仏を修する衆生は極楽浄土に往生できると説く（第十八願）。念仏。⑤不空成就如

来。北方の如来。大日如来の成所作智（密教で自利利他のすぐれた業を成就する智）を司る。自利利他とは、自ら仏道を修行して悟りを得るとともに、他人に仏法の利益を得させること。（『図説歴史散歩事典』）

（注）善照寺の五智如来の光背が欠けている理由。江戸時代のばくち打ちが石仏のかけらを懐に入れて丁半を争うと縁起がよい、との迷信のためという。

一、**法伝寺**　（注）市川市湊七番一号。
仏法山といふ。浄土芝末。開基観龍上人。天正二甲戌年《きのえいぬのとし》（一五七四）建立。凡二百三十六年に及ぶ。札所観世音二十二番目安置。

（注）浄土宗芝増上寺末。御除地一石九斗一升七合。
（注）御詠歌「今よりはのちはまよわじ法のみち　つたふおてらへまいる身なれば」（『葛飾記』）
（注）新井村名主鈴木清兵衛、俳号行徳金堤あるいは鈴木金堤の墓があるが、今は無縁の墓に収納されて見ることができない。
（注）寺地の外堀が内匠堀に利用された。昔は内匠堀側が裏門だったが、いまは表門になっている。
（注）明徳尋常小学校旧跡の碑。学制百周年記念、明徳友の会が昭和五十年（一九七五）五月に

建立。発起人三十五名。昔は本堂を校舎にしていた。大正十一年（一九二二）七月、欠真間の現在地に移転。現南行徳小学校。（『明解行徳の歴史大事典』）

一、**過去帳**

祐天僧正真筆。祐天いまだ所化の頃、当村（湊村）に宿を設け、托鉢を致されたり。故に此辺に祐天の名号多し。三尊畫像。阿弥陀・観音・勢至《せいし》、極彩色、信州善光寺四世善耀上人《ぜんようしょうにん》畫筆也。

（注）所化。しょけ。僧侶の弟子、寺で修行中の僧。

一、**算術**

享保の頃（一七一六〜三五）、青山某、算勘に発明にて、算俎の中徑弧矢弦の誤を正し、別に術を案じたり。斯様《かよう》の誤り諸算書中に多し。都《すべ》て平立の入算には除乗往来繁多なればなり。然《しか》れ共、開平開立の算も手術あり。常の算に無レ替出来る也。算盤銘。生計都類撥二算盤一。一位運蹇《けん》一利市。得失従来属二老天一。除乗到頭不レ管レ指。云々。

一、**舟渡**

諸人前野渡しといふ。百姓渡し也。昔、前野鎌内（鎌田カ）より塩稼の為舟越えしたり。今に当村（湊村）に前野分といふ所有り。此故に女も渡す也。当村汐除堤《しおよけづつみ》は、小宮山様の時に三度築き出したり。関ヶ島・伊勢宿の辺は昔の儘也。故に分内甚だ狭し。此堤、今の如く厳重に成りたるは小宮山様の時也。

(注)前野渡し。明治時代は湊の渡しと呼ぶ。湊村にあり。明治十八年(一八七五)十二月四日許可。川幅七十五間(百三十六メートル)、水幅七十五間。江戸川区立前野排水機場脇児童遊園地付近に渡し場があった。江戸時代は農業渡し。蒸気船が就航してからは桟橋に白い布を出しておくと蒸気船が寄ってくれた。

(注)前野。現江戸川区南篠崎町五丁目は前野町だったが、『江戸川区史』付属、明治六~十一年の武蔵国葛飾郡第十一大区縮図によれば、上鎌田村である。前野村は現江戸川区江戸川一丁目地先にあたる。「前野」の町名は、いまはない。

(注)小宮山様。小宮山杢之進《もくのしん》。代官。行徳塩浜を享保六年(一七二一)~享保十九年七月まで支配する。享保十一年(一七二六)、行徳領塩浜増築計画を吉宗に上申。宝暦九年(一七五九)隠居、明和六年(一七六九)、塩浜由緒書を書く。安永二年(一七七三)没。杢之進の築いた潮除堤を小宮山堤または小宮山土手という。

一、**押切村**　（注）市川市押切。その他、伊勢宿・行徳駅前一～三丁目・入船・日之出・福栄の一部。

高六十八石五合（米約百七十俵）。塩浜高十二町八反三畝歩（約三万八千四百九十坪）。別当鎌田長壽院。祭神京都稲荷山同神。延喜式に曰《いわ》く。山城国紀伊郡稲荷神社三座、上大市姫・中倉稲魂・下大宮姫、云々。和銅四年（七一一）、此神稲荷山に始めて現ず。いま五座とするは、伊邪冊尊《いざなみのみこと》・瓊瓊杵尊《ににぎのみこと》を加へていふと也。元は稲生・稲成・飯形とも書く。弘法大師、稲を荷へる翁に逢ひしより稲荷と書くと。

かくてこそ祈るかひあれ衣食住何くらからぬ三つの燈火　雪解。

（注）立地、湊村の北東にあり、江戸川の左岸に位置する。徳川家康の江戸川変流工事により造成された土地。

（注）地名の由来。①江戸川の流れをせき止めてできた土地だから押切という。②江戸川がこの地を押し切って流れたから押切という。③対岸の鎌田村の住民が、隣村の反対を押し切って移住したから押切という。（『市川の地名』）④塩浜の場面にも、河跡よろしからずの所、確かに言い伝えこれあり、いつの世にかは河築き留め、今みな塩浜となる。ただし、築き留めたるも寛永年中歟《や》。（『葛飾記』）

（注）稲荷神社。市川市押切六番六号。祭神、宇伽能御魂神《うかのみたまのかみ》。倉稲魂。稲魂。食物、こと

に稲を司る神。「うかたま」「うけのみたま」ともいう。例祭日十月十八日。本殿・拝殿・手水舎。境内二百七十五坪。慶長三年（一五九八）十月十六日創立。樹齢千年を越す銀杏の大木。別当鎌田長寿院。下鎌田村長寿寺。明治初期に廃寺。

（注）寛永六年（一六二九）の塩浜検地による年貢永は二十九貫四百文。元禄十五年（一七〇二）の塩浜検地による年貢永は三十八貫六百七十六文で、塩浜反別は十三町三反九畝二十五歩。文化末（一八一七）ころの年貢永は十二貫六百八十文、塩浜反別十二町八反三畝十六歩。

（注）おかね塚。寛文五年（一六六五）十月十五日造立の阿弥陀如来像の庚申塔。

（注）寛永九年（一六三二）ごろに設置された旧祭礼河岸（行徳河岸）、元禄三年（一六九〇）に江戸川縁に移転。

（注）欄外注釈に、上大市姫云々は延喜式にない。弘法大師云々説は松屋筆記にある、とあり。

一、**光林寺**　（注）市川市押切十二番二十号。

木迎山といふ。浄土今井浄貞（興）寺末。開基三誉尊了和尚。天文年中（一五三二～五四）建立。凡二百七十年に及ぶ。札所観世音三十二番目安置（二十一番が正しい）。御除地六反三畝歩（約千八百九十坪）。

（注）木迎山。いまは来迎山という。浄土宗今井浄興寺末。『葛飾記』には今井浄光寺とある。

（注）御詠歌「みほとけにあゆみをはこぶ後のよは　ひかるはやしのむらさきの雲」（『葛飾記』）。札所は第二十一番である。

（注）中洲にあった草庵を江戸川の変流工事完成後に現在地へ移転。「来迎」山の意味。川跡の埋め立て地に寺を移転。中洲氏（田所家）。寺地に塩焼の薪にする貴重な樹木を植える。堂宇前に植えた松に「来迎の松」と名付けた。来迎とは極楽浄土を具現する仏法語。「光林」とは、慈悲と尊厳にあふれた「光輪」「光臨」に通ずる。（『葛飾風土史　川と村と人』）

（注）大正六年（一九一七）の大津波で古文書すべてを失う。天井に家紋、一円寄付、大正五～六年ころ。

一、**涅槃畫像**《ねはんがぞう》（注）釈尊入滅の姿を絵図や彫刻で描いたもの。

中頃松平越後守様御内寶御遠行の時、当寺へ納む。極彩色なり。当寺（光林寺）に倶舎《くしゃ》講の有りしは、寛政三亥年《いのとし》（一七九一）和州長谷学頭龍山法印講釈也。江戸諸宗の僧侶多く聴聞に群集せり。凡、倶舎は、人皇三十五代皇極帝朝に智通・智達の両沙門、入唐伝来せしといふ。

（注）和州、大和国の別称。

（注）長谷。奈良県桜井市初瀬の真言宗豊山派の総本山長谷寺。チョウコクジとも。西国三十三所第八番の札所。牡丹の名所。
（注）倶舎。くしゃ。倶舎宗、倶舎論の略。日本仏教八宗の一。小乗仏教。諸宗を通じて仏教の基礎的教学書。
（注）沙門。しゃもん。さもん。出家して仏門に入り道を修める人。僧侶。出家。

一、**朝鮮国王綸旨《りんじ》**
当村（押切村）某の許《もと》にて拝見。但し、湊村某の所持也といふ。河漢為宜略将軍虎翼侍衛司前領攝護軍者。宣徳二年（一四二七）七月四日。年号の所に判有り。朝鮮国王之章の六字也。此年号は明の宣宗皇帝の時也と。いかにも珍しき書也。紙屑より出でたりとぞ。此紙甚だ厚く、誠に朝鮮紙なるべし。
（注）綸旨。りんじ。りんし。君主が部下に対していう言葉。詔《みことのり》などの趣旨のことをいう。蔵《くろ》人《うど》が勅命を受けて書いた文書。
（注）欄外注釈より。明の宣徳二年は我が国の応永三十四年（一四二七）、とあり。

一、**不動堂**
霊験有り。是は光林寺の境内にあり。土落ちける間、此所に出す。

（注）本尊。平安時代後期の真言宗新義派の開祖興教大師作の不動像。

一、来迎松《らいげいまつ》

是も光林寺の堂前にあり。

一、溜

古き溜也。昔は此所より海へ水を落せしと也。故に押切りと呼ぶとぞ。又、此河岸を祭礼河岸といふ。弁天祠有りし故にいふと也。又、西連河岸《せいれんがし》といふは、西連といふ法師住みたる故にいふと。此所利根川開いてより、北樋に成りしとぞ。先年、中川飛騨守様御巡見の砌《みぎり》、及川氏の相を御覧有りて賞美し給ひしとぞ。中川公は相学に通じ給ふなるべし。

（注）祭礼河岸。行徳河岸。貨物専用の河岸。市川市押切十三番・十四番から押切五番と湊一番境に元禄三年（一六九〇）に移転してきた。

（注）弁天祠。湊の水神様。六月最終土曜日祭礼。

（注）西連はセイレン、あるいはセイレーンといい、押切の石井家の屋号になっている。

一、**伊勢宿村**　（注）市川市伊勢宿。その他、押切・末広一丁目・富浜二～三丁目の一部になっている。

高二十九石二斗九升（米約七十三俵）。塩浜高四丁一反二畝十一歩（約三万四千二百七十一坪）。凡家数四十余戸。

（注）立地、押切の北東、関ヶ島の南西、江戸川左岸に位置し、家並みは行徳街道に沿って作られた。徳川幕府の江戸川変流工事により造成された土地。

（注）寛永六年（一六二九）の検地による年貢永十五貫五百七十文。元禄十五年（一七〇二）の検地による年貢永十三貫二百七十二文、そのときの塩浜反別四町一反二畝十七歩。文化末（一八一七）の年貢永四貫七百三十文、文化十二年の塩浜反別四町一反二畝十一歩。

（注）田畑などの耕作地の計算。村高から中田一石三斗、中畑一石一斗から、一石二斗で換算。二十九石二斗÷一石二斗＝約二町四反三畝　反収約一石二斗。

一、**神明社**　（注）市川市伊勢宿六番十一号。

当所（伊勢宿村）鎮守。伊勢内宮同神也。別当。絵馬、英一蝶《はなぶさいっちょう》齋筆。図は樊噲鴻門《はんかいこうもん》會也。以前社内に掲げしが、心なき童ども翫物《がんぶつ》とし、破損し失ひたり。惜しき事也。南嶺某云ふ、絵馬に武者絵も書きし事は古き事也。建暦《けんりゃく》年中（一二一一～一二一二）、三島社へ、源義家陸奥の軍《いくさ》の図を掲げたり。又、太平記の安保と秋山との河原軍の図を掲げたるもの園記といふ書に有り。云々。

（注）伊勢内宮。天照大神、あまてらすおおかみ。いまは、豊受神社といい、豊受大神を祀る。例祭日十月十四日。本殿・拝殿。境内坪数百五十六坪。創建年代不明。

（注）英一蝶。はなぶさいっちょう。江戸中期の画家。狩野安信に学び、人物・花鳥に秀れる。俳諧もよくした。三宅島に遠島、赦免後に改名して英一蝶を名乗る。

（注）樊噲。はんかい。人名。漢初の武将。諡《おくりな》は武候。高祖劉邦に仕えて戦功を立てる。

（注）欄外注釈に、絵馬に云々は小山田與清の松屋筆記にある説、とあり。

一、**清岸寺**《せいがんじ》　（注）市川市伊勢宿四番八号。

徳永山といふ。浄土京都智恩院末。当時芝預り。開基徳願寺二世行誉上人。慶長十九甲寅年《きのえとらのとし》（一六一四）建立。百九十六年に及ぶ。御除地一反二十五歩（約三百二十五坪）。元禄年中（一六八八～一七〇三）、当村（伊勢宿村）に南梢といふ俳人有り。芭蕉翁の門人、州の社中にて是行徳に俳諧をするの始也とぞ。其後、享保（一七一六～三六）・宝暦（一七五一～六三）の頃より而後《じご》、暮色・門雪・舊花などの人々好みし也。続いて不光・土岐・楠谷等あり。当村石崎氏は草創にて古き家也。天正年中（一五七三～九二）御年貢納めし手形有り。

（注）現在は松柏山という。御詠歌「只たのめ誓ひのふねにのりをゑて　やすくもいたる清がんじ哉」観世音二十番目安置。（『葛飾記』）

（注）智恩院。京都市東山区にある浄土宗総本山。大谷寺知恩教院。文暦元年（一二三四）、法

然の弟子源智堂宇を建てる。十六世紀に浄土宗総本山の地位を確立、徳川家康の菩提所となった。

（注）知恩院。京都市左京区百万遍にある浄土宗の本山。寛文二年（一六六二）から現在地。八世善阿（空円）が百万遍念仏を修す。

（注）除地から米の生産量の計算。中田一石三斗、中畑一石一斗から、反収一石二斗で換算してみる。一反二十五歩×一石二斗＝約三俵と一斗。

一、**俳諧師似春**

予、去年《さんぬるとし》、或人の許《もと》にて京坂の古俳諧書を閲せしに、似春《じしゅん》が伝に云ふ、似春は下総行徳の産、小西氏にて社職の人也。京に上り、北村季吟《きたむらきぎん》の高弟芭蕉翁と友たり。京都に住み、俳諧を以て鳴る。云々《うんぬん》。

（注）北村季吟。きたむらきぎん。江戸前期の古典学者・俳人。名は久助、号は拾穂軒・湖月亭など。近江の人。一六二四～一七〇四。幕府歌学方。その門から芭蕉を出す。

一、**関ヶ島村**　（注）市川市関ヶ島。その他、末広一～二丁目・富浜三丁目・塩焼三丁目の一部。

高三十七石七斗四升三合（米約九十四俵）。塩浜高三丁一反三畝十一歩（約九千四百坪）。

（注）立地。伊勢宿村の北東、本行徳村の南西、江戸川左岸に位置し、行徳街道沿いに集落がある。徳川家康が江戸に来た天正十八年（一五九〇）ころには小さな島だった。江戸川河口に位置した。

（注）行徳の関。香取市佐原の香取神宮の関が鎌倉以前からあった。
香取文書　応安五年（一三七二）十一月九日付「藤氏長者宣寫」
同年　十二月十四日付「室町将軍家御教書寫」
至徳四年（一三八七）五月一日付「大中臣長房譲状」

（注）関の場所。①関ヶ島付近、②香取《かんどり》神社のある香取付近の二説。

（注）塩生産高の計算。文化末（一八一七）の塩浜永三貫五百二十一文六分は塩七十俵と銭八十六文と換算できる。三貫＝三両＝塩六十俵（一両＝二十俵×三両）、永五百二十一文×四倍＝銭二千八十六文＝金二分と銭八十六文（一両＝金四分）。
年貢塩七十俵は総生産高の十五パーセントとして七十俵÷〇・十五＝約四百六十七俵（関ヶ島村の年間の塩総生産高）、四百六十七俵×一俵五斗入り＝約二百三十三石、反収は四百六十七俵÷三町一反＝約十五俵。

一、**第六天祠**（注）胡録神社。市川市関ヶ島五番十三号。

当所（関ヶ島村）鎮守。祭神は市川村條下に委《ゆだね》し。依《よっ》て略す。別当、徳蔵寺。

（注）祭神。面足尊《おもだるのみこと》・惶根尊《かしこねのみこと》。例祭日十月十四日。本殿・拝殿。境内坪数百三十一坪。天神七代のうち第六の神、故に第六天神という。

（注）天神七代とは、国常立尊《くにのとこたちのみこと》、国狭槌尊《くにのさつちのみこと》、豊斟淳尊《とよくむぬのみこと》、泥土煮尊《うひじにのみこと》、沙土煮尊《すひじにのみこと》、大戸之《おおとの》道尊《じのみこと》、面足尊、惶根尊、伊弉諾尊《いざなぎのみこと》、伊弉冉尊《いざなみのみこと》。

一、**徳蔵寺**（注）市川市関ヶ島八番十号。

関島山といふ。真言小岩末。開基乗意法印。天正三乙亥年《きのといのとし》（一五七五）建立。二百三十五年に及ぶ。観世音十九番目安置。先住祐珊法印は卜筮《ぼくぜい》に妙あり。諸様方へも度々召され、其外、江戸、この近辺、遠郷よりも訪《おとな》ひ来て、疑惑を解く人夥《おびただ》し。鳴る事凡二十余年ケ間也。予これが古法を聞くに、馬場氏の古法の部なり。

（注）関島山。いまは関東山と書く。

（注）新義真言宗小岩善養寺末。和歌山県根来山大伝法院を本山とする。空海を高祖とし、覚鑁《かくばん》を宗祖とする。その他に智山派、豊山派がある。

(注)卜筮。占い。亀甲《きっこう》を焼いて占うことと、筮竹《ぜいちく》を用いて占うこととある。
(注)御詠歌「よを秋のみのりのとくをおさめつつ　ゆたかにのちのよをばすぐべし」(『葛飾記』)
(注)船着き場。行徳船その他の船の埠頭があった。徳蔵寺から宝性寺裏にかけて立堀があったという言い伝えがある(『葛飾風土史　川と村と人』)。船着き場は元禄三年に新河岸に移転した。
(注)算盤供養。九月十五日。市川市珠算振興会主催。お焚き上げ。不動明王。本行徳四丁目淡雪楼武左衛門が天保六年(一八三五)に寄進。

一、**法性寺**(注)宝性寺《ほうしょうじ》。昭和四十年代に徳蔵寺に吸収。
医王山といふ。真言小岩末。開基権僧都覚順。天正四丙子年《ひのえねのとし》(一五七六)建立。二百三十四年に及ぶ。観世音十八番安置。薬師如来、本尊。土仏也。興教大師作。霊験ありて詣人多し。或書に云ふ、薬師は煩悩業苦を避除するの名にて神号也。人身の病を医する仏にはあらず。畢竟《ひっきょう》、仏熾《ぶっし》にして神道衰滅のゆゑ也。云々。興教大師は真言新義の祖にして、弘法大師より八世なり。覚鑁上人《かくばんしょうにん》といふは、下総の産にして相馬平将門の臣胤《しんいん》也。常に修法の時、不動の形相顕《あら》はれ、随身の僧侶膽《きも》に銘せりといふ。根来寺開山にて勅願所となる。後、故有りて豊臣太閤様破却せし也。康治《こうじ》二年(一一四三)十二月十二日か。
(注)畢竟。ひっきょう。結局とか、つまりとかの意。熾(し)。勢いが激しいの意。

（注）御詠歌「□□□□□仏のたねをうえぬれば　くちぬ宝を身にぞおさむる」（『葛飾記』）

（注）欄外注釈に、或書は志都乃石室をいふか、とあり。

（注）欄外注釈に、康治二年は秀吉出生より三百九十三年前、とあり。

一、**佐倉場**

茂兵衛新田といふ。塩浜反別九反八畝九歩（約二千九百四十九坪）。一村一人持也。高一石五斗三升五合（米約三俵半）。簑《みの》笠之助殿の節御改也。

（注）塩の生産高の計算。二千九百四十九坪の塩浜で年間どれだけ塩が採れたか推定。湊村の反収十三俵を参考にしてみる。

塩浜反別九反八畝九歩×十三俵＝約百二十七俵。年間の塩生産量。税率十五パーセントとして、百二十七俵×〇・十五＝十九俵（五斗入り）が塩浜年貢になる。ただし、正塩納四分の一、金納四分の三。

一、**三千町**　（注）市川市幸一丁目・宝一丁目・塩焼五丁目の一部、加藤新田の一部。今の加藤新田は埋め立て地。本行徳村の南東部に位置する。

加藤新田といふ。塩浜反別二丁三反七畝三歩（約七千百十一坪）。一村持也。高三石九斗五升九合（米約十俵弱）。近藤兵右衛門殿御改也。明和五年戊子《つちのえね》（一七六八）。

（注）加藤新田。江戸日本橋横山町の升屋作兵衛（加藤氏）が拓く。享保元年（一七一六）～明治元年（一八六八）までに拓く。

（注）塩浜囲堤。南北百五十間（約二百七十三メートル）、海面長さ百七十間（約三百九メートル）、西北百五十間（約二百七十三メートル）。塩竈家、二ケ所。水池、三ケ所。一町四反九畝十五歩（約四千四百八十五坪）。

（注）津出し。年貢の出荷港。本行徳河岸。

（注）儀兵衛新田。市川市宝二丁目・幸二丁目・末広二丁目。加藤新田の南西にあり。寛保三年（一七四三）江戸神田の儀兵衛によって開発された新田。塩浜反別は文化十二年（一八一五）に九反八畝九歩（約二千九百四十九坪）、明治十五年（一八八二）に三町一反六畝十二歩（約九千四百九十二坪）。以上『下総行徳塩業史』。

（注）千本松。儀兵衛新田と加藤新田の潮除堤は別名千本松と呼ばれた松並木。

一、**芝居**

明和二乙酉年《きのととりのとし》極月《ごくげつ》（一七六五年十二月）有《あり》レ之《これ》し事有り。其後、角力の立ちしは安永七戊《つちのえ》戌年《いぬのとし》（一七七八）也。

一、**本行徳**　（注）市川市本行徳。その他、本塩・富浜一～二丁目・塩焼・関ヶ島・末広一～二丁目・入船・日之出・東大和田一丁目・大和田二丁目・同五丁目など。

駅也《なり》。高九百五十四石八斗五升八合（米約二千三百八十七俵）。塩浜高三十七町六反九畝四歩（約十一万三千七十四坪）。家数凡《およそ》三百余軒。是《これ》領内の村にして、房州・上総・常陸、幷《ならび》に当国（下総国）の街道也。領内凡二里三里（八～十二キロ）が間也。当所（本行徳）町並は南北三百九十四間（約七百十七メートル）、東西百十間（約二百メートル）平均也とぞ。旅人往来、今は登戸船にて多く往来しつれば、昔よりは減なしと。然《しか》れ共、日夜旅人の絶え間なく、又、春冬は銚子の魚物、夏は西瓜瓜等、この前栽《せんざい》、秋より冬は大根等付け出す。馬の夥《おびただ》しく嘶《いなな》く聲《こえ》、馬士《むまかた》唄《うた》の喧《やかま》しきなど、言ふばかりなし。朝鮮人来朝に郡役人馬当村相勤候也。琉球人来朝には人馬勤不《つとめさず》レ申《もう》候なり。

（注）立地。関ヶ島村の北、下新宿村の南に位置し、東に下妙典村がある。南は海に面し、塩浜になっていた。集落は、江戸川沿いに街道に沿って形成された。街道は一丁目で東に折れ、下妙典村・上妙典村・原木村・船橋町を経て、成田・佐倉・千葉方面へ通じていた。東に折れずそのまま江戸川沿いに北上すると、八幡宿や市川村に通じ、木下街道で鹿島へ行けた。八幡までの道を新道という。

（注）駅。えき。律令制で、公私の旅行のため駅馬・駅船・人夫を常備しているところ。

（注）前栽。せんざい。庭前の花木・草花の植え込み、またはその草木。前栽物。あおもの、野菜、センザイ。

（注）塩生産高の計算。反収十四俵で計算する。

三十七町六反九畝四歩×十四俵＝約五千二百七十六俵（年間総生産量）。

年貢　税率十五パーセントで計算。

五千二百七十六俵×〇・十五＝七百九十一俵。うち四分の一は正塩納め（元禄十五年以後）で百九十七俵。

金納は七百九十一俵－百九十七俵＝五百九十四俵分（換金して現金納付）。

（注）農地について。元禄十五年（一七〇二）検地帳の本行徳村。（『市川市史』第二巻）

中田二十七町四反八畝、下田四十三町一反七畝、下々田十三町七反五畝、田方合計八十四町四反二畝。上畑三町九反三畝、中畑三町三反二畝、下畑七町六反二畝、下々畑十町三反八畝、悪地下々畑二町五反一畝、畑方合計二十七町七反八畝。

屋敷九町一反二畝。耕地面積総合計百二十一町三反三畝余。

耕地総面積の所在の内訳。

江戸川放水路以北の字地の田地合計面積八十三町二反五畝余（約九十八パーセント）字名、外野・中須北方小堤外・外大洲・内大洲・下沼・上沼・不記載地など。

江戸川放水路以北の字地の畑地合計面積十三町四反二畝余（約四十八パーセント）。

結論。①元禄期の本行徳村の良好な水田は、大部分が江戸川放水路以北の飛び地にあった。よって、本行徳村の集落の東側にほとんど水田などなかったと言ってよい。②集落周辺には十町ほどの粗悪な畑地があるだけだった。③畑地の東側には、荒浜を耕地化するための葭萱が茂った帯状の土地が九町余展開していた。④葭野のさらに東側は海岸で、三十七町歩余の塩浜が拓けていた。

（注）天明六年（一七八六）の村明細帳（『市川市史』第六巻上）。荷積み船運上永一貫五百文、油冥加永八十文、酢造冥加永四十五文、油絞冥加永二十二文五分、醤油冥加永百五文。例年七月十三日と十二月晦日に市が立つ。船往還場として伝馬諸役を一ヶ村で務めた。家数は三百七十六戸、うち百姓百九十二、水呑百八十三（合計が合わない）、人口千五百六十一。農間は男女とも塩浜稼ぎを第一とし、長雨のときは海辺で貝・磯草などを採っていた。

（注）天明六年の塩浜年貢永は、六十四貫八百四十一文、うち四分の三の五十一貫六百三十文は金納、四分の一の永十七貫二百十六文余は三百四十四俵の正塩納。塩浜総反別は三十七町五反余、うち荒浜引五町二反余、年貢対象三十二町三反余。

一、**新川岸**　（注）新河岸《しんがし》のこと。市川市本行徳三十四番と関ヶ島一番の行政境。

川場也。元禄三庚午年《かのえうまのとし》（一六九〇）此所へ移る。故に新川岸といふ。南側に宿屋十余軒、此内亀屋は僧侶宿なり。山口屋は木賃宿《きちんやど》也。

宿取りて塩浜見に行く春日哉　祖風。

祐天僧正未《いま》だ所化《しょけ》の頃、成田山参詣に、妙典辺にて吹雪に手足寒く、道路に倒れたるを、亀屋主人宅へ伴ひ介抱せしと。此故にて、生實《おゆみ》大巌寺通行に亀屋旅館也。新河岸より九日市迄四千百六十六間（約七千五百八十二メートル）、此七十七丁と二十六間也。

（注）行徳の宿屋。山田屋、大阪屋、角伊勢、信楽、小松屋、亀屋、鹿島屋、銚子屋、松坂屋、桜屋、若松屋、淡雪の十二軒。（『行徳の歴史散歩』祖田浩一著）

（注）木賃宿。きちんやど。旅人が米を持参し、薪代を払って泊まる宿。一般に女宿のこと。
（注）この句からは海岸近くにある塩田をのんびりと見物する旅人の姿が想像される。
（注）所化、しょけ。僧侶の弟子。寺で修行中の僧。
（注）『江戸名所図会』に「行徳船場《ふなば》の図」がある。
（注）旧行徳船場。関ヶ島の徳蔵寺～宝性寺～本行徳四丁目付近にあった。江戸川筋にも別の桟橋と河岸があり、江戸川を遡上するのに使った。旧河岸という屋号の家もあった。

一、**川岸番所。同船会所**

寛永九壬申年《みずのえさるのとし》（一六三二）、伊奈半十郎様御支配の節、江戸小網町迄水上三里舟渡被《られ》二仰《おおせ》

付《つけ》一、幷《ならび》に御伝馬《てんま》駄賃人足相定まる。当年迄凡百七十八年に及ぶ。

（注）会所。かいしょ。江戸時代、町役人・村役人の事務所。

（注）行徳船。寛永九年（一六三二）十六艘、寛文十一年（一六七一）五十三艘、天明六年（一七八六）には番船（行徳船の別称）五十三艘、川舟百十艘、借切船一艘があった。嘉永年間（一八四八〜五三）六十二艘。川舟百十艘は一艘につき銭一貫百五十文より同二百五十文同百五十文までの年貢を納めて、江戸本所の竹蔵役人の極印をもらっていた。番船七〜二十四人乗り、賃銭一人二十五文、借切船は賃銭二百五十文で一〜七人用。

（注）本行徳より船橋まで道のり二里八町　ただし人足一人四十一文、本馬一疋駄賃八十二文、半馬一疋駄賃六十八文、軽尻一疋駄賃四十六文。本行徳より八幡まで道のり一里　ただし本馬一疋四十五文、半馬一疋三十四文、軽尻一疋二十九文、人足一人二十三文。

（注）本馬。ほんま。江戸時代、宿場に設けた駄馬の一。重さ四十貫（百五十キロ）の荷を積む。人が乗る場合は合わせて四十貫まで。人が乗るには明け荷という葛籠《つづらかご》を二個馬の両側につけ、その上に座布団を敷いて座る、あるいは跨ぐ。
半馬。はんま。人一人と荷二十貫までを乗せる。

軽尻。からじり。空尻とも荷なしともいう。人が乗っても荷をつけない。ただし、五貫目までは許される。客は馬の背をまたぐ。人が乗らなくても二十貫までの荷は軽尻という。荷だけを荷軽尻、人が乗ったものを乗軽尻という。

慶長六年（一六〇一）正月の伝馬定書、同七年六月の定書、元和二年（一六一六）十一月の定書で伝馬と駄賃馬の重量が統一された。正徳元年（一七一一）の定めが幕末まで基準となる。「元賃銭」という。変動があるときは、元賃銭に対して何割増と称した。

一、**船橋村**（迄）本八十二文、半は百六十八文（六十八文カ）八幡町迄一里、本四十六文、半三十七文、軽二十九文、二十三人。

小網町船路三里。船借切二百五十文。同表給百七十二文。乗合一人に付二十五文。同艫借《ともがり》百二十四文。生物一艘は七駄也。但し、百文は河岸上げ、百八文船頭、十一文上げ銭、二十九文問屋銭。河岸荷場は泊屋十余軒の外はならず。番所には闕レ疑（疑わしい者を除く）。扠叉《さすまた》、突棒《つくぼう》の三つ道具を立て、関所の如し。百姓番船定五十三艘、内十艘今絶え、馬七疋。三つ道具御免。寛永十一年戌《いぬ》（一六三四）九月十七日、三ツ橋十郎左衛門殿知行同国芝田村旅宿七郎兵衛方へ夜盗入り、翌十八日之朝当所船場にて二人召捕らる。伊奈半左衛門様の時なり。御褒美として銀三枚、被《れ》二下置《くだしおか》一。此時より御免に相成候。

定

一、定船場之外、脇にて猥《みだりに》に往還之もの不《からずの》レ可《べ》レ渡《わたす》事。

一、女人手負《ておい》其外不審成者《ふしんなるもの》、何れ之船場にても留置《とどめおき》、早々到《そうそういたり》二江戸《えどに》一可《べく》二申上《もうしあげる》一候。但し、酒井備後守手形於《おいてあるに》レ有レ之《これ》は無《なく》二異儀《いぎ》一可《べき》レ通《とおす》事。
一、隣郷里負不レ苦《からずのくるし》者は、其所之給人又其代官の手形を以可《べき》二相通《あいとおす》一事。
一、酒井備後守手形雖《いえども》レ有《あると》レ之《これ》、本船場之外、女子手負又は不審成《なる》者一切不《からずの》レ可《べ》レ通《とおす》事。
一、惣別江戸へ罷越者《まかりこすもの》は不《ざる》レ及レ断《およばことわるに》事。
右の条々於《おいて》二相背族《あいそむくやからに》一は、可《べき》レ被《さる》二厳科処《げんかにしょ》一者《もの》也。

元和二辰《たつ》（一六一六）八月　日

対馬守
備後守

（注）本は本馬、半は半馬、軽は軽尻。二十三人は人足数。伝馬諸役のため本行徳村では人足二十三人、馬二十三疋を用意していた。本行徳は宿場に準じて伝馬駄賃人足が定められた。人足賃金は、本馬の半額。一人で五貫目までの荷物を持つ。六貫目以上は一人で担ぐが人足賃は二割増し、十貫目では人足は二人になる。

（注）欄外注釈に、隣郷里負不明、とあり。

（注）三つ道具。江戸時代、罪人を捕えるのに用いた三つの道具。①扠又。さすまた。刺股、指叉とも。木製の長柄の先に月形をした鋭い金具をつけた武器。喉頸にかけて取り押さえる。②突棒。つくぼう。鉄製の頭部は丁字型でたくさんの歯があって長い柄がついている。③袖搦。そでがらみ。長柄の先に多くの鉄叉を上下につけ、袖などにからませて引き倒

した。

一、**成田山常夜燈**　（注）新河岸跡地に立つ。市川市本行徳三十四番と関ヶ島一番の行政境。笠石渡凡《およそ》五尺（約百五十一センチ）、火袋二尺余（約六十センチ）、惣高一丈五尺（約四百五十四センチ）の大燈籠、川岸に立つ。去る未年《ひつじのとし》（未年は文化八年で常夜燈には文化九年とある、一八一二年）日本橋講中建《たてるこれを》レ之。

（注）正面　永代常夜燈　蔵屋敷　十名の名　（下流を向いた側が正面）

右　日本橋　西河岸町　十一名の名

左　日本橋　刻字なし

裏　文化九　壬申《みずのえさるのとし》年三月吉日建之

蔵屋敷　□屋源助、□屋平七、三木屋清五郎、伊勢屋藤七、蛭子屋源兵衛、栖原屋八右衛門、内海屋吉兵衛、高嶋屋又七、和泉屋儀右エ門、魚屋繁蔵

西河岸町　太田嘉兵衛、大黒屋吉兵衛、會津屋徳兵衛、和泉屋清左エ門、八万屋喜兵衛、大國屋伊助、相模屋弥吉、山田屋佐兵衛、相模屋藤兵衛、八万屋清吉、八万屋松次郎

一、**行徳暮雨**

暮色空朦自欲レ眠。江流水冷雨成レ烟。風聲喚起襄王夢。雲霧宗朝鎖二楚天一。　雄仙。

一、**笹屋饂飩**（注）市川市本行徳三十六番十七号。

銘曰《めいいわく》、饂飩《うどん》餉《しょう》製。干快晴撰。佳味深長。褒賞無限。秘宝家傳。常貴人饌。本朝無雙。葛飾名産。云々。此うんどんは行徳の名物にて、大坂砂場のそばと同じく、旅人の立ち寄らざるはなし。

（注）「七夕の笹屋なるべし手ぎはよくつなぐ妹背《いもせ》のほしうどんとて」『房総道中記』十返舎一九

「御亭主の手打ちのうんどん待ち兼ねていづれも首を長く伸ばせり」『旅眼石《たびすずり》』十返舎一九

（注）現在の建物。安政元年（一八五四）建築とされる。

（注）六曲屏風。笹屋の屋号の由来、源頼朝公。市川歴史博物館に展示。

（注）「干うんどん」の看板。太田蜀山人書とされる。欅の大看板。市川歴史博物館に展示。

（注）太田蜀山人《おおたしょくさんじん》。太田南畝。一七四九～一八二三。江戸時代後期の狂歌師・戯作者。幕臣。

一、**狐狸除守**

四丁目秋本氏に有り。奇妙に狐つき離るとぞ。

一、遊女屋二軒

松村・宮島の両人願蒙り、免許。明和二三の両年（一七六五〜六六）繁昌いたし、今はなし。

四丁目火事といふは、明和六年己丑《つちのとうし》（一七六九）二月十六日也。川原村表通り迄焼けたり。棟数凡三百軒。此時神明宮は残る。其前に大坂屋火事といふは、笹屋など焼けたり。行徳といふ地名は、其昔、徳長けたる山伏此所に住す。諸人信仰し行徳と云ひしより、いつとなく郷名となれりと。云々。其後、この庵へ出羽国金海法印といふもの来りて、行徳山金剛院といふ。羽黒法漸寺末と成る。天文十一壬寅《みずのえとらのとし》年（一五四二）也。御行屋敷といふ。此寺享保年中（一七一六〜三五）退転すといふ。

（注）四丁目火事。大坂屋火事。神明宮が焼けなかったのは氏子中の防災活動の結果か。塩浜十五ケ村の総鎮守だからである。

（注）塩浜由緒書。明和六年八月、元代官小宮山杢之進「覚」を書く。二月に大火があり、その年の八月に塩浜由緒書が作成されたこと、由緒書は年貢減免の嘆願書に必ず添付されて提出されたことから、行徳の農民が小宮山杢之進に頼み込んで書いてもらったものと推測して良いと思われる。ただし、そのような経緯を記した古文書は発見されていない。

（注）行徳の地名。『葛飾記』より。すべて行徳と名付けること、本行徳金剛院の開山上人よりして起こる、とされる。

（注）出羽国。もと、東北地方の一国。今の秋田・山形両県の大部分。羽州。

（注）羽黒山。山形県庄内平野南東にある山。月山・湯殿山とともに出羽三山の一。山頂に出羽神社がある。古来より修験者の登山が多い。

（注）行徳山金剛院。『葛飾記』（寛延二年、一七四九）より。札所二番。ただし、いまはなし。『葛飾誌略』（文化七年、一八一〇）より。福泉寺。札所第二番目観音安置。昔は本行徳金剛院にありしをこの寺へ移す。

一、**神明宮**　（注）市川市本行徳一番十号。

四丁目幷《ならび》に新田鎮守。別当月（自カ？）性院。則《すなわ》ち伊勢内宮様同神也。中例（洲カ？）に在る時は小祠也。寛永十二乙亥《きのとい》（一六三五）大社に造立。其造立の節、十五ケ村より寄進有りしといふ。本願主田中嘉左衛門。元文《げんぶん》二丁巳年《ひのとみのとし》（一七三七）・享保元申年《きょうほうがんさるのとし》（一七一六）とも田中三左衛門催しにて、祭礼に始めて屋臺を出す。町内も此時四丁に分る。新田とも家臺五つ、新《にい》宿《じゅく》客祭として家臺以上六つ也。其後、度々屋臺出でしかども、新田迄は不《ず》レ引《ひか》といふ。

（注）新田。行徳新田、昭和の時代は本行徳塩焼町、現在は本塩。

（注）伊勢内宮は天照大神、外宮は豊受大神を祀る。例祭日十月十五日。三年ごとに氏子町内へ神輿渡御の行事あり。本殿・幣殿・拝殿。境内坪数四百坪。

（注）十五ケ村。稲荷木・大和田・河原・田尻・高谷・妙典・下新宿・本行徳・関ヶ島・伊勢宿・押切・湊・欠真間・新井・当代島の十五ケ村。

（注）四丁。すなわち、本行徳一丁目・同二丁目・同三丁目・同四丁目。行徳新田は別。

一、**自性院**《じしょういん》（注）市川市本行徳一番十号。

神明山といふ。真言小岩末。開基法仙法印。御除地一反四畝二歩（約四百二十二坪）。天正十六戊子年《つちのえねのとし》（一五八八）建立。凡二百二十二年に及ぶ。法仙は一臈職《ろうしょく》にて当寺より本寺へ移る。

（注）臈職《ろうしょく》。臈は僧侶が得度《とくど》してから後、修行を積んだ年数、転じて、年功によって得られる身分・地位の称。

（注）本寺、真言小岩末。江戸川区小岩の真言宗善養寺末。神明宮の別当寺。

（注）観音札所第四番目。御詠歌「我思ふ心の玉はみかかしを　たのむ仏のてらすなりけり」（『葛飾記』）

（注）勝海舟筆の熊谷伊助慰霊歌碑。明治九年（一八七六）以降成立。伊助は松屋伊助、陸奥国松沢（岩手県千厩町）出身でアメリカ商館の番頭だったとき、奉公した江戸の酒屋の縁で行徳出身の妻と結婚した。碑中の「よき友」とは伊助のこと（『幕末の市川』市立市川歴史博物館）。よ

き友の消えしと聞くぞ我この方心いたむるひとつなりたり（『観音札所のある町　行徳・浦安』中山書房仏書林）

一、**薫音地蔵《くんおんじぞう》**

門前にあり。子供の病に竹筒に酒を入れて供する也。札所観音四番目安置。此寺に芝居立ちしは安永三甲午年《きのえうまのとし》（一七七四）、三十六年に及ぶ。

一、**法泉寺**　（注）市川市本行徳七番二十二号。

真寶山といふ。浄土今井浄興寺末。本は芝末也。開基法誉上人。御除地一反五畝歩（約四百五十坪）。元亀《げんき》元庚午年《かのえうまのとし》（一五七〇）建立。凡二百四十年に及ぶ。古金襴袈裟《こきんらんけさ》御免也。則《すなわち》観智国師真筆あり。御茶碗御茶壺什物也。昔国初様（徳川家康）御成りの砌《みぎり》拝領也。但、御茶碗はいつの比にか紛失せり。此事は御上へも訴へたり。観世音は行徳札所十三番目安置。

（注）御詠歌「しなじなに仏ののりのいづみ寺　つきぬや浜のまさごなるらん」（『葛飾記』）

（注）徳川家康小休止の際の故事後記「権現堂」の項にあり。

（注）葛西上今井浄土宗浄興寺。東京都江戸川区江戸川三丁目 一十二番七号。

永正六年（一五〇九）七月十六日に連歌師《れんがし》柴屋軒宗長《さいおくけんそうちょう》が今井の津《わたり》で船を捨て訪ねた。後に紀行文『東路《あずまじ》の津登《つと》』を著す。寺の住持に乞われて発句「ふじのねは遠からぬ雪の千里哉」。

天文十五年（一五四六）には、北条氏康が訪れ、紀行文『武蔵野紀行』を著す。寺の長老に乞われて発句「松風の吹音きけばよもすがら　しらべことなるねこそかはらね」（琴弾きの松の由緒）。永禄七年（一五六四）の第二次国府台合戦のとき、北条氏の兵が琴弾きの松に登って国府台の里見軍の様子を探った（物見の松の由緒）。（『江戸川区の史跡と名所』）

一、**栗塚**

世の人の見つけぬ花や軒の栗。翁（松尾芭蕉）の真跡を穿ちて塚の霊とす。寛政六甲寅年《きのえとらのとし》（一七九四）十月、翁百回忌に建《たてる》レ之《これを》。行基《ぎょうき》菩薩も、栗といふ字は西の木と書いて、西方に便り有りとて、杖にも柱にも此木を用ひ給ふと。云々。

（注）行基菩薩。行基。六六八～七四九。奈良時代の僧。いまの大阪府の南部、和泉の人。諸国を巡り、民衆教化や造寺、池堤設置・橋梁架設などの社会事業を行い、行基菩薩と称された。初め、僧尼令違反で禁圧されたが、大仏造営の勧進に起用され大僧正位を授けられた。

一、**権現堂**《ごんげんどう》

是は神君（徳川家康）東金御成りの節、当寺（法泉寺）御小休の節、御入り被《され》レ遊《あそば》し道（堂が正しいか）也。其頃、当寺にて御小休宿被レ遊しは両三度也とぞ。古老茶語に云ふ、或時、至尊（徳川家康）御尋ねに、坊主は田地にても持つやとの御意也。此時、住持（法泉寺の住持）其席に居合せず。徳願寺和尚居合せ候て、御答へに、極貧にて一合も所持不《らず》レ仕《つかまつ》候と申上げ候ければ、寺号を御尋ねに付、徳願寺と申上ぐ。神君御側衆へ命有りて、御墨付を被《され》レ下《くだ》けり。いま徳願寺御朱印是也と。其節に至り、其席に居合せずば能《よ》く能《よ》く不仕合也。此一事、真偽不《からず》レ詳《くわし》と雖《いえど》も、聞ける儘に書す。都《すべ》て大猷院様代《だいゆういんさまよ》（徳川家光）迄も御成り、先払ひの事など甚だ軽々しき御事也。浅草御成りの節、或寺の圍女《いじょ》の事など大きに御笑ひ被レ遊、又、馬見の番人に逢はれ御笑ひ被レ遊し事、或は御鷹寄せられ候節、村切に百姓を一人づつ召させられ、外の御供はなく御丸腰にて御寄被レ遊、或は品川御成りの節、何者とも知れず人小を横たへ、頭巾をかぶり、御前と摺《す》れ違ひ行きし事など、公なる御仁心の御意などさまざま是あり。但し、此節より百姓帯刀一円御停止《ちょうじ》といふ事なり。林家の寛永小説に委《ゆだね》し。此に略す。

（注）権現堂。権現道。いずれが正しいか不明。ただ両三度小休宿とあるから「堂」とするのが正しいと思える。それと「権現道」に関係する「道」の文字が出てくるのは『葛飾誌略』のこの部分のただ一回だけの一文字の記載でしかない・「堂」とするのを「道」と誤り、それが現代の「権現道」の解釈に通じたのかもしれない。他の地誌などの古い文献には「権現道」の由緒の記載はない。

（注）欄外注釈に、寛永小説は寛永年間の幕府君臣言行を林信篤が書いた、とあり。

一、**本久寺**　（注）市川市本行徳二十四番十八号。

浄延山といふ。日蓮宗中山末。開基日能上人。元亀《げんき》三 壬 申年《みずのえさるのとし》（一五七二）建立。凡二百三十八年に及ぶ。御除地四畝歩（約百二十坪）。

（注）隣寺の本応寺を併せたときに本応山と号したが、いまは照徳山という。

（注）本尊。釈迦弁尼仏と多宝如来の両尊。一塔両尊。南無妙法蓮華経の七文字を書いた塔、題目塔（一塔）。

（注）欄間。新築された本堂の欄間には日蓮上人の一生が彫られてある。

（注）本久寺脇の道路は三丁目道と呼ばれ、塩焼をしていたときの塩場への通い道。

一、**祖師木像**

身延山日朝上人作。隣寺の本應寺も中山末なりけるが、近年二ケ寺を合せて一ケ寺とし、本應山本久寺といふ。本應寺御除地八畝歩（約二百四十坪）也。天正六 戊 寅年《つちのえとらのとし》（一五七八）建立。開基は實相院日應上人也。

（注）祖師木像。身延山第十一世法主日朝上人の作。目の病気・眼病守護日蓮大菩薩。

（注）近年とは、文化七年（一八一〇）からみての「近年」である。

一、法善寺　（注）市川市本塩一番二十五号。

佛性山と云ふ。諸人塩場寺《しょばでら》といふ。門徒西末（浄土真宗西本願寺派）。開基権大僧都宗玄。慶長五庚子年《かのえねのとし》（一六〇〇）建立。凡御除地六畝歩（約百八十坪）。日本中西派四万五千十八ケ寺有りといふ。当宗本山にては、十一月二十二日より二十八日迄、報恩講勤行《ごんぎょう》あり。此の日の間は、御堂には聴聞にての衆中に齋《とき》非時を進む。末寺方八。十月の中初むるを取越という。

洪鐘銘　法善寺

霜鐘一振　三千願句　覚若界睡　告楽邦春　佛器之最　生信是深　欲扣《こう》法門　莫忍鯨音

（注）浄土真宗本願寺派。お西。一向宗。親鸞の娘覚信尼が文永九年（一二七二）京都東山大谷の御影堂を建てたのに始まる。文明十年（一四七八）蓮如が京都山科に再建。次いで石山に移ったが東西に分裂。京都市下京区堀川通七条。東京築地に別院、築地本願寺がある。

（注）東本願寺派。お東。浄土真宗大谷派の総本山。慶長七年（一六〇二）徳川家康の後援で教如が西本願寺から分かれ創立。大谷本願寺。烏丸本願寺。京都市下京区烏丸通七条。

（注）法善寺は、『葛飾記』に江戸麻布善福寺末とある。行徳札所十四番目。御詠歌「法によく頼みをかけてひたすらに　ねがへば罪も消てこそゆけ」

（注）宗玄。河本弥左衛門。大坂から来所と伝わる。慶長五年（一六〇〇）九月、関ヶ原の戦い以後のこと。その時期は妙典の篠田次郎右衛門宗清が代官吉田佐太郎から新塩浜開発の

手形を貰ってから五年後のこと。初めは草庵程度の寺。片桐且元の臣とされる。

（注）寺地はもと長松寺の塩場。

一、門の額

佛性山、朝鮮人正々齋筆。明和元甲申年《きのえさるのとし》（一七六四）来聘《らいへい》の節、書。凡四十六年に及ぶ。

（注）来聘。らいへい。外国から外交使節が来て、礼物を献ずること。

一、潮塚《うしおづか》

うたがふな潮の花も浦の春。是はばせを伊勢二見の浦の句也。当所に似合はしとて穿ちて霊とせり。寛政五癸丑年《みずのとうしのとし》（一七九三）の翁百年に建レ之《たてるこれを》。手跡は行脚麦丈《ばくじょう》。舊芭《きゅうは》墓。辞世、輪後光や蓮の實とびし水の上。舊芭は俳諧を好めり。子齋墓碑記有り。北山々人山本信有撰。子齋は、鬼越村の岡田氏也。先生に随身す。文化未《ひつじ》年立つ。

（注）句碑には「宇たがふな潮の華も浦の春」とされている。華と花。

（注）ばせを。松尾芭蕉の俳号。元禄七年（一六九四）没、享年五十歳。

（注）麦丈は戸田麦丈。借地料は堀木以南、及川鼠明らが出している。（『明解行徳の歴史大事典』）

（注）奥の細道。俳諧紀行。元禄十五年（一七〇二）刊行。元禄二年（一六八九）三月二十七日、江戸深川を出発、門人曽良と共に奥州各地を行脚し、北陸・美濃・伊勢を巡る。伊勢で詠んだ句が潮塚の句。

（注）欄外注釈に、翁百年は寛政六年である、とあり。

一、**常運寺**　（注）市川市本行徳六番三号。

題目山といふ。日蓮宗中山末。開基日善上人。慶長二十年乙卯《きのとう》（一六一五）建立。百九十五年に及ぶ。

（注）元和二年（一六一六）小田原北条氏の家臣野地氏により創建とされる。胤継（日常）の館に創建。洗い地蔵。小児虫封じ呪処。枕返しのお祖師さま。

一、**読経祖師**

木像、中山三世日祐上人作。霊験也。門雪墳の辞世。茶の花のをはりや人も初むかし。是人俳諧を好めり。

（注）読経日蓮大菩薩。中山法華経寺三代管主日祐上人作。野地氏が大仏を法華経寺に寄進し、その代わりにお祖師様をいただいて常運寺へ納めた。願うと病が枕を返したようによくなることから「枕返しのお祖師さま」の異名がある。

一、**長松寺**

塩場山《えんじょうざん》といふ。（注）市川市本行徳八番五号。

禅宗馬橋萬満寺末。開基溟山《めいざん》和尚。御除地二反五畝歩（約七百五十坪）。本願主松原淡路守永正。天文二十三甲寅年《きのえとらのとし》（一五五四）建立。凡二百五十六年に及ぶ。此寺むかし中例（中洲カ）に有りし頃は、此辺塩場《しょば》也とぞ。今の法善寺の地は、もと長松寺の旧地也。故に塩場といふ。

（注）観音札所第三番目安置。御詠歌「長き夜のねぶりをさます松風の　みてらへ参る身こそやすけれ」（『葛飾記』）

（注）『葛飾記』では、禅宗臨済派、下総国馬橋万福寺末、この寺に薬師仏あり、毎月八日参詣あり、とある。

（注）もとは江戸川の中洲に草庵があり、その時代の現在地は塩場だった。故に「塩場山《えんじょうざん》」の号あり。また、法善寺は長松寺の塩田跡地に建てられたので別称「塩場寺《しょばてら》」と呼ばれる。

一、**薬師如来**

聖徳太子作。境内に安置す。是は昔、大和田永正寺の本尊也。昔は平田村にあり。此辺すべて松原淡路守の領分也。当尊像に帰依有りて大和田村に一寺を立て本尊とす。其後永正寺大破に及び、寛文元辛丑年《かのとうしのとし》（一六六一）当寺へ移す。凡百四十九年に及ぶ。天神祠神体菅神（菅原道真）といふ。御自作六十六体の内、一体当寺住僧鉄西和尚宝暦年中（一七五一～六三）の事なりと。云々。奉持し来り祭るとぞ。此説の如くならば尊きこと云ふもおろかなるべし。我国儒宗餘二美談一。有隣有徳祭二菅三一。霊梅千里度二東海一。墻《しょう》外一枝開レ自レ南。塩竈小祠、此寺（長松寺）草創よりの祠也とぞ。当領内は塩竈明神を祭る事勿論なるべし。祭神味耜彦根命《あじすきひこねのみこと》。相伝ふ、昔、当社明神始焼《やく》レ塩《しおを》。又、天高彦根神《あめたかねひこねのかみ》は大巳貴命御子也と。云々。濡仏、油屋某建《たてる》レ之《これを》。行徳札所観世音第三番目安置。

（注）味耜彦根命。味耜高彦根命、あじすきたかひこねのかみ。日本神話で大国主命《おおくにぬしのみこと》の子。かものおおかみ。

（注）塩竈小祠。明治の廃仏毀釈により行方不明となる。

一、**神明社**　（注）四丁目鎮守。市川市本行徳三十二番二十二号。

四丁目にあり。是は御旅所也。拝殿に法楽額有り。願主稚乙（雅乙カ）。

（注）御旅所。おたびしょ。神社の祭礼に、神輿《しんよ》が本宮から渡御して仮にとどまる場所。おたびのみや。おたびぢごろ。神輿はしんよと読み、みこしのこと。

（注）法楽。ほうらく。仏法を信仰し、善行を積んで自ら楽しむこと。法会のとき、読経や奏楽をして本尊に供養すること。

一、**八幡社**　（注）三丁目鎮守。市川市本行徳二十五番二十号。

三丁目にあり。

（注）祭神。誉田別命。ほんだわけのみこと。ほむたわけ。第十五代応神天皇の名。例祭日十月十五日。『江戸名所図会』には例祭日八月十五日とあり。

一、**徳願寺**　（注）市川市本行徳五番二十二号。

海巌山といふ。浄土武州鴻巣勝願寺末。開基勝願寺中興不残上人。御朱印十石（米約二十五俵）。慶長五年（一六〇〇）創立。昔は普光院とて草庵なりしとぞ。

（注）行徳観世音第一番目安置。御詠歌「後のよをねがふ心は有がたや　まいる我身の徳願寺かな」（『葛飾記』）。行徳札所三十三所巡りは元禄三年（一六九〇）徳願寺十世覚誉上人により始まる。

（注）『江戸名所図会』では、当寺往古は普光庵といへる草庵也しが、慶長十五年（一六一〇）庚戌《かのえいぬ》開山聡蓮社円誉不残上人寺院を開創して、阿弥陀如来像を本尊とす（丈三尺二寸なり）、とある。

（注）欄外注釈に、徳願寺は慶長十九年（一六一四）圓誉不残上人造営、とある。よって、『葛飾誌略』本文の慶長五年、『江戸名所図会』の慶長十五年、『葛飾誌略』欄外注釈の慶長十九年の三つの説があることになる。

（注）御朱印十石。慶安元年（一六四八）九月、徳川家光より本尊供養料として賜る。

（注）徳願寺の「徳」は徳川の徳、「願」は勝願寺の願。

（注）明治六年（一八七三）行徳小学校の仮教場となる。

一、阿弥陀如来

本尊也。運慶作。鎌倉右大将頼朝公簾中尼将軍の宥経仏《ゆうきょうぶつ》也。上様より忠残上人へ被《れ》二下置《くだしおか》一し也。

（注）『江戸名所図会』では、仏工運慶の作なり。往古鎌倉二位の禅尼政子（北条政子）の命によりこれを造る。はるかの後の天正十八年（一五九〇）に至り一品大夫人崇源院殿（徳川秀忠の正室、お江《ごう》の方）鎌倉より移し給ひ御持念ありしが、のち、大超上人に賜はり、又当寺第二世正蓮社行誉忠残和尚当寺に安置なし奉るとなり、とある。天正十八年については、崇源院が秀忠と結婚前のため、元和年間（一六一五～二四）とするのが正しいとされる。

一、弁天祠

当時（寺？）鎮守。弘法大師作。

一、**閻魔堂**

像、運慶作。善光寺如来、則《すなわち》善光寺四十八如来の其の一なり。寛正（寛政カ）九丁巳年《ひのとみのとし》（一七九七）、増上寺崩誉大僧正より御寄付也。鐘楼堂あり。楼門額、海巌山。大僧正雲臥筆。行徳観世音第一番目安置。此札所初めて元禄三庚午年《かのえうまのとし》（一六九〇）、当寺十世覚誉上人三十三体の尊像を刻みて、諸寺へ納められしと也。凡百二十年に及ぶ。

（注）閻魔像《えんまぞう》。『江戸名所図会』では、境内閻王の像運慶の彫像なり、座像にして八尺あり、毎年正月・七月の十六日には参詣群集す、とある。

（注）鐘楼。安永四年（一七七五）に建築された袴腰の鐘楼。

（注）仁王尊像。八幡の葛飾八幡宮の別当寺八幡山宝漸寺から移された。明治維新による神仏分離政策によるもの。

（注）三十三所札所巡り。十世覚誉上人、元禄三年（一六九〇）に始める。この年は、行徳船津が新河岸に移された年である。覚誉上人の一念発起の理由が推察できるだろう。

（注）三十三観音。揚柳・竜頭・持経・円光・遊戯・白衣・蓮臥・滝見・施薬・魚藍・徳王・水月・一葉・青頸・威徳・延命・衆宝・岩戸・能静・阿耨・阿摩提・葉衣・瑠璃・多羅・蛤蜊・六時・普悲・馬郎婦・合掌・一如・不二・持運・灑水の三十三体の異形の観音。「法華経」普門品

に説く観音の三十三身によるという。

（注）三十三身。サンジュウサンジン。観世音が衆生済度のため身を変ずるという三十三の身。仏・辟支仏・声聞・梵王・帝釈・自在天・大自在天・天大将軍・毘沙門・小王・長者・居士・宰官・婆羅門・比丘・比丘尼・優婆塞・優婆夷・長者婦女・居士婦女・宰官婦女・婆羅門婦女・童男・童女・天・竜・夜叉・乾闥婆・阿修羅・迦楼羅・緊那羅・摩羅迦・執金剛。

（注）『葛飾記』より、三十三所の外、観音堂　藤原台村、本行徳徳願寺持ちなり。これは、行徳三十三所を三度順礼して、この一枚を入れて、合わせて百番と成る結願所なり。

一、**永代十夜**

宝暦八　戊寅年《つちのえとらのとし》（一七五八）より始む。此十夜勤行《ごんぎょう》、十三四の夜も龍燈上がるとて、婆々翁の専《もっぱ》ら申し合へり。審《くわ》しけれども爰《えん》（ゆるやかに）に記す。

（注）十夜。ジュウヤ。おじゅうや。十夜念仏。十夜法要。十夜念仏法要。《季・冬》浄土宗の法要。陰暦の十月六〜十五日の十昼夜のあいだ修する念仏の法要。永享年中（一四二九〜四一）平貞国が京都の真如堂に参籠して夢想を蒙ったのに始まるという。

（注）『遊歴雑記』初編の中弐拾九より「この寺境内狭く、大地にあらねど、楼門ありて、見込

際立て見ゆ。十夜のみぎりは門前市をなし、東武よりも群参し、通夜等ありて、鎌倉光明寺に継ぐ繁昌となん。予、その時節に行合せざれば、しるさず」とあり。

一、**晴誉上人木像**

本尊側に有り。当寺（徳願寺）十七世中興開山なり。天明六丙午《ひのえうま》（一七八六）二月寂。此上人へは遠路を厭《いと》はず参詣群集し、年々歳々二十夜の繁昌、諸人の知る所也。今の諸堂、凡二十八年の間勤化有りて建立有りし也。

（注）『江戸名所図会』に、十七世晴誉上人ことに道光あまねく四方にあふれ信心の徒多かりしとなり、とある。

（注）晴誉上人の木像は本尊の脇に安置されていたが、いつのころかになくなってしまった。

一、**宮本武蔵の塚**

是其頃妙典村五兵衛といへる者の所に止宿せしが、不図《ふと》病気づいて卒す。いつの頃にや、大洪水の節、押埋りて其跡今は不レ詳《からずくわし》。武蔵は武芸の士《さむらい》也と。

（注）宮本武蔵の供養地蔵。百二十センチほどの石地蔵。台座に「正徳二壬辰年《みずのえたつのとし》（一七一二）七月二十四日」「単誉直心」とある。

（注）お十夜の日に公開。毎年十一月十六日午後三時頃公開される。宮本武蔵の書と達磨の絵、

丸山応挙の幽霊の絵。

一、**溺死万霊塔**

当寺（徳願寺）門前に立つ。高さ一丈二尺（約三・六三メートル）。先年江戸深川八幡宮祭礼の節、永代橋落ちて流死の為に、日本橋講中建《たてる》レ之《これを》。

（注）先年江戸深川八幡宮祭礼の節とは、文化四年（一八〇七）八月十五日（雨天のため、実際は十九日に挙行）の深川八幡の祭礼のおり、永代橋が崩壊、死者二千～三千人余、身元判明四百八十人ばかりとも伝えられる大惨事。（『増訂武江年表二』）

（注）『遊歴雑記』に、門外に過ぎし文化初年八月十九日深川八幡祭礼の節、永代橋崩れ落ちて溺死せしもののために、見上げるばかりの石碑を建てたり、とある。

一、**角力興行**

寛政六甲寅年《きのえとらのとし》（一七九三）十一月也。猿実（猫実カ）村某、当境内を借りて立つ。此時に日本一力士谷風梶之助来り、日日土俵入りあり。横綱を廻し、小角力に脇差を持たせて土俵入りの式有り。凡角力の繁栄なる事、小野川・谷風東西の関の時分ほど盛んなるはなし。此横綱の事は、司行事追風より免許也。其写左に。

一、**横綱之事**

右は谷風梶之助相撲位階受《うける》レ之畢《これすべて》。以来方心入之節迄相用可《あいもちいべき》レ申《もうす》候。依而《よりて》如《ごとし》レ件《くだん》。寛政元酉《とり》(一七八九)十一月。日本相撲行司十九代目、真田追風判。右の如くの證文也。谷風体の重さ四十九貫目、生国奥州宮城霞目村。十九才にして秀の山といふ。後に達ケ関と成る。二十七才にて谷風と成る。生涯大関にて一度も不《ず》レ負《まけ》。四十六才にて寛政年中(一七八九~一八〇〇)卒す。谷風の碑、仙府東漸寺に有りとぞ。

一、**浄開寺**　(注)浄閑寺《じょうがんじ》。市川市本行徳二十三番三十四号。

三丁目。芝末。開基鎮誉上人。寛永三丙寅年《ひのえとらのとし》(一六二六)建立。名号石、堂前に有り。四方六面、高さ一丈(約三メートル)許《ばかり》。観世音札所十五番目安置。

(注)浄土宗芝増上寺末、飯沢山浄閑寺。御詠歌「こけの露かがやく庭の浄がんじ　るりのいさごのひかりなりけり」(『葛飾記』)

(注)名号石。「南無阿弥陀仏」「地獄・餓鬼・畜生・修羅・人道・天道」

一、**成田山不動尊開帳**

寛政元酉《とり》年(一七八九)の事也。是深川より御帰りの節也。七昼夜開扉《かいひ》有り。此時、川原村より相の川迄の村々不《ず》レ残《のこら》大幟《おおのぼり》を持ち、若々衆思ひ思ひの揃衣にて、御迎へに出でたり。

（注）出開帳。でかいちょう。本尊など仏像類を他所へ出して公開すること。時候のよい春に行うことが多い。
（注）真言宗智山派大本山成田山新勝寺の本尊不動明王の出開帳。不動明王は平将門誅伏のため京都の神護寺から移されたもの。

一、**信楽寺**《しんぎょうじ》（注）『葛飾記』にフリガナがある。
佛貼山といふ。四丁目今井浄興寺末。開基富誉順公。札所観世音十六番目安置。元亀《げんき》庚午年《かのえうまのとし》（一五七〇）建立。御除地一反畝（約三百坪）。
（注）浄土宗葛西上今井浄興寺末。御詠歌「ひとすじにまことをねがふ人はただ　やすく生るる道とこそなれ」（『葛飾記』）
（注）昭和二十年（一九四五）一月二十八日の空襲で被弾、同二十七年（一九五二）教善寺に吸収合併され教信寺となる。

一、**圓頓寺**《えんとんじ》（注）市川市本行徳十六番二十号。
御除地七畝歩（約二百十坪）。日蓮宗中山末。天正十二甲申年《きのえさるのとし》（一五八四）建立。開基律師日圓。
（注）山号を海近山という。釈迦如来像・多宝如来像・日蓮上人像を本尊とする。明治十八年

（一八八一）の大火で本堂・庫裏を全焼、寺宝・寺史を焼失、山門のみ残る。さらに大正六年（一九一七）の大津波により資料流失。
（注）報恩塔。日蓮上人五百年遠忌。

（注）圓頓寺脇の通りは二丁目道。この道は法善寺の参道でもある。塩焼町を発展させた最初の道。
（注）欄外注釈に、行徳は戸数千軒寺百軒といわれたほどに寺院が多い、とあり。江戸時代の地誌に戸数千軒寺百軒の文字が表れるのはこの部分のみである。しかもそれは昭和十六年（一九四一）十一月十日発行の『房総叢書』第六巻に収録された『葛飾誌略』の欄外注釈として著者の稲葉氏が書いたものである。

一、**正讃寺**　（注）市川市本行徳二十三番二十九号。
法順山といふ。日蓮宗真間末。御除地八畝歩（約二百四十坪）。開基日蓮上人。天正三乙亥年《きのとい のとし》（一五七五）建立。
（注）真間末。日蓮宗真間山弘法寺末。本尊、釈迦如来。開基日蓮上人は時代が合わない。

一、**常妙寺**（注）跡地、本行徳二番・二十三番付近。妙頂寺左隣。今は住宅地。
寺町。正永山といふ。日蓮宗中山末。開基日圓上人。慶長三戊戌年《つちのえいぬのとし》（一五九八）建立。御除地二畝二十歩（約八十坪）。
（注）廃寺となり、墓は隣の妙頂寺へ移る。

一、**妙頂寺**（注）市川市本行徳二番八号。
真光山といふ。日蓮真間末。開基日忍上人。天正五丁丑年《ひのとうしのとし》（一五七七）建立。
（注）真間山弘法寺末。本尊、日蓮上人像・釈迦如来像・多宝如来像。

（注）弘安元年（一二七八）日妙上人創建。永禄四年（一五六一）現在地に移転。『葛飾誌略』と寺歴に相違がある。いずれにしても徳川家康が行徳を直轄領としたときには草庵があったことになる。

（注）百日紅《さるすべり》。樹齢二百年以上とされる。筆子塚。二十二世日彦上人の塚。天保九年（一八三八）三月二十六日寂。寺子屋。釈迦涅槃図《しゃかねはんず》。寛保二年（一七四二）ころの作。大作。八月二日の施餓鬼《せがき》、十一月十三日のお会式に公開。
（注）江戸川放水路の開削工事が始まった大正三年（一九一四）に大和田村の大応山安立寺を併

合。右側が安立寺分の墓地。安立寺の寺籍は長野県へ移る。

一、**妙應寺**　(注) 市川市本行徳二番十八号。

正国山という。日蓮宗中山末。開基日忠上人。天正元癸酉年《みずのとどりのとし》(一五七三) 建立。除地五畝歩 (約百五十坪)。

(注) 本尊、釈迦如来。七福神の石像、子育て・水子供養地蔵、開運祈祷。

(注) 妙応寺と徳願寺との間の内匠堀 (いまは道路) は両寺の外堀を利用したもの。

一、**寺町**

一丁目横町《よこまち》をいふ。石橋、寺丁《まち》に懸る。長さ八尺五寸 (約二百五十七センチ)、横一丈五寸 (約三百十八センチ)。宝永七庚寅年《かのえとらのとし》(一七一〇)、御代官平岡三郎左衛門様、市川溜井の左右を以て御懸被《おかけされ》レ下《くだ》し也。其以前は土橋也といふ。

一、**行徳新田**

享保元丙申年《きょうほうがんひのえさるのとし》(一七一六)、此新田をわける。神明御旅所当所にあり。

(注) 行徳新田、本行徳塩焼町、本塩と町名の変遷あり。現本塩。

(注) 神明御旅所。市川市本塩一番の豊受神社。

一、**田中美作守《みまさかのかみ》苗裔《びょうえい》**

二丁目に有り。行徳創家也。持高凡千石余（米約二千五百俵）。外に林山所々に持てり。今に於て田中山とて所々に其名残る。三左衛門といひし人の時、御普請役を被《られ》レ勤《つとめ》、御鹿狩《おししがり》の節、松戸へ舟橋を掛く。御機嫌不《ならず》レ斜《ななめ》、御言葉を被《れ》二下置《くだしおか》一しと也。宅地は北側にて二丁目と一丁目の住居也。零落に及びて家作を取払ひし時に、家敷三百五十坪有りきといふ。先祖美作守《みまさかのかみ》は武功の士にて、小田原北条の幕下也。天文二十三年（一五四三）十一月十一日、上総久留里へ北条より軍を掛けし時は、田中美作守幷《ならび》に葛西左京亮《さきょうのすけ》など先手にて、其勢一万二千余騎、此軍《いくさ》に功名多し。但し、葛西左京亮は、浮渡と獅子曲輪の間の川中にて、茂手木友九郎十六才と名乗りて組合ひけるが、遂に左京亮に討たれたり。

（注）三左衛門。徳願寺へ「身代わり観音像」を寄進した人。徳願寺に墓がある。

一、**新宿村《にいじゅくむら》**（注）下新宿《しもしんしゅく》村。市川市下新宿。本塩と大洲一丁目に飛び地。

高六十九石五斗五升一合（米約百七十三俵）。外に二石七斗六升二合（米約七俵）新規。塩浜高一反畝（約三百坪）。

（注）立地、本行徳村の北、河原村の南に位置し、江戸川の左岸に沿う。集落は本行徳から八幡への往還に沿ってある。新宿村はニイジュクムラと読む。八幡に新宿（にいじゅく）と

いう宿があったので、そこと区別するために下をつけたとされる。

（注）塩浜年貢永、寛永六年（一六二九）一貫三百一文。塩浜反別、寛永六年、不明。
同　元禄十五年（一七〇二）三百文。同　元禄十五年、一反。
同　文化十二年（一八一五）なし　同　文化十二年、なし。

①　反収十四俵として元禄十五年は塩十四俵の収穫高。永一貫＝一両＝塩二十俵として年貢永三百文では二十俵×三／十＝六俵なので、十四俵の生産高に対して年貢六俵は四十二・八パーセントの税率となる。これでは塩浜年貢としては少し重税となる。

②　年貢永三百文から計算してみる。三百文は『市川市史』の資料から計算した塩浜年貢の税率十五パーセントを使用すると、総生産高は永三百文÷〇・十五＝永二貫目となる。永二貫＝金二両＝四十俵なので年貢は六俵で十五パーセントである。

③『市川市史』によれば、元禄年間の塩浜反別は百九十一町余、文化十二年（一八一五）百八十四町余、文化末年の塩の総生産高は三万六千八百石、元禄期も文化のころと大差のない生産高だったと仮定すると、三万六千八百石÷百九十一町＝約十九石二斗と計算できる。

したがって、元禄期の反当たり収量は二十石弱（四十俵弱）と推定できる。

一、**稲荷社**（注）市川市下新宿二番六号。
当村（下新宿村）鎮守。京都稲荷山同神。川原村養福院持。
（注）祭神。宇迦之《うかの》御魂神《みたまのかみ》。食物、特に稲を司る神。「うかたま」「うけのみたま」。倉稲御魂・稲魂。
（注）京都稲荷神社。今は伏見稲荷大社と称す。京都市伏見区稲荷山の西麓にある。倉稲《うかの》御魂神《みたまのかみ》・猿田彦命・大宮女命《おおみやのめのみこと》を祀る。和銅四年（七一一）創始。全国稲荷神社の総本社。近世以来、各種産業の守護神として一般の信仰を集めた。

一、**大徳寺**（注）市川市下新宿五番十三号。
十方山といふ。浄土芝末。開基光誉快山和尚。元和《げんな》元乙卯年《がんきのとうのとし》（一六一五）建立。凡百九十五年に及ぶ。札所観音十五番目（五番目が正しい）安置。
（注）御詠歌「たぐひなき仏の道の大徳じ　もらさでですくふ誓ひたのもし」。札所は五番である。（『葛飾記』）
（注）水子地蔵がある。

一、**時の鐘**
祐天大僧正より免許也。二六時中怠らず。六字名号幷《ならび》に山号寺号鐘の免許、真筆にて当寺に有り。今猶存す。祐天大僧正は縁山三十六世にて、近代の大徳智識也。享保二年（一七一七）入寂。一世の奇特、諸人の知る所也。当寺の鐘は道喜坊といふ願主にて、享保元丙申年《きょうほうがんひのえさるのとし》（一七一六）鋳。凡九十四年に及ぶ。昔、此大徳寺の東側に一向東派の寺あり。百余年前に退転せり。寺院は大徳寺へ寄付す。此寺院に在家は兎角障り出来て立たず。よつて宿並ながら畑にして有り。近き頃迄、爰《ここ》に石塔有りしといふ。

（注）時の鐘。今はない。昭和十八年（一九四三）に供出。銘の拓本があるとされる。時の鐘は格式のある寺だけに許される。江戸は上野の寛永寺と浅草の浅草寺など。夜中の十二時を九つといい、二時間おきに、八つ、七つ、六つ、五つ、四つで昼の九つになる。はじめに必ず「捨て鐘」を三つ打つ。

（注）鐘供養の講。時を知らせてもらうお礼のため。市川新田・欠真間・猫実・当代島・中小岩・河原・上今井・下今井・下鎌田・大柏・平田・稲荷木・八幡・鬼越・船橋・大和田・大野・行徳の各村に世話人がいた。

（注）『葛飾記』には、左の鐘の銘あり、この寺に十二時の鐘あり、享保元丙申年、河原村道喜という人これを建立、とある。

一、**牢獄跡**

昔、北条家の時の仕置場也。其跡、広き空地にして除地也。今は百姓地と成れり。

一、**浄林寺**　（注）廃寺。所在地不明。

浄土今井浄興寺末。開基貝誉上人。慶長二丁酉年《ひのととりのとし》（一五九七）建立。本尊、海中出現。妙典村の人奉持して当寺へ納む。蠣殻《かきから》ついて有りといふ。

（注）札所観音六番目。御詠歌「あなたふとここに浄土のはやし寺　風もみのりのひびきなるらん」（『葛飾記』）

（注）『葛飾記』には浄土宗葛西上今井浄光寺末とある。光は興である。廃寺になったが、寛延二年（一七四九）刊行の『葛飾記』に記載があるということは、そのころまでは存在していたことになる。

一、**当村に角力興行**

天明八戊申年《つちのえさるのとし》（一七八八）八月三日より同七日迄の間也。

一、**川原村**　（注）市川市河原。その他に妙典一～二丁目・下新宿・大和田三～五丁目の一部。

高三百二十九石四斗四升三合（米約八百二十三俵）。外に十二石（米約三十二俵）新規。塩浜二丁六反六畝二十一歩（約八千一坪）。

（注）立地、下新宿村の北、大和田村の南、江戸川左岸に位置する。本行徳村から八幡村までの往還に集落がある。室町末期までは妙典地域を含めて川原村だった。

一、**春日社**（注）市川市河原六番二十号。春日神社。

当村（河原村）鎮守。南都春日同神也。別当龍厳寺。南都春日四社といふ。一の殿武甕槌命、二の殿経津主命、三の殿天兒屋根命、四の殿姫大神。但し、姫大神と申すは武雷神の姫君にて、天兒屋根命の御妻也。凡南都の春日の社は大社にして、美麗且《かつ》燈籠夥しき事、諸人の知る所也。

（注）祭神。天兒屋根命《あめのこやねのみこと》。中臣・藤原氏の祖神。天の岩戸の前で、祝詞を奏して天照大神の出現を祈り、のち、天孫に従って下った五部神《いつとものおおかみ》の一。その子孫は、代々大和朝廷の祭祀を司ったという。例祭日、十月二十日。境内坪数百三十六坪。

（注）境内摂社。金毘羅社、三峯社。

（注）欄外注釈に、姫大神は云々妄誕、とあり。

（注）大永七年（一五二七）丁亥年《ひのといのとし》造立。本社は、もと行徳町大字河原五十八番地西側鎮座のところ、江戸川放水路工事のため、大正三年（一九一四）現在地に移転、鎮座す。現在地には胡録神社がある。祭神、面足命《おもだるのみこと》。例祭日十月二十日。境内坪数百五十五坪。

一、**不動堂**

尊像、高野大師の作といふ。霊験ある事諸人の知る所也。別当養福院。此五十年以前、此尊像を賊のため奪はれ給ひ、十余年過ぎて当寺へ帰り給ふ也。

一、**養福院**　（注）市川市河原十六番二十一号。

不動山といふ。真言小岩末。開基重海法印。行徳札所八番目安置。天文十九庚戌《かのえいぬのとし》年（一五五〇）建立。

（注）真言宗小岩善養寺末。御詠歌「頼みあるちかひは常にやしなひの　参る心にさいはひの寺」（『葛飾記』）

一、**龍巌寺**《りゅうごんじ》

龍燈山といふ。真言古作明王院末。開基養誉法印。宝徳元己巳《つちのとみのとし》年（一四四九）建立。凡三百六十一年に及ぶ。札所観音九番目安置。

（注）河原村にあったが江戸川放水路工事のとき、稲荷木へ移転した。福王寺と合併して雙輪寺になっている。

（注）御詠歌「ふりくだる大ひの雨のりゅうごんじ　世をあはれみの道のさまざま」（『葛飾記』）

一、**正源寺**　（注）市川市河原三番六号。

聖中山といふ。浄土今井金蔵寺末。開基信誉和尚。宝徳元己巳年《つちのとみのとし》（一四四九）建立。凡三百六十一年に及ぶ。札所観音七番目安置。

（注）文安元年（一四四四）建立、開基正源和尚ともいう。

（注）本尊、阿弥陀如来像。行基菩薩作。

（注）御詠歌「みなかみにたてればまさに源の　流れをおくる寺のいにしへ」（『葛飾記』）

一、**弁天祠**

境内に安置。

（注）めくら弁天。正源上人による開眼の記録がなく、御開帳をすれば盲目になると言い伝えられ、めくら弁天の名がある。

一、**舟渡し**　（注）河原の渡し。

百姓渡し也。昔は篠崎村にて舟渡したり。近年、川原村へ頼む。此渡し、旅人は禁制也。舟会所より人を付け、旅人の往来を禁ず。

（注）元和二年（一六一六）に渡船場の定が出されるまでは、旅人と塩その他の物流は特に規制がなく自由に行われていた。河原村は岩槻道の出発地点であり、徳川幕府が塩などの物流を舟運に限定するまでの河原の渡しは大いに栄えたといえる。

一、**大和田村**　（注）大和田一〜二丁目、その他、稲荷木二〜三丁目・妙典一丁目・同五丁目などの一部。

高二百十六石九斗八升九合（米約五百四十二俵）。内十三石四斗五升四合（米約三十三俵）新規。

（注）立地。河原村の北に位置し、八幡村と本行徳村を結ぶ街道（新道）沿いに集落があったが、明治四十四年（一九一一）に計画され始まった江戸川放水路の開削工事により現在地に移転した。大和田・河原・田尻・上妙典・下妙典・本行徳・稲荷木・高谷の各村の百六十町（約四十八万坪）余が川底になった。

（注）大和田。おおわだ。「ワダ」という言葉は川の曲がる場所の地名。丸みがありやや広い平地。もともとの大和田の村は行徳橋北詰め以北だった。イオワダは、もとはヤマトダと読んだとの説もある。
（注）大和田村は塩焼稼業のため大正まで立ち退いた場所にあったが、移転先は古くからの

もともとの大和田村の旧地に移転した。大和田村は集団移転を二回したことになる。

（注）塩浜年貢永。寛永六年（一六二九）に永五貫七百六十四文。『市川市史』第二巻の資料による年貢率十五パーセントと仮定すると、塩の総生産高は永五貫七百六十四文÷〇・十五＝永三十八貫四百二十六文＝金三十八両一朱と銭七百四文。三十八両＝七百六十俵、一朱＝五俵、七百四文＝約三俵なので合計七百六十八俵が大和田村の塩の総生産高になる。元禄十五年（一七〇二）の検地で荒浜になったとして塩浜永は免除された。

（注）塩浜反別。試算した総生産高七百六十俵を基準とすると、反収四十俵で一町九反二畝。反収十五俵だと五町一反二畝。

（注）元禄検地村高。田畑屋敷合計二十八町八反余（内萱畑二町三反余）、分米合二百十七石余。

（注）旧高旧領取調帳。村内幕府領二百三十石余、旗本新見領四十石余、野馬宇右衛門知行地三斗余、日蓮宗安立寺除地七斗余。

（注）天保十三年（一八四三）の人口百七十、薪屋四、肥商売三、荒物屋二、水菓子商二、大工二。年貢米は村の川岸から茶船十四艘で江戸浅草へ運んだ。用水は市川村真間下と元圦から十二ケ村組合溜め井を引いた。（『大和田村明細帳』）

一、**安立寺**

大応山といふ。日蓮宗中山末。開基日住。長享《ちょうきょう》二申《さる》年（一四八八）建立。三百二十二年に及ぶ。御除地九畝歩（約二百七十坪）。

（注）江戸川放水路の開削工事が始まったため大正三年（一九一四）に本行徳の妙頂寺に併合、消滅。寺籍は長野県へ移る。

一、**永正寺**

大和田山といふ。天文《てんぶん》年中（一五三二〜五四）松平讃岐守《さぬきのかみ》建立。則《すなわち》永正院法名也。貞享《じょうきょう》年中（一六八四〜八七）退転す。本尊薬師は長松寺へ移す。此故に大薬師の開帳等には、当村（大和田村）より参詣多く、寄進もする事也。稲荷木出口より市川渡し場迄長さ二千五百十一間（約四千五百七十メートル）也といふ。

一、**稲荷木村**　（注）稲荷木《とうかぎ》一〜三丁目。その他田尻一〜二丁目・同五丁目・東大和田一〜二丁目などの一部。

高二百九十五石二斗五升六合（米約七百三十八俵）。内十六石六斗七升四合（米約四十一俵）新規。

（注）立地、大和田村の北、八幡村の南、江戸川左岸に位置する。新道沿いの村。現在では大和

田村が北に位置している。
（注）寛永六年（一六二九）の塩浜検地では、永十六貫百九十文を納めた。大和田村の二・八倍。反収が同じであれば総生産高も反別も二～三倍程度はあったと思われる。

（注）天保九年の雙輪寺《そうりんじ》文書。
村高が高い者は、舟を持ち、農間渡世として薪炭の売買、江戸の大名・旗本屋敷の厠掃除・下掃除で得た厠肥・下肥を売った。

村高が低い者は、飴菓子・水菓子小売り（五人）、酒かつぎ商・升酒荒物類商などの小商い、綿打ち・萱屋根・髪結いなどもいた。

（注）萱畑五町七反余があった。

一、**稲荷社**　（注）市川市稲荷木三丁目六番十三号。通称「おいなりさん」。
当所（稲荷木村）鎮守。祭神、宇賀魂命。京都稲荷山同神。別当福王寺。
（注）祭神。宇迦御魂命《うかのみたまのみこと》。食物、特に稲を司る神。「うかたま」「うけのみたま」。倉稲魂・稲魂。例祭日十月十五日。境内坪数三百坪。天正二年（一五七四）の創建とされる。

一、**福王寺**　（注）現在の雙輪寺《そうりんじ》。市川市稲荷木三丁目十番二号。
真言舟橋村覚王寺末。稲荷山といふ。開基康信僧都。御除地二反八畝歩（約八百四十坪）。永《えい》享《きょう》三亥《い》年（一四三一）建立。凡《およそ》三百七十九年に及ぶ。札所観世音十番目安置。
（注）御詠歌「はるばるとはこぶこころは水かみに　あまねきかとのふく王寺かな」（『葛飾記』）
（注）大正五年（一九一六）から始まった江戸川放水路工事のため、河原村の真言宗龍厳寺札所九番が福王寺と合併移転して雙輪寺となる。

一、**周天和尚説法**
宝暦《ほうれき》二壬申年《みずのえさるのとし》（一七五二）此寺に有り。天小僧といふなり。高座にて日蓮上人を破言す。然《しか》るを妙典村の人々甚だ憤り、当寺へ来り理不尽に付、公辺《こうへん》（おおやけざた、公儀）に及びし程の事也。今五十八年に及ぶ。稲荷木町より八幡町出口迄千百間（約二千一メートル）有りといふ。

一、**兜八幡**　（注）市川市大和田二丁目五番四号。カブトハチマン。
兜宮といふ。大和田村の鎮守にして新道の左の森也。祭所の神霊を治むる也。平将門の兜を祭るともいふ。又、源義家の兜を祭るともいふ。当社の前にて、武士たる人乗打すれば必ず落馬すといふ。この辺大和田の旧地也。
（注）兜八幡。甲大神社《かぶとだいじんじゃ》。甲神社。第六十六代一条天皇の永延二年（九八八）八月八日に鎮座

とされる。葛飾八幡宮の摂社で「注連下《しめした》」と称す。大和田地区の氏神。一本松の先、左側。

（注）祭神。誉田《ほんだ》別命《わけのみこと》。ホムタワケ。第十五代応神天皇の名。例祭日十月十五日。境内坪数三百五十坪。

（注）文化七年（一八一〇）ころに、すでに大和田村が川原村と稲荷木村の間の地点に村ごと移転していたという事実が知られていたことが分かる。

一、**大淵堤**

市川村迄凡《およそ》二十丁余（約二千百八十メートル）、左は大川（江戸川のこと）、右は広々たる耕地也。

一、**新道**

行徳より八幡迄の街道也。昔、神君東金御成りの節、此道を新に開く。故に新道の名あり。此左右一円広々たる耕地にて、凡万石ばかり一眼の中に入る。珍しき耕地也。斯様《かよう》の所も亦《また》少しといふ。春は漸《ようや》く種ををろし、苗代の用意、朝夕の水世話などあり。五月にもなりぬれば、早乙女群り植ゑ渡す風情、わけて青田の頃は、吹き渡る風の涼しさいはし方なし。

（注）慶長年間（一五九六〜一六一五）、伊奈忠次に命じて築造とされる。

一、**下妙典村**（注）市川市妙典三〜五丁目。その他、下妙典・大和田四丁目など。
高百二十二石九斗三升五合（米約三百七俵）。外に五石八斗（米約十四俵と少し）新規。塩浜高十五丁二反六畝歩（約四万五千七百八十坪）。

（注）立地、本行徳村と川原村の東に位置する。行徳街道を本行徳一丁目で右折（現在は一方通行のため車は右折できない）、東へ進み、途中で左折して北東へ行く。上妙典村を過ぎると田尻村へ入る。

（注）天保九年（一八三八）家数八十、総人数三百四十、男百六十二、女百七十八、馬二。（『下妙典村明細帳』）

（注）寛永検地（一六二九）塩浜年貢永百二十五貫三百九十二文　塩浜反別　不明（上下分割前）。

元禄検地（一七〇二）　同　百二貫六百六十一文　同　二十町八反余（下のみ）。
元禄検地での名請人数四十一、一人当たりの所持反別五反余（普通は二〜三反）。
天保九年（一八三八）　同　十三貫二百九十八文　同　六町六反余（下のみ）。
年貢永のうち十二貫四十二文は金納、一貫二百五十六文は正塩納め（塩二十七石余）。

（注）妙好寺が建立された永禄八年（一五六五）前後に川原村から分離して妙典村、元禄までの間に上下妙典村に分かれる。

一、**春日社**（注）市川市妙典三丁目六番十二号。春日神社。

当村（下妙典村）氏神也。南都春日勧請。

（注）春日神社。祭神、天兒屋根命《あめのこやねのみこと》。中臣・藤原氏の祖神。天の岩戸の前で祝詞を奏上して天照大神の出現を祈り、のち、天孫に従って下った五部神《いつとものおおかみ》の一。その子孫は代々大和朝廷の祭祀を司ったという。例祭日十月十八日。境内坪数二百九十七坪。

（注）古い記録は、安政三年（一八五六）の大津波で流失、創建年代不明。名主藤左衛門が奈良の春日神社の御分霊を勧請したと伝える。寛文十年（一六七一）の銘のある灯籠がある。

一、**清寿寺**（注）市川市妙典三丁目六番十二号。

顯本山といふ。日蓮宗中山末。近年永代上人と成る。開基日開上人。御除地二反五畝歩（約七百五十坪）。元禄年中（一六七八〜一七〇三）建立。

（注）元禄八年（一六九五）日開上人により開山、清寿尼が開基したとされる。

（注）耳の神様。六匹の子猿を抱えた猿の像。猿の下に「おちか五歳」と彫ってある。由緒、東

京在住のある信者が清寿寺でお祀りしてほしいと持ってきたもの。その家の先祖が狩人で、身ごもった猿を鉄砲で撃ってしまった。その後、三人の娘がみんな耳が聞こえないばかりか、その家系に耳の聞こえない人が幾人も出た。占い師はたたりだという。親子猿を彫って自宅で供養していたが、お祀りしきれないのでお寺に任せたい。(一九八五年十一月十一日発行『いちかわ民俗誌』萩原法子著所収の明治四十年生まれの住職の話)

(注)古久龍大明神。下の病の神様とされる。四月一日が祭日。中年女性に人気がある。

(注)ぜんそく封じの加持祈祷。旧暦八月十五日の月見の日。

一、**上妙典村** (注)市川市妙典一~二丁目。同六丁目。上妙典・大和田四~五丁目など。

高百四石九斗一升一合(米約二百六十二俵)。外に十八石七斗四升四合(米約四十七俵)新規。塩浜高十四丁七反四畝五歩(約四万四千二百二十五坪)。妙典とは法華経をいふ也。妙は妙法也。典は爾雅経《じがきょう》也。当村の名は尊き名也。

(注)立地。下妙典村の北に位置する。成田道に沿って集落がある。

(注)永禄七年(一五六四)第二次国府台合戦の後、篠田雅楽助《うたのすけ》清久が恩賞として河原の地を賜る。永禄八年妙好寺を創建。その後、河原の地を分割して妙典と名付けたと伝える。

（注）明和四年（一七六七）四月の『上妙典村明細帳』（岩田家文書）より意訳抜粋。

家数八十八、うち大小百姓六十五、借地水呑百姓二十三、名主一人、人数三百九十、男二百七十、女百三十（数字は原文のまま）。

当村の稼ぎは男女とも塩たれ稼ぎ。田畑は不足で塩浜稼ぎばかりで暮らしている。草刈り場はない。田畑間の草を少々刈り取っている。葭野は二反四畝二十六歩（約七百四十六坪）あるが高入されていて永六十二文二分を納めている。年貢米は本行徳村行徳河岸から積み出している。海辺の村だが漁猟はせず、女子供が海藻を採るくらいである。村内には造り酒屋、猟舟、座頭、山伏などはいない。市場は立たず、預かり鉄砲もない、としている。

（注）元禄十五年（一七〇二）には塩浜反別十九町五反余だったが、その後四町七反余は新田成（水田）となったので、明和四年（一七六七）当時には塩浜反別十四町五反余である。明和四年の塩浜永は二十八貫四百六十六文余、うち金納は二十一貫三百五十文余、正塩納は七貫百十六文余分で塩百四十二俵を納めた。反別の内訳は、上々浜八反余、上浜一町二反余、中浜四町二反余、下浜七町余、下々浜六町二反余だった。新田成（水田への転換）は中浜から六反余、下浜から二町二反余、下々浜からは一町八反余だった。塩焼竈数二十二、苦塩運上金永五貫五百六十一文。

（注）欄外注釈に、爾雅経不明、とあり。

一、**八幡社**　（注）市川市妙典一丁目十一番十六号。

当村（上妙典村）鎮守。

（注）上妙典村鎮守。元禄年間（一六八八～一七〇三）の創建と伝えられる。

（注）祭神、誉田別命《ほんだわけのみこと》。ホムタワケ。第十五代応神天皇の名。例祭日十月十四日。境内坪数百九十二坪。

（注）日露戦争記念碑。明治三十七、三十八年戦役記念碑。明治三十九年（一九〇六）六月、上妙典有志者により建立。従軍者十五名、戦死者なし。

一、**妙好寺**　（注）市川市妙典一丁目十一番十号。

妙承山といふ。中山末。御除地一反一畝歩（約三百三十坪）。開基日説。永禄八乙丑《きのとうしのとし》年（一五六五）建。此両村（上下妙典村）は、伊勢皇大神宮の御秡を、家内へ不《ず》レ納《おさめ》といへり。然《しか》れ共、伊勢の神地に、祖師日蓮上人の御立影の題目名有り。既に神徳により弘法有りし事明白也。此両村（上下妙典村）、他宗一軒もなし。只《ただ》、徳願寺壇方に念仏五兵衛とて一人有りしが、是《これ》も当時は改宗して日蓮宗に成れりといふ。

（注）御秡。秡は祓の俗字。フツ。

（注）妙栄山妙好寺。永禄八年（一五六五）八月十五日、本山法華経寺十一世日典上人の法孫、一乗阿闍梨日宣法印により開山。開基壇頭は千葉氏千田の子孫小田原北条氏の家士篠田雅楽助《うたのすけ》清久。

（注）山門。市川市指定有形文化財。宝暦十一年（一七六一）造立。平成九年（一九九七）三月、山門修復事業完了。江戸中期の作。切妻茅葺の四脚門。奥之院観音堂、洗い仏の観音様を祀る。観音堂、直浄観世音菩薩を祀る。万灯行列、十一月十一日。宗祖御会式。法会の儀式。特に日蓮宗においては宗祖日蓮の忌日（十月十三日）に営む法会。

（注）妙田地蔵尊。昭和十八年（一九四三）十月一日建立。大正六年（一九一七）十月一日未明の大津波による犠牲者を追悼するためのもの。なお、二〇一一年三月十一日の東日本大震災の大津波による犠牲者追悼のための地蔵尊二体を建立し合祀した。

一、**田尻村**（注）市川市田尻一～二丁目・同四～五丁目・鬼高四丁目。

高八十六石九斗一升三合（米約二百十七俵）。塩浜高九町二反五畝十七歩（約二万七千七百五十七坪）。

（注）立地。上妙典村の北東に位置する。成田道は村内で東に向きを変える。

（注）寛永六年（一六二九）の検地　塩浜永三十四貫九百八十九文　塩浜反別　不明。

元禄十五年（一七〇二）の検地　同二十九貫百七十三文　同九町二反八畝十八歩。名請け人は

四十八名、一名請け人の平均塩浜所持反別は一反九畝余。

（注）元禄十二年（一六九九）の『年貢皆済目録』より抜粋。
高百十二石七斗七升八合
この取米　二十八石七斗九升五合
取永　二貫百九十三文
外塩浜役永二十九貫百七十三文　内　金納二十三貫三百七十三文
塩納五貫八百文　この塩　百十六俵
外石代として米十五石九升九合八夕　その代永十九貫六百十一文三卜
もち米納めとして米一斗三升七合五夕　その代永二百八文
荏納《じんのう》として米五升六合五夕　この荏一斗一升三合　その代永百四十一文

（注）橋楽橋《きょうらくばし》。田尻五丁目にある。成田道。東西に流れる「せどの川」があり、江戸浅草花川戸の醤油問屋伊勢屋宇兵衛が安政年間（一八五四～五九）ころ架けたといわれる。「九十六箇所之内」と彫られている。（『学び、歩き、語り合った30余年』森亘男著）

一、**常経寺**（注）浄経寺《じょうきょうじ》。市川市田尻四丁目十二番二十五号。
徳栄山といふ。中山浄光院末。開基日経。慶長元丙申《ひのえさる》（一五九六）建立。
（注）法栄山浄経寺という。

一、**当村鎮守**（注）日枝神社。市川市田尻四丁目十二番五号。
鬼子母神《きしもじん》堂。当寺は中山直相伝の祈祷をする也。
（注）日枝神社。江戸時代、成田道に面し村の中心。安政三年（一八五六）の大津波で記録が流失。寛永七年（一六三〇）以前の創建だが不明。
（注）祭神、大山咋命《おおやまくいのみこと》。例祭日十月十四日。境内坪数三百坪。

一、**圓福寺**（注）市川市田尻四丁目十二番十七号。
中山法華寺末。開基日真。慶長十五庚戌年《かのえいぬのとし》（一六一一）建立。

一、**新作道**
村中程（田尻村）より鬼越村へ上る田甫道《たんぼみち》也。中山道といふ傍に有り。

（注）浄経寺横の北へ向かう道をいう。京葉道路で途切れるが、たどるとニッケコルトンプ

ラザの東横、裁判所との間を通って真間川を渡り、千葉街道（佐倉道）に出る。ここは鬼越だが、ここを右折すると、すぐに左へ入る道があり、それが木下街道である。

（注）ナカヤマミチ。道標。田尻村の新作道入口にあった。昭和三十三、三十四年ころ、新作道の拡幅工事がされ、その五～六年後に田尻の成田道の工事がされたときに道標はそのまま埋められたという。

一、**高谷村**《こうや》（注）市川市高谷一～三丁目・高谷など。

高六十九石二斗二升八合（米約百七十三俵）。外に六石八斗八升六合（米約十七俵）神寺領也。塩浜高十八丁三反二十九歩（約五万四千九百二十九坪）。分け高谷六十石九斗九升五合（米約百五十二俵）。今は八幡町某の持にて、支配市川新田名主繁右衛門。

（注）立地、田尻村の南東、上妙典村の北東に位置する。鎌倉時代の高谷の集落の付近は沖島とか浮島とか呼ばれていて、満潮のときには背後に潮がまわって島になるような砂丘状の小村だった。高谷は荒野からできた言葉。開墾のため荒野申し付けるといって、税が免除されていたのが地名になったとされる。（『市川市の町名』）

（注）寛永十四年（一六三七）十一月の時点では相当数の水田と畑があった。後背地の成田道沿いの土地が開墾されたと思われる。『市川市史』第六巻上所収『高谷村１４５年貢割付』抜粋。

上田一町七反一畝一歩（うち荒五反ト）　この取米六石六斗五升七合
中田三町七反五畝十五ト（うち荒七反五畝ト）　この取米十三石□斗二升二合
下田五町九反六畝十二ト（うち荒二町一ト）　この取米九石六斗六升二合
上畠九反三畝　この取米永八百□拾□文
中畠六反六畝三ト　この取永四百六十文
下畠一町二反二畝□三ト　この取永六百□
屋敷二町四反七畝□ト
　このわけ
　一町九反□ト　この取永三貫百□拾五文
　四反九畝十二ト　明や敷　この取永四百九十四文
同所新田
　下田二町九反三畝拾□ト（うち荒五反ト）　この取米四石八斗七升□合
　下畠三畝十八ト　この取永十一文
寛永十四年（一六三七）の年貢割付は
　米合わせて三十四石□斗三升二合

永合わせて五貫五百八十四文（ただし塩浜永は別になる）

一、鷲明神社《しゅうめいじんじゃ》（注）市川市高谷二丁目十二番十号。大鷲《おおとり》神社。第二次世界大戦終了前は鷲《おおとり》神社と書いた。

当村（高谷村）鎮守。神主磯谷宇兵衛、今より（文化七年、一八一〇年よりも）二百年以前、上総国今津より流れつきしを祭る。氏子のもの鳥を食はず。霜月初酉《しもつきはつとり》の日を祭る。昔は鎮守香取太神宮也とぞ。

一掴み上り初穂にひれふして上見ぬ鷲の宮を祈れる　東几《とうき》。

（注）霜月。しもつき。陰暦十一月の別称。霜月初酉の日とは、いまは十一月の最初の酉の日のこと。一の酉。酉の市。東京下谷の鷲《おおとり》神社の祭りは知られている。

（注）祭神、大和武尊命《やまとたけるのみこと》。例祭日十一月一の酉の日。境内坪数二百坪。創立年代不明。文化七年（一八一〇）奉納の鳥居がある。「お酉様」といわれ信仰が厚い。

（注）横綱境川浪右衛門。天保十二年（一八四一）高谷の塩垂百姓の家に生まれる。本名宇多川大次郎。塩田作業でたくましく育つ。十二歳で先代境川の弟子になり、明治時代に二十九歳で大関になり五代目境川を襲名、三十三歳で横綱。明治二十年、四十七歳で没す。小西川・四方山・増井山大四郎（姫路藩お抱え力士）・境川浪右衛門（尾張藩お抱え力士）。明治

天皇の天覧相撲のとき、京都の五条家から横綱を許される。身長百六十五センチ、体重百二十八キログラム。

（注）羽黒神社。市川市高谷二丁目十二番十一号。大鷲神社境内にある。創立年代不明。祭神、羽黒大神《はぐろのおおかみ》。例祭日十一月二の酉の日。境内坪数百坪。

（注）龍神社。りゅうじんじゃ。市川市高谷二丁目二十一番三十一号。祭神、龍大神《りゅうのおおかみ》。例祭日一月十五日。境内坪数七十坪。

一、了極寺　（注）市川市高谷二丁目十六番四号。

海中山といふ。浄土船橋浄勝寺末。開基登誉和尚。元禄四辛未年《かのとひつじのとし》（一六九一）建立。本尊圓光大師鏡の御影といふ。則《すなわち》大師直筆。札所観世音十一番目安置。此尊影当寺にある事は、昔、大師無実の難にして、暫く讃州（香川県、讃岐国《さぬきのくに》）へ遠流《おんる》の時、御給仕申上げたる念仏阿波之助佐見阿波之助是《これ》也。二連珠数工夫の人也。別れを悲傷す。故に大師御身を鏡に写し書《か》き給ひ、阿波之助に授与し給ふ也。阿波之助仏法に志し、東路に下りし時、当村磯貝新兵衛方に止宿す。新兵衛同道にて諸国に赴く。みちのくにて阿波之助病気付き卒す。新兵衛尊影を負ひ守りて故郷に帰り、我家に納めて数代信仰有り。然《しか》るに、二百年以前（一八一〇年から数えて）此寺建立の砌《みぎり》、納めて本尊とす。此尊像ある故にや、当村（高谷村）津波の難もなく、又、疫病の愁などもなしと也。

御厨子、三十年以前増上寺大僧正御寄付也。其節、尊像を上様迎へて御拝被《され》レ遊《あそば》し也。大切に可《べき》レ致旨《いたすむね》、厳命有りし也。

（注）円光大師。法然上人のこと。浄土宗の開祖。専修念仏を学ぶ。一一三三～一二一二。帰依者の増加に伴い旧仏教の圧迫を受け、讃岐に流された。念仏すればだれでも無条件で救われると説いた。

（注）鏡の御影。法然上人が水鏡に移して書いたといわれる。

（注）念仏阿波之助。京の都で盗賊をしていたが、法然上人の辻説法を聞いて弟子になった。了極寺の開基。長い間、念仏堂といわれていた。

（注）御詠歌「さとり得てきわむる道をきくのりの　たよりとなりてたのむ後のよ」（『葛飾記』）

（注）欄外注釈に、元禄四年建立ならば百十九年前のはず、とあり。

一、**大塔婆**

祐天僧正真筆。瘧《ぎゃく》其外病気御符に諸人削りて戴く。

（注）瘧。ギャク。マラリアのこと。

（注）長さ二間（三・六メートル）におよぶ塔婆。貞享三年（一六八六）芝増上寺の祐天上人が、法然上人の五百五十回忌法要に出席したときの直筆とされる。

一、**堀井**

水清冷也。当村（高谷村）にあり。いま行徳領所々に井を掘ると雖も、此堀井、此辺にて井の始也とぞ。此村は古き所也。既に元祖大師影向より是迄凡六百年に及ぶ。又、磯貝新兵衛の家も六百年来永続する事珍しき也。

一、**安養寺**　（注）市川市高谷二丁目十六番三十五号。

海岸山といふ。真言日国井野村千手院。開基宥秀法印。

（注）『葛飾記』に、下総国伊野村千手院末とある。

（注）札所観世音十二番目。御詠歌「目のまへにまいりてたのむごくらくの　しるべをここに安やうじかな」（『葛飾記』）

（注）小林一茶の『七番日記』より

文化十一年（一八一四）九月六日晴、高谷村ニ入（この日は江戸日本橋久松町の商人松井の家を出て高谷に来る。目的地が安養寺かどうかは不明。翌日ソガノ、いまの蘇我へ出立した）。

文化十二年（一八一五）十月四日陰、終日、荒井より高谷ニ入（荒井は新井）、五日雨、六日晴。木下街道へ出て府川へ向かう。新井村名主鈴木清兵衛（俳号行徳金堤）を伴って宿泊していた。

文化十二年十一月五日陰、辰の刻（午前八時ころ）霰《あられ》、未刻（午後二時ころ）酉刻（午後六時ころ）雨、高谷入、海岸山ニ入（翌日はソガノ、いまの蘇我に出立）。

（注）小林一茶『寛政三年紀行』（一七九一）より。
四月八日晴　故郷へ足を向んといふに、道迄同行有。二人ハ女、二人ハ男也。行徳より舟に乗て、中川の関といふにかかるに……。
（注）はだし詣り。本堂の周囲の回廊に四国八十八ケ所と高野山の石を勧請して埋めた。

一、**道明寺**（注）常明寺。じょうみょうじ。市川市高谷二丁目十三番十六号。
日蓮宗中山末。光院末。開基日完。
（注）光院は中山浄光院のこと。
（注）高光山《こうこうざん》という。寛永二年（一六二五）開山とされる。本尊、日蓮尊定曼荼羅、日蓮上人像。

一、**大鯨**
享保十五年庚戌年《かのえいぬのとし》（一七三〇）に二本。奇しき事なり。江戸或は近在より、老若男女の見物群集し、茶屋見せ物芝居等を構へて、市祭《イチマチ》の如しとぞ。今より八十年に及ぶ。

一、**兵庫新田**

是は一村にあらず。源町の兵庫といふ人取立てしといふ。

（注）現在でも兵庫新田という呼び名が高谷に残されている。

一、**枅堤**

此新田と原木《ばらき》村の間、中山の方へ上る田甫道也。矢鳴《やなき》堤ともいふ説あり。

一、**原木村《ばらきむら》**（注）市川市原木一～四丁目・原木など。

高百五十九石二斗四升五合（米約三百九十八俵）。外に六人請一丁七畝十九歩（約三千二百二十九坪）。塩浜高九丁五反十二歩（約二万八千五百十二坪）。家数五十余戸。

（注）立地、高谷村の北東に位置する。成田道に沿って集落がある。集落の南が海になる。原木の「バラ」は荒地を指す地名、あるいは茨《いばら》を用いた柵のある場所、単に棘《とげ》のある木の生える土地ともいう。江戸時代からあった村名。明治二十二年（一八八九）の町村合併により原木村の大部分が行徳町の大字となった。飛び地は葛飾村の大字になった。

（注）元禄十五年（一七〇二）の検地によって初めて塩浜年貢永が課せられた。
元禄十五年（一七〇二）塩浜年貢永十四貫六百八十文八分　塩浜反別六町九反八畝二十九歩。

延享元年（一七四四）同　八貫七百三文　同　不明。

延享三年（一七四六）同　十貫四百五十五文　同　不明。

文化末カ（一八一七）同　九貫七百九十三文二分　同　十町五反八畝十五歩（文化十二年）。

明治十五年（一八八二）――　――　同　二十九町七畝十五歩。
（注）田畑の反別。元禄十五年の検地帳による。
①上田二町六反四畝十四歩、中田四町七反八畝七歩、下田四町六反一畝二十一歩、下々田四町八反九畝二十八歩、悪地下々田一反一畝二十二歩　田方計十七町六畝二歩。
②上畑一町一反三畝十歩、中畑二町九反十三歩、下畑九反八畝七歩、下々畑四反六歩、悪地下々畑〇、萱畑一反四畝二十五歩　畑方計五町五反七畝一歩。
③屋敷一町七畝二十歩　①＋②＋③＝二十三町七反二十三歩。

一、**山王社**（注）日枝神社。市川市原木一丁目二十二番二十三号。
当村（原木村）鎮守。江州日吉山王勧請。
（注）日枝神社。祭神、大山咋神《おおやまくいのかみ》。例祭日十月九日。境内坪数五十坪。東西線原木中山駅から船橋方面へ進み、真間川を渡る手前を左折。

一、**妙行寺**《みょうぎょうじ》　（注）市川市原木一丁目二十四番一号。
日蓮宗中山末。開基日進上人。弘治三丁巳年《ひのとみのとし》（一五五七）建立。
（注）原木山妙行寺。天文七年（一五三八）建立とされ、相違する。
（注）火中出現防火日蓮大師の像。妙行寺一番の宝の「御板影《ごばんえい》」をいう。
①日蓮の在世時に日法上人が中山で刻んだもの。②宝暦十二年（一七六二）中山法華経寺塔中の寺院焼失の際に焼け跡からこの板影が出てきたので「火伏せ」の名がある。③宝暦十三年（一七六三）妙行寺に仮安置される。寛永三年（一七九一）の大津波の災難も免れた。
（注）原木一丁目二十四番の全域が寺域であり、広大な寺域に本堂・鐘楼・御影堂・庫裏・庭園・墓地が配置されている。

一、**大津波**
今より十九年以前、寛政三辛亥年《かのといのとし》八月六日夜、大津波打上げて、家数七十軒の所漸《ようや》く三軒残り、家宅幷《ならび》に人馬とも押流され、溺死するもの凡百三十余人。其外、木に登り、屋根に取付いて、辛き命を助かりし事、前代未聞の有様也。

一、**二俣村**　（注）市川市二俣一～二丁目・二俣・原木四丁目など。
高四十三石一斗三升一合（米約百七俵）。塩浜高七町二反二畝二十六歩（約二万千六百八十六坪)。

(注) 立地、原木村の東にあたる。成田道の北に集落があり、南に塩浜があった。二俣の意味は、船橋へ向かう成田道が、ここの古い集落の中で葛飾神社への道と分かれたことに由来する。

(注) 元禄十五年(一七〇二)の検地により初めて塩浜年貢が課せられた。

元禄十五年(一七〇二) 塩浜年貢永八貫四百七十四文四分　塩浜反別四町六畝十二歩。

延享元年(一七四四) 同　四貫二百九文　同　不明。

延享三年(一七四五) 同　四貫八百五十一文九分　同　不明。

文化末カ(一八一七) 同　三貫七百二十六文三分　同　七町二反二畝二十六歩(文化十二年)。

明治十五年(一八八二) ―― ―― 同　二十二町五反二畝二十八歩。

一、**福泉寺** (注) 市川市二俣二丁目七番四号。

札所第二番目観音安置。昔は本行徳金剛院に有りしを此寺へ移す。

(注) 御詠歌「かぎりなき法の教へはふくせん寺　つきぬ宝をとるこころせよ」(『葛飾記』)

(注)『葛飾記』より。二俣村、これは小庵なり。ただし、旧寺の廃壊の跡この所に元トありて、寺号ばかり残りたるなり。元トの二番は金剛院という。今はなし。

（注）『葛飾記』より。すべて行徳と名付る事、本行徳金剛院の開山よりして起る。これも右の如く、昔の大船の地なることを惜しみての行者なるべし。札所二番なり。ただし今はなし、札所は二俣村へ移す。

（注）『葛飾誌略』より。その後、この庵へ出羽国金海法印というもの来たりて、行徳山金剛院という。羽黒法漸寺末となる。天文十一壬寅年なり。御行屋敷という。この寺享保年中（一七一六〜三五）退転すという。

一、**西海神村**《にしかいじんむら》（注）船橋市海神三〜六丁目・海神町東・海神町西・海神町南・南海神一〜二丁目・西船一〜二丁目・山手一〜二丁目・海神町。

西東《にしひがし》あり。高二百七十九石二斗五合（米約六百九十八俵）。塩浜高――。西海神宿長さ四百六十六間（約八百四十八メートル）。

（注）立地。市川市の二俣村の東、船橋海神村の西になる。南は東京湾に接していた。江戸時代は行徳海神とか栗原海神（栗原八ケ郷の内）とも呼ばれた。西海神村は旧葛飾町を構成した八ケ村の一であり、西海神・山野・印内・古作・寺内・本郷・二子・小栗原村の八ケ村だった。（『船橋市史』前編、以下船橋区域については同書を引用）

（注）寛永検地（一六二九）で、荒浜村々として塩浜年貢永免除となる。以後、塩焼稼業は永く中断。寛永検地の荒浜村々とは次の通り。西海神・二子・本郷・印内・寺内・山野・堀江・猫実の八ケ村。（『塩浜由来書』）
天明五年（一七八五）の塩浜検地で復活。二十町歩ほどの塩浜と水田。内訳不明。

文化末（一八一七）ころには行徳塩浜付村々に加えられていた。塩浜永四貫二百十四文二分。（『下総行徳塩業史』）

天保二年（一八三一）の塩浜検地では反別十町六反余。

安政六年（一八五九）には十四町四反余になった。名義人は十一名だった。

中浜二町一反余、反永二百五十文。下浜三町二反余、反永二百文。

下々浜九町余、反永百五十文。以上の反永で計算すると年貢永は合計二十五貫百五十文になる。

元禄以後は四分の一が正塩納だから永六貫二百八十文×一貫二十俵あてとして＝約百二十五俵を現物の塩で納めたことになる。

（注）家数、天明四年（一七八四）で八十八軒。慶応四年（一八六八）の戊辰戦争（市川・船橋戦争）で六十軒を焼失した。なお、五日市村（宮本一帯）二百二十一軒、九日市村五百六十二軒、海神村三十一軒も焼失し、四村合計で八百七十四軒が焼けた。明治新政府による見舞金は、

五日市・九日市・海神の罹災者に二千二百十九両、船橋大神宮家に十七両二分、西海神に百四十四両二分だった。

一、**龍神宮**　(注)船橋市海神六丁目二十一番十八号。

当村(西海神村)鎮守。祭神八大龍王。別当——。

(注)龍神社。大海津見神を祀る。おおわたつみのかみ。綿津見神とも。また、阿須波神ともいう。あすはのかみ。海を司る神。海神。海神村始まって以来の古社であり開創年代は不明とされる。

(注)例祭日、十月四日。境内坪数二百十八坪。かつて境内西側に太刀洗川が流れていた。
(注)『葛飾記』より。阿取坊大明神。同村(西海神)にあり、船橋より少し前、これ龍神なり、これ故に所を海神村という、入江の汀蘆間(みずぎわのあしのあいだ、の意)に鳥居立てる所、この御神の鳥居なり、この所は海際、その間田ありて(田とは塩田のこと)少し隔つ、沙喝羅《しゃかつら》(大海原の意)竜王、春日、鹿島御同体なり。

(注)「小柴さし」の古事。一般的には旅の門出に龍神社に小柴を奉り長途の安全を祈ること。『葛飾記』に「古へは、小柴とて萩の折り箸を小さく結びて立てて、恋を祈る。また、夫婦の中

を祈りしよし」とある。ロマンチック。
万葉集巻二十　4350
庭中の阿須波《あすは》の神に小柴《こしば》さし　我《あれ》は祝はむ帰り来《く》までに　若麻続部諸人
（庭中の阿須波の神に柴を立てて清めをしよう。帰ってくるまで。）

一、**船橋海神村**　（注）船橋市海神一〜四丁目・同六丁目・山手一〜三丁目・南本町。
高二百五石六斗三升一合（米約五百十四俵）。東同（西カ）三百間（約五百四十六メートル）有りといふ。
（注）立地。西海神村の東、船橋九日市村の西に位置する。単に海神ともいう。南は海。船橋村と一括されることもある。市川の渡しを通った佐倉道に、行徳からの成田道が村内で合流する。
（注）寛政十二年（一八〇三）村明細帳より海神村の概要。（『船橋市史』前編）
田十四町七反二十歩、畑二十七町四反九畝三歩、林なし。

戸数百七十九戸、人口九百二十八人、うち男四百八十一、女四百四十七、馬二十三疋。

作物　米穀・スイカ・ナス・大角豆・サツマイモ。

当村は海辺荒砂の地所で五穀生立兼ね候に付き、スイカ・白ウリ・ナス・大角豆・サツマイモの類を多く作り江戸へ積み送り捌いている。

農間稼―馬持は駄賃稼ぎ、塩の小売り、貝類の荷売棒手商い、女子供は貝拾い、藻草を採って肥料にし、また木綿織りをしていた。

漁業　漁船七十艘、漁師七十人。

職人　紺屋一、萱葺屋根屋一、いかけ屋一、桶屋一。

商人　荒物・木綿・酒二、草履・草鞋・米つき二、菓子・酒二、草履・草鞋・酒二、油絞り一、煙草・草履・草鞋一、膳椀道具一、荒物・釜一、草履・草鞋・紙・水油一。

一、石芋

龍神宮の前に細流有り。里人云ふ、昔、弘法大師教化のため、此国遍路の時、此所を通る。一人の慳貪婆《けんどんばばあ》、此川にて芋を洗ひけるを、大師芋一つと所望有り。石芋にて喰はれずと答ふ。大師、然《しか》らば用なしとて行き給ふ。其後にて終日煮ると雖《いえど》も煮えず。依《よっ》て此流れへ捨つ。千歳の後の今も年々青葉を生ずるは、奇なる事也。

（注）慳貪婆。けんどんばばあ。欲の深い婆、じゃけんな婆。

（注）巷間流布される石芋伝説は『葛飾誌略』の本説による。

しかし、『葛飾記』に次のような記載がある。「石芋。西海神村の内、阿取坊明神（龍神社のこと）の社の入口にあり、所ら云伝ふるは、昔弘法大師この所を日暮て通らせ給うに、ある家に立ち寄り、宿を借り給へば、嫗（ウ、おうな。ばば、老女）一人ありけるが、宿をかし参らせず、依て、大師、その側らに植え置ける芋を加持し給ふ、その後、嫗この芋を掘り出して喰わんとするに、みな石となり、喰う事かなはず、やがて皆この所へ棄しより、今に四時共に腐れずして、年々葉を生ずるなり」

一、**片葉芦**
此少し東の流れにあり。風の吹き廻しに因るものか。難波にも伊勢にも有る由。
（注）前項の「石芋」の『葛飾記』の記述に「また、同じ社の傍ら、田の中に残し有る蘆は、みな片方へばかり葉付り、これも同じく大師の御加持と云伝ふ」とある。ただし、この先が次のように続く。「しかれども、何方にあるもよし、海辺の行留り、片方は山にて風を遮るゆえ、片方へばかり葉付くならんや」とある。もっともであり、科学的見解といえる。

一、**地蔵院**　（注）船橋市海神一丁目二十一番二十二号。
勝軍山といふ。真言。開基長蓮法印。天正三乙亥年《きのといのとし》（一五七五）建立。凡二百三十五年に及ぶ。
（注）新義真言宗豊山派。開基長蓮法印勝誉。本尊、勝軍地蔵。ただし、拝観させない。除地一反四畝二十六歩。（船橋市域の寺院については『船橋市史』現代編を参照した。以下同じ）

一、日本武尊《やまとたけるのみこと》御上場旧趾

御代川源右衛門屋敷前とぞ。日本書紀曰《いわく》、人皇十二代景行天皇四十年夏五月、東夷多叛、辺境騒動。云々。冬十月壬丑朔《みずのえうしさく》癸丑《みずのとうし》、日本武尊発路。云々。亦進㆓相模㆒、欲㆑往㆓上総㆒。望㆑海高言曰、小海耳、可㆓立跳渡㆒。乃至㆓于海中㆒。暴風忽起、王船漂蕩而不㆑可㆑渡。時有㆓従㆑王妾㆒。曰㆓弟橘姫㆒。穂積氏忍山宿禰之女也。啓㆑王曰、今風起浪泌、王船欲㆑没。是必神心也。願以㆓妾之身㆒贖㆓王之命㆒而入㆑海。言訖、乃披㆑瀾入之。暴風即止、船得㆑着㆑岸。故時人号㆓其海㆒曰㆓馳水㆒也。云々。

此時、副将は吉備武彦也といふ。尊は十六歳の御時に丈一丈といふ。此海神浦に御船を寄せられし事、日本紀・古事記にも載せざる事遺憾なるべし。然《しか》れども、其昔御船を助け奉りし民家、言ひ伝へて連綿と有《あり》㆑之《これ》。穴田・御代川・矢矧《はぎ》の三家也。此時より既に一千七百余年の今に到り、子孫連続する事、誠に奇といふべし。此海神村、昔は漁洲にて、穴田・御代川・矢矧など其長也とぞ。此海神村より九日市橋迄七百二十間（約千三百十メートル）有りといふ。

（注）入日神社。いりひじんじゃ。船橋市海神三丁目七番八号。船橋大神宮の本宮という。祭神、天照皇大神《あまてらすおおみかみ》、日本武尊《やまとたけるのみこと》。例祭日一月十五日。境内坪数五十坪。

由緒。伊勢神宮を朝日の宮、船橋大神宮を夕日の宮または入日の宮ということから入日神社という。日本武尊が最初に上陸した地。海上の捨舟で拾った神鏡の前で凶徒調伏の矢を放ち、上陸地を海神と名付ける。入日神社の地に神鏡を安置し、のち船橋大神宮の地に移したと伝える。船橋大神宮は社名を「意富比神社」（おおひ〈注〉じんじゃ）という。

船橋宿　船橋市本町一丁目など。

高九日市六百七十二石八斗三升（米約千六百八十二俵）、五日市千三百石七斗（米約三千二百五十一俵）、舟船（橋カ）千軒といへり。九日市三百余戸、五日市三百余戸、漁師町三百余戸。

当村宿駅也。安房上総より江戸への海道、又、佐倉通り鎌ケ谷・市川・行徳の落合にて、大小名の御通行も多し。旅の往来、日夜引きも切らず。其外、野方より四季の産物を馬の背に負ひ出で鬻《ひさ》ぐ事多し。当領一の繁昌也。先年、伊奈半左衛門様の御代官の節、行徳領に改まりしと云ふ。九日市橋より市川渡し場迄、長さ四千八百七十八間（約八千八百七十七メートル）有りと。本陣、大名小名の御宿也。旅籠屋、凡十八九軒。此内、佐渡屋は商人宿也。

（注）宿駅。しゅくえき。街道筋に旅客を宿泊させ、または、荷物の運搬に要する人馬などを継ぎ立てる設備のあるところ。江戸時代の宿場。

（注）本陣。江戸時代の宿駅で、大名・幕府役人・勅使・宮門跡などが宿泊した公認の宿舎。大旅籠屋。

（注）船橋村。五日市村・九日市村・海神村の総称。船橋と呼ぶ行政区画はなかった。名主・組頭・百姓代などの村役人は別々であり、年貢納入も別々だった。

（注）船橋宿。宿場ではないために「船橋宿」と公称できなかった。単なる人馬の継立場であり、道中奉行管轄の宿場ではなかった。慣例で三つの村を総称して船橋宿と呼んでいた。

本陣。五郎左衛門家。旅籠屋は二十二軒あり、一軒あたり二人の飯盛り女がいた。

駄賃。行徳まで二里八町、本馬八十二文、半馬四十六文、軽尻四十六文、人足四十一文。

八幡まで一里半、本馬五十八文、半馬四十六文、軽尻三十七文、人足二十九文。

馬加まで二里、本馬七十四文、半馬六十二文、軽尻四十四文、人足三十七文（馬加は幕張）。

（『船橋市史』前編、以下も同じ）

> （注）船橋九日市村。船橋市本町一～七丁目・北本町一～二丁目・湊町一～三丁目・南本町・海神二～三丁目・市場一丁目・行田一丁目。
>
> 船橋宿の中核。室町時代に九の日の市とある。現市域の南に位置し、海に面した地域は猟師町と呼ばれた。慶長十九年（一六一四）ころに将軍家の船橋御殿が造営される。

寛政五年（一七九三）の『九日市村明細帳』によれば次の通り。

高六百七十三石七斗六升七合、この反別百十町六反九畝二十一歩。

内訳　田高三百六十九石七斗八升六合、この反別四十八町七反一畝十五歩。

畑高三百三石九斗八升一合、この反別六十一町九反八畝六歩。

田方一反につき種二斗一升、畑方一反につき麦種二斗くらい。

米穀は家数多く田畑反別少々につき売り物には一切出さず、村中にて自分飯料にも不足。米・大麦・小麦・大小豆・粟・稗・蕎麦・大根・里芋・大角豆・白瓜・西瓜・茄子。

潮除堤は長さ五百間、高さ六尺、敷二間半、海面田地囲堤、ご入用ご普請、風損が毎年あり、高波で堤が打ち崩れ、潮入り損耗あり。

年貢米の津出しは海老川より船積み、駄賃は一俵につき五文、江戸浅草までの海路六里余の船賃は米百俵につき二貫五百文。

猟船百三十七艘、内十八艘は魚類を江戸まで積み送るため舟方の極印を受けている。

名主二、年寄り三。

家数四百七十八軒、内百七十五軒は魚猟師。

総人数二千百二十八人、男千百五十六人、女九百六十四人、馬十九疋。

大工四、船大工二、桶屋二、紺屋二、湯屋二、髪結六、座頭二、山伏二、盲女二。

寛政十二年（一八〇〇）の明細帳では、荒物商十七、質屋三、八百屋四、綿屋、水菓子屋三、万商売四、干菓子屋二、穀屋四、油商一、居酒屋二、古着商売屋四、餅屋二、豆富や、薬種屋一、刻煙草屋一、本陣一、旅籠屋二十二、薬屋、飯盛女宿一軒につき二人ずつ、鍛冶屋一、カヤ屋根職人二、大工一、船大工二、左官二、馬道具屋一、紺屋二、八十〜九十六歳の長寿者十七人。

（注）船橋五日市村。船橋市宮本一～九丁目・東船橋一～七丁目・市場一～五丁目・駿河台一～二丁目・中野木一丁目・本町五丁目。
古代以来、船橋大神宮が鎮座し、その門前町。もっとも賑やかだった地域。室町時代の五の日の市に由来。大神宮の西下は成田道と上総道の分岐道になる。


享和三年（一八〇三）の五日市村鑑明細帳によれば次の通り。

田反別六十八町九反八畝歩、畑反別六十九町九反九歩。

五穀の他に西瓜・薩摩芋を多く作り、江戸表ならびに近在村々へ売りさばいた。海辺のため風損あり、津波の節は高波が打ちこんだ。そのため、高さ六尺、長さ九百三十間、敷一丈二尺、馬踏六尺の潮除堤を築いていた。大津波のため、漁船を流され、あるいは大破し漁を休んだこともある。

家数三百八十四軒、総人数千七百六十五人、男九百二十三人、女八百四十二人、馬三十五疋、牛はなし。

万商人七、木綿屋一、紺屋七、質屋三、大工五、左官三、石屋二。

神明社内で毎月一、十一、二十三日に市立てがあった。

一、はちべい

是此所飯盛女《めしもりおんな》の総名也。其故を聞くに、一夜の内にべいべい言葉の八百もいふとて、或旅人戯れて八百べいを略し、はちべいはちべいと言ひけるが定まりと成りてをかしき也。かやうの事は方言とも郷読ともいひ、何所にも有るもの也。小田原にてはばへくといふ。浜松にてはやぐうといふ。江州《ごうしゅう》にてはそぶつといふ。志州鳥羽にてはしりかねといふ。是等は皆予見聞したる事ゆゑに記す。其外何程も有るべき也。べいといふ言葉、往古より東国の習はし也。長嘯《しょう》擧白集に、小田原といふ處の宿にとまる。明くれば玉だれの小瓶に酒少し入れて、めくもの御前にとて差し出づ。(中略)とけなく打語りて、今しばしねまり申すべいを、某が旦那の元に参らんとてしぬる。(下略)此頃にも相州《そうしゅう》の辺も、専らべい言葉あり。南留別志に曰く、べいといふ言葉も往古の言葉にて、源氏物語にも有り。(下略)

(注)飯盛女。江戸時代の宿駅の宿場で旅人の給仕をし、売春も兼ねた女性。
(注)江州。近江国の別称。滋賀県。
(注)相州。相模国の別称。神奈川県。
(注)欄外注釈に、擧白集は木下長嘯の歌文集、とあり。

一、題㆓船橋駅館妝鏡㆒

船橋行路遠。反照追㆓旅人㆒。駅館流雲色。畫眉丹花唇。青文豹。

一、**太神宮**　（注）船橋市宮本五丁目二番一号。

神領五十石（米約百二十五俵）。延喜式、下総国湊郷意富比《おおひ》神社、是也。

当社は唯一宗源にて、領中神社多しと雖《いえど》も、大抵両部習合也。弘法・伝教・慈覚の智識達、本《ほん》地垂跡《じすいじゃく》の号を設け、神仏を以て一体とせり。或書に云ふ、願はくば神を本地とし、仏を以て垂跡とせば、神国の神の恵み協《かな》ふべきもの也。云々《うんぬん》。当社御鎮座は、人皇十二代景行帝四十年庚《かのえ》戌《いぬ》、皇子日本武尊《やまとたけるのみこと》東征に、此浦に暴風の御危難の時、御祈願の勧請也。遙《はるか》の後、天喜三年（一〇五五）後冷泉帝の朝《ちょう》に、源頼義東征の時も、当社御祈願有り。往古は広大の神領也しが、神主《じんしゅ》たる基義の時、鎌倉の命にて葛西清重に攻められ、後に千葉満胤神領寄付有りけるが、其後、兵乱打続き神領減じけるを、天正十九年（一五九一）十一月国初様（徳川家康）より五十石御朱印有り。年始には、御秡《みばち》に小松を抜き、御城中へ献上有り。又、宝暦年中（一七五一～六三）、勅許にて禁中へ御秡を献ずと。云々。

（注）本地垂跡。ほんじすいじゃく。すいしゃくとも。仏・菩薩が、衆生済度のために仮の姿をとって現われることを垂跡（垂迹）という。本地垂迹説では、我が国の神は仏・菩薩の垂迹であるとする。

（注）太神宮。通称船橋大神宮。社名、意富比神社（おおひじんじゃ）。祭神、天照皇大神（あまてらすおおみかみ）。例祭日十月二十日。

主要建物、本殿・銅板葺神明造、幣殿・銅板葺入母屋造、拝殿・銅板葺神明造、社務所・瓦葺平屋建、境内坪数四千三百五十坪、境内神社豊受神社・その他二十三社。

由緒沿革
景行天皇四十年に、皇子日本武尊が当国征伐の途次、船橋湊郷に着き、天照皇大神を祈誓、奉祀したのが始まりとされる。後に景行天皇から「意富比神社」の称号を賜ったとされる。「意富比」は「大炊」で食べ物の神、あるいは「大日」であり太陽神だとの説もある。この意富比の神は、平安後期以後の船橋御厨《みくりや》に勧請された伊勢神宮（神明社）と合祀されて船橋大神宮になったといわれる。

仁平《にんぴょう》年間（一一五一〜五三）に源義朝が院宣を受けて神社を再興したとき「船橋伊勢大神宮」とも記載される。

鎌倉時代、日蓮上人が断食祈願をした。

徳川幕府は家康公以来代々五十石の禄を献ずる。（『船橋市史』前編）

一、**太々神楽**
江戸或は近村など講中ありて、時々修行ある事也。

一、**大鳥居**
伊勢と同造也。

一、**神木**
大槻《おおつき》、社前にあり。三抱半ばかり有り。石階《いしきざはし》、凡二十四段有り。祭礼九月十九日。年中神事の中に、わけて当日湯立神楽《ゆだてかぐら》・大角力《おおずもう》興行。老若男女群集あり。
（注）大槻。おおつき。槻は欅（けやき）の古い呼び名。
（注）角力興行は九月十九日、氏子の若者による。本祭りは二十日。
湯立神楽。湯立（ユダテ）は神事の一。巫女・神職などがその熱湯に笹の葉を浸して自分や参詣人にふりかける。もと禊（ミソギ）の一種。現在では、無病息災を祈る行事。正月十六日、湯立御神楽、二月卯の日、五穀豊穣祈願の湯立御神楽。

一、**東照宮**　（注）常盤神社。ときわじんじゃ。大神宮境内。
日光様を勧請也。毎年四月十七日御祭礼。太神宮様の隣。
（注）船橋御殿跡地に祀られている東照宮とは別のもの。これは船橋大神宮境内に祀られているもの。日光山、久能山の東照宮と同視されていた。日本武尊と徳川家康・秀忠を祀る。日本武尊を中殿に祀る。左殿に家康の前歯二本と腹籠りの木像、井伊・本多・酒井・榊原四将の木像、右

殿に秀忠の木像を安置。これを三所大権現という。

社伝―天正十九年（一五九一）十一月、家康は常和の御箱という入れ物に、旗と陣弓を添えて納めた。そのため常盤神社という。箱の中身は家康の他、誰も知らない。神主は代々一子口伝で決して他言しない。その後、慶長十三年（一六〇八）七月、本社遷宮祭に日本武尊の像を造って祀った。ついで元和八年（一六二二）十月、秀忠が家康の前歯と四将の木像を奉納した。寛永十六年（一六三九）九月、家光が秀忠の像を納めて併せ祀った。祭礼は毎年四月十七日。

一、**神楽殿**（注）船橋市宮本五丁目二番一号、船橋大神宮境内。

太神宮の神楽殿也。末社社地に多し。女夫竹《みょうと》。社地に有り。女戯にもあり。天王御輿屋。三基有り。是は九日市・五日市・猟師町、三ヶ所天王の御輿有り。毎年六月十五日、三ヶ所隔年に祭あり。船橋祇園会。九衢充塞祇園会。神幟飄レ風如二上龍一。魔族帰降三伏夏。寒蝉奏レ楽響二高松一。　青文豹。

（注）神楽は、正月・節分・十月二十日の例祭・十二月の二の酉の日に演ずる。伝承者は大神宮楽部外、船橋・津田沼・谷津の人たち。なお、四月三日の船橋漁港の水神祭でも神楽を舞う。

一、**神主館**

従五位下富上総介といふ。社家三四軒有り。

一、**御殿跡**　（注）船橋市本町四丁目二十九番十二号。

九日市の表通り也。昔、東金御成りの節、御小休に御殿を立て、塩焼百姓を召出さる。御褒美被《され》レ下《くだ》しも此御殿にての事也とぞ。

（注）船橋御殿建設時期は不詳。慶長十九年（一六一四）か元和元年（一六一五）の建設とされているが、慶長十七年ごろとの説もある。御殿敷地はおよそ三町三反余（約九千九百坪）で、旧船橋市役所庁舎と御蔵稲荷が御殿敷地内にあった。全体が土手で大きく囲まれていた。今も御殿地または御殿山と呼ばれている。御殿通りともある。

（注）家康が宿泊したのは元和元年（一六一五）十一月二十五日。この月十日、埼玉県越谷で狩りをし、十五日には葛西の水田地帯で鷹狩りをした。そして十七日に東金に着く。二十五日午後二時ごろに船橋で鷹狩りをし、船橋御殿に宿泊。足軽五十人を従えていた。側女三人を輿に乗せ、女中十八人が馬に乗っていた。夜中の二時ごろ、船橋市中で大火が発生、市中ほとんどが丸焼けになったが御殿は無事だった。家康暗殺未遂説がある。

（注）御殿の廃止時期は不明。ただ、東金御殿が寛文十一年（一六七一）の廃止であり、同時期と考えられている。家康・秀忠は東金へたびたび出掛け、十回を超えている。家光は遠出をせず、船橋大神宮に参拝をした。四代・五代の将軍は全く鷹狩りをしなかった。

（注）東照宮―船橋御殿跡地に建てられたもの。大神宮境内にある東照宮（常盤神社）とは異なる。貞享年中（一六八四～八七）大神宮宮司の富氏（前項の富上総介）が跡地を賜る。日本一小さな東照宮とされる。

『葛飾記』の御殿の記載より。

東照神君御成り遊ばされ候跡なり。よって、御殿山と申し奉る。近年、この所に東照宮の御社を建立し奉り、並びに山路等を切り開き、桜の並木を植え、花麗に成し奉る。神明神主富大宮司大願主にて、江戸浅草の富の会を建て、この助成をもって、自己の神明宮ともに段々出来し奉るなり。

一、**浄勝寺**　（注）船橋市本町三丁目三十六番三十二号。
西光山といふ。御朱印、御四代之内。浄土増上寺末。開山頼誉上人。九日市也。明応五丙辰《ひのえたつの》年《とし》（一四九六）建立。凡三百十四年に及ぶ。地中三ケ寺光壽院。宗勝院。千修院。

（注）西光山光樹院という。初めは常照寺と称した。『葛飾誌略』では浄勝寺。かつては浄土宗芝増上寺末だったが現在は単立寺。善光寺大本願別院。本尊、阿弥陀如来像。十一月十二日〜十四日十夜法要。十夜念仏。境内坪数五百二十四坪。旧境内は間口四十五間、奥行き東西四百十間、五千八百八十五坪だった。

（注）天正十九年（一五九一）十一月、徳川家康より寺領十石（朱印三十石とも）を賜ると伝える。寺の堂宇は家康の休憩所とされ荘厳を極めたが、文政十三年（一八三〇）十二月、安政四年（一八五七）、明治三十五年（一九〇二）十月の三度にわたり焼失。（『船橋市史』現代編）

（注）お女郎地蔵―本堂右手前。女郎塚。女郎として遊郭に売られた遊女が死に、引き取り手がないと、身ぐるみはいで死体を浄勝寺に投げ込んだ。吉原は浄閑寺、新宿は成覚寺だった。遊女の年季は十年だったが、衣装代、食事代、医療費、肉親への送金などで借金がかさみ、十年では自由になれなかったという。現在でも水商売の女性のお参りが絶えないという。

一、**西福寺**《さいふくじ》（注）船橋市宮本六丁目十六番一号。えんま寺。

船橋山といふ。真言。開基。凡古き寺也。年代不レ詳。此近辺十三ケ寺の本寺也。額、船橋山。

佐文筆。文山は玄龍の男也。能書にて朝鮮国の御返翰《へんかん》を被《られ》レ命《めいじ》し也。
（注）船橋山清浄心院という。真言宗豊山派。大神宮の後、宮坂を上り詰めたところ、佐倉街道の北側にある。本尊、阿弥陀如来。境内四百七十二坪。
（注）船橋様―寺宝の墓碑二基。御殿地から移したもの。伏原二位宣条卿と船橋式部大輔則実（船橋三位）の墓碑。
（注）えんま様―明治維新に廃合された宮坂の宝光院にあった閻魔像を移した。八月十六日盆会結願の日に開扉。当日は境内に縁日が立つ。作者不詳。

一、稲荷社

彦左衛門稲荷といふ。土橋東詰にあり。さまざま奇端あり。異神也。
はつ午や掛当てまつる沖の虹　沾洲。
（注）寛政十二年（一八〇〇）十二月『船橋海神村村方御尋ニ付書上帳』より。
稲荷大明神、別当地蔵院。

当社は往古は彦左衛門屋敷内にて氏神に御座候処……慶安のころ（一六四八～五一）より地蔵院持ちと定め、今に彦左衛門正月・九月両度奉幣仕候……例年二月初午神楽奉納仕候。

一、**正光院**

真言　開基。宝光院、真言　開基。善法寺、真言　開基。慈雲寺、禅宗　開基。

（注）正光院は西福寺末だったが、明治期に廃寺となった。宝光院は明治期に廃寺となった。閻魔像、奪衣婆、懸衣翁の木像は西福寺に移された。善法寺は明治期に廃寺。

（注）慈雲寺は船橋市宮本六丁目二十五番七号。弘安九年（一二八六）鎌倉建長寺二世円覚寺開山仏光祖元創立。永禄七年（一五六四）里見義弘と北条氏康との戦で焼けたが、氏康の子氏政が再興し中興開基となる。寛永元年（一六二四）曹洞宗となる。天正十八年七月十一日、豊臣秀吉に敗れて氏政自害。法名慈雲院殿□公大居士。よって以来当寺を慈雲寺と改称。大峯山という。

はじめ里見氏は北条氏を退けて下総を領有、位牌堂を峯台の慈雲寺の旧地に建立。里見氏は位牌堂に寄贈した梵鐘を国府台合戦のとき、陣鐘に代用、鐘を懸けた枝が折れて江戸川に落下した。故にここを鐘ヶ淵と称する故事。（『葛飾記』）

一、**清山寺**《せいざんじ》　（注）『葛飾記』には清讃寺とある。廃寺となった。

虚無僧也。普化禅師の宗体也。小金一月寺は此宗の觸次也。居住の所を風呂屋ともいふ。又、番所とも云ふ也。惣本寺は洛の三十三間堂の南の門外、池田町妙安寺也。凡尺八の音色は笙《しょう》、筒音は黄鐘調《おうしきちょう》也。左の手は上、右は下、指遣ひ三十二品有り。歌口の妙、笙と同じこと也と云ふ。

（注）笙―そう。しょう。しょうの笛、十三の音。

（注）黄鐘調—おうしきちょう。雅楽の六調子の一。黄鐘とは日本の音名の一つ。

（注）普化宗神明山という。小金金竜山一月寺末。右山禅師開基。明治四年（一八七一）十月二十八日の「太政官達」により全国稀少な虚無僧寺が姿を消した。墳墓類はすべて一月寺に移転。

（注）欄外注釈に、尺八云々は近代世事談から、とあり。

一、**学王寺**

真言　開基。花蔵院、真言　開基。東光寺、真言　開基。不動院猟師は海応山といふ、真言開基。萬福寺、真言　開基。東福寺慈明山といふ、真言　開基。

（注）学王寺—覚王寺。かくおうじ。船橋市本町三丁目二十四番六号。真言宗豊山派。長命山金剛院という。永正年間（一五〇四〜二〇）の創立。法印頼善開基。本尊、大日如来十一面観音。境内五百三十三坪。観音霊場東国第二十五番。観音像はもと海神にあった古寺善光寺の聖観世音を移したと伝える。観音の縁日は八月にあるが、必ず雨が降る。よって貧乏観音の異名がある。竜王宮—境内仏。海上守護神。明治六年（一八七三）八月、「乙用九小学校」を開校した。

（注）花蔵院—真言宗西福寺の末寺。明治期に廃寺。東光寺裏。

（注）東光寺―船橋市宮本五丁目十三番十七号。真言宗豊山派西福寺末。創立年代不明。天道念仏は当寺から始まった。天道念仏は『江戸名所図会』に記載があり、「東光寺・不動院・薬王寺などの境内で執行す。毎年二月十六日から十八日。山形天道村午後九成就のための行事。仏法守護の神梵天王を供養するための梵天供で、踊りの形は田楽踊りの一種。いまは少なし。」とある。

（注）不動院―猟師は海応山という。船橋市本町三丁目四番六号。本尊、不動明王。栄徳年間（一五八一～八三）空尊が開山。関東大震災で堂宇大破。昭和六年（一九三一）再建。猟師町旧寺町にある。もと天道念仏が行われた。石像大仏―俗に不動院大仏。寛政の大海嘯に溺死した人々の追善菩提のため、六人衆の頭たちが本陣主人らと相い謀って造立。

（注）万福寺―明治初期に廃寺。真言宗豊山派。西福寺末。

（注）東福寺―慈明山という。明治期に廃寺。東光寺裏。

一、**了源寺**（注）船橋市宮本七丁目七番一号。

一向宗西末（浄土真宗西本願寺派）。開基。当寺に時鐘あり。二六時中怠らず。

（注）光雲山という。開基伝翁直心大和尚。北面の武士。将軍義輝のもと侍臣。天正年間（一五七三～九一）建立。

（注）鐘楼堂跡。本堂裏の小さな丘に鐘楼堂があって時を告げていた。和時計。蜀山人筆あり。享保年中（一七一六～三五）に徳川幕府が砲術の稽古をしたときの台座になった場所。幕府名代

の下にいた代官は伊奈半左衛門だった。行徳その他近在から二万人余の人夫を動員しての大演習だった。的の距離は二十四町（約二千五百四十四メートル）の場合と三十六町（約三千八百十六メートル）の場合があった。（『船橋市史』前編）

一、**猟師場**

九日市の新田也。一村皆漁猟を以て活計とする也。大網小網さまざま有り。

（注）船橋猟師町。船橋市本町三丁目。公的には船橋九日市に属す。およそ三丁余の町域内に家数三百軒ほど、魚猟師は百七十五軒あった。船は百三十七艘。三番瀬の帰属をめぐって浦安三村（堀江・猫実・当代島村）との争いが永く続いた。

（注）船橋浦は御採浦として漁業権があった。往古より御採御肴を月五回江戸城に納めていた。元禄十六年（一七〇三）四月十四日、石かれい二、こち四、いな十五など。元禄十六年十一月二十三日夜の大地震により海底が隆起、不漁となる。そのため、翌宝永元年からは物納を止め、代永とし、金八両と銭四百文を納めた。幕末まで続く。享保十年～元文三年まで永九貫四百五十文、元文四年からは永十二貫二百八十五文。（『船橋市史』前編）

（注）船橋猟師町から江戸までの船便が定期的にあった。

一、**大鯨**

寛政十二申年《さるのとし》（一八〇〇）十一月二十八日、菅沼安十郎様御支配之時、此浦へ寄りたり。御見合之上御払ひ被《らる》二仰付《おおせつけ》一。上納代永十六貫七百五十文（小判で十六両と三分）差上げ事済みたり。此節、生鯨を貰ひ食せし也。又、買請負人塩漬にせしかども、塩きかず腐りたり。鯨の塩漬方、関東にも知る人なしといふ。鯨は四足の魚也。

一、**歯黒鮫**

大鮫にて人を喰ひ、舟を背負ふの沙汰専ら也。先年貝ケ濡《みよ》（澪カ）に於て死す。江戸品川町の蒲鉾屋某買取り、料理しけるに、腹中より髑髏九ツ、金子も多く出でたりとぞ。珍しき悪魚也。此鮫死してより濡（澪カ）一丈余埋りたりと。云々。

一、**鯛**

此海にはなし。

一、**御菜料**

永四貫八百文（金四両三分と銭二百文）運上致す事也。九日市に字多し。横町・堅町・陣屋町・天王坊・松原など也、又、五日市の字は神門・宮の内・宮坂・辻・横宿・鳥井戸・川端などあり。
（注）運上。うんじょう。江戸時代、雑税の一種。商・工・漁猟・運送などの営業者に課した。

一、**大筒稽古場**
宮地より東方湊分といふ所也。小宮山様御代官之節、此稽古所、鎌倉七里ケ浜へ引きたり。此稽古の時は鍋釜等に響きて夥しといひし也。此跡は湊村青山某へ被《さる》レ下《くだ》。故に湊分の名あり。当時当村某の持に成れり。

一、**山野村**　（注）船橋市西船一～四丁目・山野町・海神五丁目。
高二百六十石六斗一升六合（米約六百五十一俵）。
（注）立地。西海神村の北西、現在の市川市二俣の北に位置する。JR総武線西船橋駅の東。JR総武線・武蔵野線、京成線の線路と千葉街道を包括する。集落は西船一丁目の山の手方面の海に向かった斜面に展開し、のちに房総往還（千葉街道）沿いに拡大したとされる。
（注）江戸時代初期は成瀬領、のち栗原藩領、寛永十五年（一六三八）栗原藩取り潰し後は幕府領。

（注）元禄十五年（一七〇二）『葛飾郡山野村御検地水帳写』より

田　十五町八反九畝二十五歩、分米百九石六斗六升四合（一反平均六斗九升三合代にあたる）。
畑　二十二町六反七畝二十四歩、分米二十二石六斗八升四合（一反平均一斗代にあたる）。
分米とは年貢として納める米のこと。台地上で畑耕作をして豊かだった。水田は下田・下々田・悪地下々田がほとんどで反収は低かった。

田畑の他、次の土地があった。
百姓林　一町七反二十一歩（所有者二十一人、内三人は寺）
百姓藪　一町二反九畝二十六歩（所有者二十一人）
百姓萱野　三町九反二畝歩（一ケ所）
稲干場　六反一畝十九歩（一ケ所）
溜井　四畝十五歩（八ケ所）
土取り場　十歩（一ケ所）
御林　一町三反四畝十五歩（三ケ所）
以上合計八町九反三畝十六歩（約二万六千八百六坪）
（注）『船橋市史』前編より。
家数―元禄十五年（一七〇二）三十一戸、天明四年（一七八四）五十五戸、安政二年（一八五五

五）六十戸
明治五年（一八七二）七十二戸で人口四百一人（男二百、女二百一）
昭和十四年（一九三九）百八十三戸で人口九百八十五人（男四百五十九、女五百二十六）
塩浜―寛永六年（一六二九）の検地で荒浜になったとして塩浜永免除になった。

（注）山野村は昔から梅と桃の名所だった。今、桃はほとんど見られない。梅は残った。この梅林の中に明治維新戊辰戦争（市川・船橋戦争）の幕府脱走兵隊長荏原鋳三郎が長持に入って数日隠れ、その後、一ケ月余り民家に潜伏していた。

一、**富士浅間社**　（注）浅間神社《せんげんじんじゃ》。船橋市西船一丁目五番七号。
当村（山野村）鎮守。一帯の松林也。駿州富士山勧請。別当――。
（注）奈良・平安時代から山野浅間神社という。創建年代不明。篠崎浅間は有名。山野浅間・五日市砂山浅間・稲毛浅間・葛西篠崎浅間が知られる。祠は駿河国富士浅間神社を勧請し、嘉永三年（一八五〇）に神殿を造営、昭和四十七年（一九七二）七月に増改築された。別当は元禄のころは正覚寺、近代は延命院が務めていた。

（注）祭神は木花咲耶姫命（このはなさくやひめのみこと）。例祭日は六月三十日。お産・子育ての神として近郷近在の崇敬厚く、七月一日の山開きにはお礼参りの善男善女で賑わう。

（注）おびしゃ行事。例年二月一日。悪魔を祓い豊作を祈る行事。もとは歩射《ぶしゃ》の神事で、弓で的を射てその年の吉凶を占った。いまは単なる村寄り合いの称とすることが多い。歩射とは馬に乗らず歩いて弓を射ること。御奉射。御備射。

一、**正覚寺**　（注）船橋市西船三丁目三番四号。今は正延寺。

大日山といふ。真言。開基。

（注）真言宗豊山派。明治四十一年（一九〇八）延命院と正覚寺が合併して正延寺を創立。元禄十五年（一七〇二）の検地水帳に正覚寺境内四反二畝二十七歩（約千二百八十七坪）、同寺持ちの畑一反四畝六歩（約四百二十六坪）、延命院境内四反六畝歩（約千三百八十坪）、同寺持ち畑一反一畝二十一歩（約三百五十一坪）とある。正覚寺を廃寺とした。

（注）延命院。鎌倉時代の建長二年（一二五〇）秀海律師の開創。和州長谷寺末中本寺。上飯山満高野東福寺・八幡不動院・印内光明寺の本寺。本尊は大日如来だが、もと正覚寺地中にあった大日如来の古像を祀る。それは木像の五智如来座像で平安中期の作と推定され、千葉県指定文化

財。
（注）弁財天。天の島弁財天。里人は折戸の弁財天という。宝永三年（一七〇六）八月、山野村名主青山勘右衛門本願主となり、江戸で御神体を作り納めた。続いて正徳三年（一七一三）八月八日、弘法大師作という弁財天像を江戸で買い納める。享保五年（一七二〇）九月十七日、江戸で石を買い、天の島と寺の大門の橋を石橋にした。費用は五両。今は、弁天像・石橋・池・天の島もない。

一、**伯楽**
此村にあり。伯楽とは伝馬を司る星の名也。実名を孫陽と称すとぞ。
（注）伯楽。はくらく。中国古代の馬を鑑定することに巧みであった人のこと。また、よく馬の良否を見分ける人、転じて人物を見抜く眼力のある人。
（注）欄外注釈に、孫陽云々、庭訓抄にある、とあり。

一、**印内村**　（注）船橋市印内一〜三丁目・印内町・西船二丁目・同四丁目。
高三百五十八石七斗九升三合（米約八百九十六俵）。外に四石八斗四升（米約十二俵）。内八斗四升（米約二俵）御朱印。
（注）立地。山野村の北西にある。集落の南側に千葉街道があった。いまは印内町西船橋駅から

南へ市川市二俣との市境まで延びている。現在の山野町と同様で、千葉街道から北へ台地上に展開した村名が街道の南のわずかな地域に残されたのみ。

（注）印内。垣の内、囲いの内、木戸の内というほどの意味。印内は院内。院とは、垣または囲いの意で、他と区別して一区画をなし、垣または築地などで囲まれ、他に隣接しない家屋の一団をいう。寺院・僧院・京都内裏の八省院・衆議院などがある。いずれかの院が漸次規模が大きくなり、現在に至ったとされる。

（注）享保十年（一七二五）六月『下総国葛飾郡印内村田方地押帳』より。
このときの代官は小宮山杢《もく》之進である。
総反別　四十七町六反七畝十五歩　内四反十二歩寺社免前々物成引
この分米二百五十八石七斗九升三合　内二石六斗六升右同断
内訳　田小計十二町九反二畝十四歩　内一反九畝三歩観音免前々物成引
この分米九十七石二斗三升六合　内一石三斗三升七合同断
畑屋敷三十四町七反五畝一歩　内二反一畝九歩寺社免前々物成引
この分米百六十一石五斗五升七合　内一石三斗二升三合同断

（注）印内村は、田地は五日市村より少なく、かつ、地味が悪かった。逆に畑は多かった。田畑

の石盛りは五日市村よりも少なかった。

印内村　中田石盛り一反九斗代　　五日市村　同一石
〃　　下田　〃　　七斗代　　〃　　同八斗
〃　　中畑　〃　　七斗代　　〃　　同八斗
〃　　下畑　〃　　五斗代　　〃　　同六斗

（注）家数。享保十年（一七二五）に三十七戸、天明四年（一七八四）は四十一戸、弘化三年（一八四六）は四十戸で、うち六戸は無財産で借地住まい、明治五年（一八七二）に四十七戸、昭和三十年（一九五五）は百三十四戸。
人口は、弘化三年（一八四六）に二百四十八人（男百三十三、女百十五）、昭和十四年（一九三九）は三百九十八人（男百九十七、女二百一）、昭和三十年（一九五五）は六百八十七人（男三百二十五、女三百六十二）。

（注）印内台遺跡。船橋市印内二〜三丁目・西船三丁目など。昭和五十三年〜五十四年（一九七八〜七九）の調査で竪穴住居跡百四十五、掘立柱建物跡五〜十が発見された。竪穴住居は、古墳時代十六・奈良時代五十六・平安時代五十二・時期不明及び未調査十二。古墳時代の竪穴住居は台地先端部西側に密集して広がっていた。古墳時代後期住居跡からの出土は、貝、ヒラメ・スズキ・タイ・キジなどの魚と鳥の骨などであった。

一、**妙見社**（注）妙見神社。船橋市西船七丁目三番三十号。

当村（印内村）鎮守。千葉妙見勧請。

（注）創建年代、由緒不詳。例祭日十月九日。境内坪数百五坪。祭神、天御中主守（あめのみなかぬしのかみ）。昭和五十年代（一九七五～）に境内一角にそびえ立っていた巨松が枯死し、伐採したところ直径六尺、年輪六百年を数えたという。

> （注）千葉妙見。妙見菩薩は北極星あるいは北斗七星を神格化した菩薩。国土を擁護し災害を滅除し、人の福寿を増すという。特に眼病平癒を祈る妙見法の本尊。主として日蓮宗で尊崇。北辰菩薩。房総に君臨した千葉氏は熱心な日蓮宗徒であり、妙見菩薩を祀った。

一、**延命寺**（注）前項の正覚寺の項を参照のこと。いまは正延寺という。

深堀山といふ。真言。開基。

一、**光明寺**（注）船橋市印内二丁目七番八号。

真言。開基。

（注）補陀山という。新義真言宗豊山派。山野延命院（寺）十四世の住僧が隠居所として建てた

寺といわれる。延命院世の隠宅。俗に隠居寺という。徳川初期の開創。

（注）享保十年（一七二五）『下総国葛飾郡印内村屋敷地押帳』によれば、屋敷地は間口十四間・十七間半で八畝五歩（二百四十五坪）。その外に十三間の二間の道が九十三坪あった。

一、葛西三郎重春苗裔

当村田中氏是也。鎌倉葛西ケ谷は清重の居館の跡也。木戸内といふは印内村の小名也。別村にはあらず。葛西系図略《りゃくす》レ之《これを》。今は民間となると雖《いえど》も、其子孫永続する事珍しき也。

一、重右衛門《じゅえむ》

印内の重右衛門とて児童口つぎに残り、専ら噂する事也。然《しか》れども、児童の云々するとは大に相違せり。生得力量有り。又頓才も有り。元、葛西氏の臣下の家にて、良き百姓也けるが、兎角に人を非にするの癖あり。或年、隣家の稲を盗みて公辺《こうへん》（公儀、おおやけ沙汰）に及び、数十日間御咎《おとが》め被《られ》二仰付《おおせつけ》一、事相《ことあい》済みたり。此理合の事面白しと雖《いえど》も、事長ければ爰《ここ》に略す。大岡越前守様の時分にて、凡百五十余年に及ぶ。近年の事のやうにいへど左にあらず。

一、本郷村　（注）船橋市西船五～六丁目・本郷町・東中山一～二丁目。

高四百五十八石三斗一升四合（米約千百四十五俵）。実は栗原の本郷也。栗原七ケ村といふ。

又、八ケ村ともいふ。

栗原、二俣、山野村、二子、海神、寺内、印内、古作。

右八ケ村也。今は大抵行徳領となれり。

(注)立地。印内村の西にある。寺内村が間にある。「和妙抄」葛飾郡栗原郷。栗原本郷ともいう。JR総武線の南側に本郷町として名を留める。市境は市川市原木に接している。

(注)天正十八年(一五九〇)八月以後、徳川家康より葛飾郡栗原郷に四千石を与えられた。寛永十五年(一六三八)無嗣のためお家断絶し、栗原本郷は幕府に召し上げられた。

(注)寛永六年(一六二九)の検地により、荒浜として塩浜永免除となった。

(注)『船橋市史』前編より抜粋。本郷村は土地がとても肥えていた。

延宝六年(一六七八)の検地。

田　三十町七反九畝八歩(上田十五町七畝三歩、中田六町七反二十七歩、下田六町八反三畝十八歩、下々田二町一反七畝二十歩)

畑　十四町一反七畝二十六歩(上畑七町六反五畝六歩、中畑三町九反七畝九歩、下畑二町五反五畝九歩)

水田二、畑一の割合。理想的な農村。上田と上畑の割合が高い。小宮山杢之進が代官だったときに相当多く開墾された。五日市村では水田六十八町九反八畝だが、上田はわずか八町八反六畝余で全体の十一パーセントほど、七十パーセントは下田以下だった。

（注）家数。延宝六年（一六七八）二十七戸、延享四年（一七四七）ころ、五十八戸、寛延二年（一七四九）五十八戸、天明四年（一七八四）六十三戸、文久二年（一八六二）六十二戸、明治五年（一八七二）七十三戸、このときの人口三百九十八人（男百九十四、女二百四）、昭和十四年（一九三九）百五十八戸、このときの人口八百五十人（男四百十九、女四百三十一）、昭和三十年（一九五五）三百十七戸、このときの人口千五百九十人（男七百八十七、女八百三）。

延宝から延享にいたる八十年間で戸数が二・一倍に増加した。相当に活発な開発がされたと考えられる。しかし、その後は幕末まで目立った増加がない。つまり戸数人口ともに飽和状態になったと思われる。明治以後に大きく増加した。

一、**栗原左衛門尉冬詮館**

当村に有れども所定かならず。此八ケ村は栗原氏の領地也。一揆のために所領を失ひ、甲州へ落ちたりと也。故に此村を元は御館村といひし也。云々。

（注）長禄二年（一四五八）六月六日『小金本土寺過去帳』に本郷妙見堂とあり、千葉氏の氏神が祀ってあった。千葉常胤の孫観秀（栗原禅師）がいたとされる。さらに、千葉氏一族の栗原冬詮の館があり、古くからここを御館村と呼んでいた。栗原冬詮は栗原八ケ村の領主だった。

一、**満善寺**　（注）明治初期に廃寺。

葛井山といふ。真言古作妙王院末。開基。

（注）葛飾明神の別当だった。その隣地に寺地があり、いまでは部落の共有地。万善ともいう。千葉氏第十四世胤宗が寄進したという阿弥陀仏像は宝成寺にある。

一、**葛間田の池**　（注）船橋市西船五丁目三番八号の葛飾神社の東隣国道沿い。

当所の池をいふ。此池は下総の名所にも出でて古き所也。此流下に二間田《ふたまた》といふ所あり。八雲《やくも》御抄《みしょう》に「かつまたの池ははちすなし」と。又、万葉集にありとも詠めり。題林抄に「かつまたの池は今は水なし」。云々。

（注）八雲御抄。やくもみしょう。歌学書。六巻。順徳院撰。鎌倉初期の成立。古来の歌学・歌論を集大成したもの。

万葉集巻十六　３８３５

勝間田の池は我知る蓮《はちす》なし　しか言ふ君がひげなきごとし

（注）欄外注釈に、題林抄は詞林采葉抄の誤りか、とあり。

（注）勝間田の池。本郷・寺内・古作の谷入が海岸沿いの広い田野に出ようとするところにある。今は勝間田公園になっている。万葉集に詠まれた池とは違うとされる。里人は本郷の

溜め池と呼んでいた。明治初年の地図にも「溜井」とある。

(注)『葛飾記』より。これ本郷の内也。俗に本郷の溜池と云。池を越れば、寺内村と云、舟橋海辺の端、この堤を往行するなり。池の中定杭あり。常に水なし。北の方一筋の堰水なり、中空原にして闊《ひろ》し、入樋あり。
(注)下り所の池。おりとのいけ。勝間田の池の別称。別項にあり。

一、景物

柳花、蓮、杜若《とじゃく》、鴨、芦、鮎、つれなし草、堤幷《ならびに》桶。堤かくれば水もなし。

万葉集。かつまたの池は我しる蓮《はちす》なししかいふ君がひげ無きがごと　婦人。

家集。水なしと聞きてふりにしかつまたの池あらたまる五月雨の頃　西行。

是はちすなし水なしと詠めるかつまたの池の談、奇也。されど、何となく水ある体の歌も多くありといふ。又、万葉集のかつまたの歌は、下総国のかつまたには非ずともいへり。

千載集。池もふり堤崩れて水もなしうべかつまたに鳥もゐざらん　肥後。
(注)杜若。とじゃく。草の名。やぶしょうが。かきつばた。
(注)家集。かしゅう。個人の歌集。いえのしゅう。
(注)西行。さいぎょう。平安末・鎌倉初期の歌僧。俗名、佐藤義清。法名円位。鳥羽上皇に仕

えた北面の武士。二十三歳のとき無常を感じて僧となり、高野山、晩年は伊勢を本拠に、陸奥・四国にも旅し、河内の国の弘川で没す。新古今和歌集に九十四首の最多歌数を採録。家集「山家集」。（注）千載集。せんざいしゅう。勅撰和歌集。千載和歌集の略。一一八三年、後白河上皇の院宣により藤原俊成撰。

（注）欄外注釈に、万葉集巻十六この勝間田は大和生駒郡都跡村にある池、とあり。

一、**下《お》り所《と》の池《いけ》**（注）勝間田の池の別称。

此溜（勝間田の池）をいふ也。是は昔、日蓮上人房州より仏法のために来り、此池より舟に乗りたりといふ。昔は此所より堀江村迄渡し有り。又、鎌倉迄出勤の武士の舟路なりといへり。（注）鎌倉時代には海がここまで入り込んでいたと考えられる。堀江とは、今の浦安市堀江のこと。この当時は浦安の堀江と江戸川区の東葛西は地続きだったとされる。また、鎌倉武士が「いざ鎌倉」とこの地から舟を出したとの伝えあり。

一、**葛飾祠**（注）葛飾神社。船橋市西船五丁目三番八号。

是一郡の惣社《そうじゃ》也。通りより二丁（約二百十八メートル）ばかり入る。別当満善寺。祭神瓊々杵《ににぎの》尊《みこと》。勧請より千有余年に及ぶとぞ。地神三代の神也。

（注）祭神、瓊々杵尊、ににぎのみこと。日本神話で天照大神の孫。天照大神の命《めい》により、この国土を統治するため高天原から日向の高千穂峰に降りた。彦火火出見尊、ひこほほでみのみこと。瓊々杵尊の子。海宮に赴き海神の娘と結婚した。海彦山彦神話の山の幸の神で、俗に山彦と称す。

（注）惣社。総社。そうじゃ。参拝の便宜のため、数社の祭神を一ケ所に総合して勧請した神社の称。また、一国の総社がある。本項の場合、昔、国司が参拝の便利のため、一国の宮社を総合して勧請し国府の近くに置いたもの。

（注）大正五年（一九一六）一月三十一日、現在地の熊野権現社へ合祀。一郡総社葛飾大明神を村社葛飾神社と改称した。

（注）『葛飾記』より。社は大社ならず。社地は唐竹の藪なり。この御神小社なれども、葛飾の惣社なり。

一、**葛羅《かつら》之井《のい》**　（注）葛の井。

下総勝鹿。郷隷二栗原一。神祀二瓊杵一。地出二醴泉一。豊姫所レ鑿。神龍之淵。大旱不レ涸。湛乎維圓。名曰二葛蘿一。不レ絶綿々。文化九年壬申《みずのえさる》（一八一二）春三月建レ之。南畝太田覃撰。

又、此の名所に、盃の井といふあり。何地なるや未レ詳。

藻塩草。東路にさしてこんとは思はねど盃の井に影をうつして

（注）藻塩草。もしおぐさ。この場合は、随筆・筆記類の異称。

（注）葛蘿の井は、昔、葛飾明神御手洗《みたらい》の井《い》といわれた。葛飾明神旧社地のあたりにあった。

（注）『葛飾記』より。「又、宮の傍ら藪の中に、葛の井と云う井あり……俗にこの井は竜宮まで抜け通れりと云う」。

一、**寶城寺**　（注）宝成寺。ほうじょうじ。船橋市西船六丁目二番三十号。

茂春山といふ。禅曹洞仙台膽澤《たんざわ》永徳寺末。開基智泉和尚。葛西三郎茂春建立。年代不レ詳。御朱印三十石（米約七十五俵）。此内八石四升（米約二十俵）は印内村に有り。昔は木戸内にあり。後、此所へ移すといふ。

（注）曹洞宗。古くは岩手県胆沢郡水沢の近くの永徳寺の末寺。今は臼井町（現・佐倉市）宗徳寺末。直心場と号する。俗に栗原の東堂と呼ぶ。

（注）徳川氏の支配となってからは成瀬《なるせ》正成《まさなり》が地頭となった。故に宝成寺と改称。成瀬氏の一族の菩提所。正成は寛永二年（一六二五）江戸で没す。家光はその死を悼み江戸市中に三

日間鳴り物停止を命じた。遺骨は日光東照宮廟の傍らに埋めて遺志をかなえてやった。正成は家康の小姓であったし、信任が厚かったからである。
正成は位牌だけで墓はない。
正成　寛永二、正、十七日卒
白林院殿前布護直宗心大居士

一、**立春大吉**
是は禅家の門戸に押す所也。表裏共同じ。故に邪気裏よりも入る事不《ず》レ能《かなわ》と也。

一、**成瀬伊豆守直陳墓**
高さ一丈余（約三百六十三センチ）。寛永十一年甲戌《きのえいぬ》（一六三四）十月。其外。墓多し。
（注）寛永十一年十月とは成瀬之成《ゆきなり》のこと。十月二十八日没。之成の子藤蔵之虎が相続したが、寛永十五年（一六三八）わずか五歳で死亡。家名断絶となった。
成瀬氏は三河の人。正一は軍功あって家康に愛重された。その子正成は家康の小姓だったが、天正十二年（一五八四）長久手の戦で豊臣秀吉と戦って功があった。天正十八年（一五九〇）家康が関東に入って栗原本郷の地を賜る。栗原八村二千数百石、その他大野・菅野を合わせて四千

石。その後、甲斐、三河などに三万石を賜る。慶長十二年（一六〇七）四月、尾張徳川義直の後見役になる。いわゆる付け家老である。元和三年（一六一七）尾張犬山城に移る。そのとき、次男之成に栗原の地と三河加茂郡一万石を譲る。之成も栗原に居を構えていた。之成は秀忠の小姓だった。之成は三代将軍家光に仕える。寛永十一年（一六三四）十月二十八日没。

成瀬氏代々の墓は西船六丁目二番三十号の宝成寺内にある。

成瀬伊豆守直陳墓　高さ一丈余　寛永十一甲戌十月

之成墓　棹石九尺、幅二尺三寸、厚一尺四寸

見性院殿伝翁直心大居士

殉死三名の氏名が裏側に刻まれている。（『船橋市史』前編）

一、臣下殉死塚三墓

成瀬信濃守正賢墓。寛政十戊午《つちのえうま》（一七九八）三月。成瀬氏は尾州様御家老三万石（米約七万五千俵）、成瀬隼人正の家也。故有りて当寺へ葬る。

（注）尾張徳川家へ家康の命で付け家老に入った成瀬正成の一党は、幕末まで家老職を務める。栗原本郷の成瀬氏は断絶したが、成瀬一族は幕府直轄領（天領）になった本郷の地の宝成寺を菩提所とした。

（注）成瀬伊豆守直陳墓　高さ一丈余　寛永十一甲戌十月

臣下殉死
平野宇平次　青木左源太　藤井仁右衛門

一、笠椿

堂前にある名木にて、笠を伏せたるが如し。高さ三四尺（約九十～百二十センチ）、四方四五間（約七・二～九・一メートル）に渡り、花は小輪赤色也。花無き時も亦《また》見所あり。
（注）『江戸名所図会』に、「当寺の庭前に椿の大樹あり。高さ四尺ばかりにして枝のながれ四方へ四間ばかりありて壮観なり」とある。
（注）『遊歴雑記初編之上』「下総本郷村宝成寺の椿」の項に「ここに名高き椿あり、樹の高さ一丈余、根もと三茎にわかれて、上へ真直に行儀よく成木し、三株合して太さ九尺余廻り、四方へ繁茂せし事拾余間、その形丸く、あたかも笠鉾のごとし……本堂の前、ただこの椿の木のみにて余木なし、花は侘助《わびすけ》といへる花形に似て小さく、紅の中にちらちらと白き斑ありて、花形は八重に、色は燃るがごとく、古今の名木たり……住僧の物がたりき……しかるに惜しいかな、四～五年前の大雪に、枝折れ、木いたみて枯れたり、しかれども今なを本堂の前に、くだんの椿の枝々を伐り詰め、横にして植えたりしに、枝々より葉生じ、花わづかに咲きて、今も存す……好事の雅人行きて見るべし」とある。

一、**寺内村**　（注）船橋市西船四〜七丁目・葛飾町・印内一丁目・東中山二丁目。

高二百五十一石七升四合（米約六百二十七俵）。家数凡五十六七戸。

（注）立地。本郷村・印内村の北に位置する。現在の行政区画では寺内という町名はない。村の南部を千葉街道が東西に通っていた。なお、寺内村は昭和の時代に葛飾町と呼ばれたが、現在の船橋市葛飾町は寺内村の本地ではない。

（注）寛永六年（一六二九）の検地で荒浜となり、塩浜永免除となる。

（注）高六百二十七俵の四十パーセントを年貢とすると、六十パーセントの三百七十六俵が農民の取り分になる。戸数五十六戸では一戸あたり六・七俵になる。五人家族で一人当たり一日米一合として一年で三斗六升五合になる。大まかに考えて年間一人一俵となる。農民が食べられる分だけはあった、ということになるが、米を売って現金収入を得るには不足したに違いない。ただ、五十六戸の中には農民でない家もあったと思われるので実際の取り分はもっと多かったと思われる。

一、**常楽寺**　（注）船橋市西船七丁目五番八号。

馬光山と云ふ。真言。すべて此辺の村々にて多く真桑瓜《まくわうり》・大根・甘藷《かんしょ》・里芋等を作りて鬻《ひさ》ぐ事也。真桑瓜は秋瓜の事にて、濃州真桑村の瓜は上品甘美、故に皆真桑々々と称美せしより、秋瓜の惣名と成りたりとぞ。西瓜《すいか》は寛永年中（一六二四〜四三）琉球より薩摩へ渡り、慶安の頃（一六四八〜五一）長崎へ、寛文（一六六一〜七二）・延宝の頃（一六七三〜八〇）に長崎より大阪に伝へ、京江戸及び此辺にまで弘まりしといふ。香物。江次第《ごうしだい》裏書にも出で、往古は大根に限る也。大根は口中の臭気を消す徳あり。故に香物といふ也。云々。南嶺遺稿に見えたり。甘藷。永禄の頃（一五五八〜六九）、琉球より薩摩へ渡り、東国へ来るは近年の事也と。暖土の砂地によしといふ。

（注）濃州。美濃国の別称。今の岐阜県南部。

（注）江次第。ごうしだい。江家次第の略称。大江匡房が関白二条師通の委嘱によって朝廷の公事・儀式などを詳記した書。

（注）常楽寺の由緒は不明。徳川初期の開創か。『葛飾誌略』の著者の号と山号が同じ。

一、二子村　（注）船橋市東中山一〜二丁目・二子町・本中山一丁目。

高三百五十九石一斗五升九合（米約八百九十七俵）。

（注）北部台地に東中山台遺跡群があり、奈良・平安時代前期の集落跡が検出された。「この辺

むかしは山根まで浪打ち寄せて二子の浦といひし」との伝説あり。二子村の多聞寺や六浦（横浜市金沢区）の日蓮宗上行寺の縁起に、日蓮がこの浦から出船したと伝える。二子浦は武蔵浅草、武蔵品川を経由して、鎌倉の外港六浦とを結ぶ海上交通路の拠点だった。船着き場だったという東戸《ひがと》、西ヶ崎などの地名がある。

（注）寛永六年（一六二九）の検地で荒浜として塩浜永免除となる。

（注）家数。延宝六年（一六七八）三十、天明四年（一七八四）三十七、安永二年（一八五五）三十九。

（注）暮らしに楽なところだった。近隣の村々との安永二年（一八五五）の石高と家数の比較。

古作村	石高	百三十七石九斗	家数	二十九	一戸当たり	四石八斗（十二俵）
寺内村	〃	二百五十三石	〃	四十	〃	六石三斗（十五・七俵）
印内村	〃	二百六十石	〃	三十七	〃	七石（十七・五俵）
山野村	〃	二百六十一石八斗	〃	六十	〃	四石三斗（十・七俵）
本郷村	〃	四百六十石九斗	〃	六十二	〃	七石四斗（十八・五俵）
二子村	〃	三百五十九石九斗	〃	三十九	〃	九石二斗（二十三俵）

一、**東明寺**　（注）船橋市東中山一丁目一番八号。
医王山といふ。浄土船橋浄満寺開基。本尊薬師如来。専心僧都作。霊験は著し。
（注）隣地にあった千葉氏の妙見社が今は当寺にある。八月二十一日には七歳の男女が参拝し、翌二十二日は千葉妙見社に参拝する習わし。
（注）もと当明寺。浄勝寺末。弘治三年（一五五七）創建とされるが、もっと古いとされる。
（注）部田薬師。へたやくし。部田はここの小字。旧本尊薬師仏。

一、**多門寺**　（注）多聞寺。たもんじ。船橋市東中山一丁目十五番十三号。
寶珠山といふ。日蓮宗小金平賀山本土寺末。開基日伝上人。日伝上人は九老僧の内にて、則ち《すなわ》祖師の御弟子也。毘沙門天、祖師作。此上人の守本尊也。霊験あり。日伝は延慶《えんきょう》四辛亥年《かのといのとし》（一三一〇）寂。凡五百年に及ぶ。此辺にて瓜など多く作りし也。
（注）毘沙門天は多聞天という。故に多聞寺という。越後のある村の某が佐渡に渡り日蓮に面接した。日蓮は某を日伝と名付け、毘沙門天像を刻み、日伝に付属した。永仁六年（一二九八）二子の地に一寺を建て、この像を安置して宝珠山多聞寺と名付けた。

一、**小栗原村**　（注）船橋市本中山一～七丁目・東中山一丁目。
高二百八十八石九斗一升（米約七百二十二俵）。是は小金領也。いま行徳領に成れり。

（注）立地。二子村の北西、市川市中山・高石神・鬼高・田尻・原木と接する。千葉街道と下総中山駅からの道路沿いは中山法華経寺の門前町になる。
（注）安永二年（一八五五）七十八戸、文久二年（一八六二）八十戸、昭和十四年（一九三九）七百三十三戸。

一、**妙圓寺**（注）船橋市本中山一丁目八番十号。
東照山といふ。日蓮宗。開基。
（注）日蓮宗中山本行寺末。本来は本行寺の住職の隠居寺だったという。開基日俊。中山法華経寺参道入口にある。出世毘沙門天、開運毘沙門天を祀る。

一、**古作村**《こさくむら》（注）船橋市古作一～四丁目・古作町・印内二～三丁目・西船七丁目。
高百二十六石二斗九合（米約三百十五俵）。是は栗原領也。凡家数三十戸。此村、高より縄延びにて畑多し。故に近村の人々当村の地を作るといへり。東方は上山新田・行田新田・藤原新田等の村々也。

（注）古作一丁目は、現在はすべて中山競馬場になっている。

（注）木下街道が村内の北方の端を通っている。
（注）元禄十一年（一六九八）田七町三反余、畑十七町一反余、屋敷二反余（屋敷筆数二十四）
元禄十三年（一七〇〇）高百二十三石、幕府領
天明四年（一七八四）　家数二十七
文化七年（一八一〇）　家数三十、高百二十六石二斗九升
安政二年（一八五五）　家数二十九
（注）古作貝塚。船橋市古作一〜二丁目。縄文時代中期末から晩期初頭までの遺跡。貝輪入り小型壺が昭和三年に発見されている。埋葬人骨四十五体以上が昭和六十二年（一九八七）までに発掘された。中山競馬場の厩舎があるため、規模の確認ができていない。

（注）古作。作は谷（さく）。台地に入り込んだ谷を小谷（おさく、こさく）と呼んだ。作は谷（さく）の仮字とされる。小作村の古い記録あり。『葛飾記』外。

一、**明王院《みょうおういん》**（注）船橋市古作三丁目。
不動山といふ。真言古。末寺五ケ寺。開基。此寺末寺ありて本寺なし。不動尊。本尊也。霊験殊勝の尊像也。牡丹。庭前にある大木にて、一株九尺（約二百七十二センチ）四方に広がり、高

さ七尺（約二百十二センチ）許《ばかり》。花は紅にて賎しけれども、花の数は百に満てりといふ。先年大風に大枝一本折れたりとぞ。芳心照二暮春一、媚色凝二清暁一。牡丹は詩には春也。唐土にては花王と称す。又、俳諧には初夏の花の類甚だ少し。牡丹を初夏の花として夏季とするは、これ俳諧の一体なり。杜若も歌には春なり。俳諧には初夏とするなり。紅梅。是も大小なり。蘇鉄大きなる有り。近年植ゑたり。

（注）旧印旛郡井野村千手院末。明王院の末寺は本郷満善寺・西海神大覚院・西海神吉祥院外二ケ寺。真言宗豊山派。

（注）樹木については、その他に松、雑木など幹回り三～五尺ほどのものが十八本ほどあったが、すべて昭和三十年代に切り払われて、昔のものは残っていない。

一、**中山村**（注）市川市本中山一～四丁目。

高百十一石九斗二升九合（米約二百七十九俵）。小金領也。

（注）立地。南は船橋市二子町、北は市川市北方《きたかた》、東は市川市若宮、西は市川市高石神に囲まれている。京成電車と千葉街道、ＪＲ総武線が南にある。北方との境界は木下街道。中山法華経寺の門前町として発展した。

中世は八幡庄谷中郷のうち。戦国時代は谷中郷中山村、安土桃山時代は中山郷、江戸時代は中山村。永正六年（一五〇九）十月、連歌師柴屋軒宗長が中山法華堂の本妙寺に一泊している。また、永禄九～十一年ころ、北条氏政が房総へ出陣したときに中山辺に着陣した。

（注）享和三年（一八〇三）正月『若宮村・中山村明細帳』より。

高百十一石九斗二升九合　この反別十七町八反九畝十四ト
内田反別一町九反五畝五ト　高十二石二斗八合　この取米十石九斗五升九合
畑反別十五町九反四畝九ト　高九十九石七斗二升一合　この取永二十貫文
村内法華経寺領入会ニテ東西四町南北八町　外五十一石余　法華経寺領入会ニ御座候

（注）中山村から八幡町へ八丁、船橋宿へ一里、行徳村へ一里、市川村へ一里。村内は平地で海へ一里、山へ二里、田は少なく、ほとんどは畑、稲は晩稲だった。五穀の他は瓜、西瓜、芋、大根を作る。凶年のときは野の大根、その他、諸木の若芽を摘み取り、茹でて粟、稗などの粉に交ぜて食した。用水はなく、照り続きのときは井戸を掘った。米の津出しは市川河岸より船で浅草御殿まで川路四里半。農業の他、男は縄、俵作りをし、女は木綿糸を取り、木綿織りをして暮らした。家数は五軒しかなく、男七人女九人、牛馬はなし。ただし、法華経寺領には家数六十二軒、男百三十五人、女百二十五人、馬十五疋がいた。

一、**法華経寺**　（注）市川市中山二丁目十番一号。

正中山といふ。御朱印五十四石一斗（米約百三十五俵）。開基日常上人。上人は真間日頂上人の実子也。鎌倉の代に家栄えて富木播磨守入道常忠といへり。則《すなわ》ち此地居館なりしを、祖師に帰依有りて御弟子と成り、師と共に宗を弘め、大伽藍建立有りし也。

（注）由緒。正中山と号す。中山妙宗。大本山。建長六年（一二五四）下総国若宮の領主富木胤継（開基日常）日蓮の弟子となる。文応元年（一二六〇）胤継の館（現奥之院）に下向、法華堂を建て釈迦立像を安置して百日説法をする。文永二年（一二六五）鬼子母神像を刻み、安置し、のちにこの像を祈祷の本尊として宗門唯一の祈祷根本道場と定めた。文永十一年（一二七四）中山の豪族太田五郎左衛門乗明が中山の館（現境内）を寺として正中山本妙寺とした。弘安五年（一二八二）日蓮寂す。胤継は出家して日常と改名、法華堂一世となる。同六年乗明没後本妙寺に入る。永仁七年（一二九九）乗明の子日高（二世）に法華堂を譲る。のち法華堂と本妙寺を合併した。以来、中山流と称し七百余年、一時は門流七千余ケ寺に及ぶ。明治五年（一八七二）太政官令で見延・池上等と五山盟約を結び、日蓮宗に帰属する。昭和二十一年（一九四六）日蓮宗より離脱し、中山妙宗を創立、大本山となる。のちに日蓮宗に復帰し、現在は日蓮宗の霊跡寺院に位置付けられている。祈祷道場は中山の荒行として有名。鬼子母神は子育ての守護神、日蓮作。

一、仁王門
額、正中山。光悦筆。
（注）山門。赤門。市川市指定文化財。

一、黒門
額。如来滅後。閻浮提内。本化菩薩。初転法輪。法花道場。是も光悦の筆也。しかし、是は写し也といふ。又、池上にも長栄山・祖師堂・本門寺、此三枚の額光悦筆也。又、身延山にも額有り。本阿弥光悦は能書なる事、万人の知る所なり。
（注）総門。市川市指定文化財。
（注）「如来滅后　閻浮提内　本化菩薩　初転法輪　法華道場」
釈迦の滅後、人を救おうとする菩薩が日蓮上人となって生まれ、はじめて法を説いた法華の道場、との意。

一、本堂
釈迦如来。祖師堂、十五間（約二十七メートル）四面。什物は小松原御難御衣・富木氏陣貝・御所持巾着・天台真言等の経巻・真筆の題目、其外数多。毎年七月七日虫干に出す。
（注）祖師堂は市川市指定文化財。

一、**法華堂**

建長六年寅（一二五四）春、祖師と日常の両僧、銭一貫文にて建てられしといふ。

一、**五重塔**

塔高し梢の秋のあらしより　素堂。

（注）元和八年（一六二二）加賀藩主前田利光寄進。重要文化財。

一、**日蓮上人報書**

新麦、たかむな三本、油のやうな酒五升、南無妙法蓮華経と回向いたし候。右は風俗文選《ふうぞくもんぜん》にも出でたり。

（注）風俗文選。ふうぞくもんぜん。一七〇六年、宝永四年。芭蕉以下蕉門俳人の俳文を集め、作者列伝を添える。

一、**鬼子母神堂**《きしもじんどう》

霊験有り。一代山の高き所に立つ。中山相伝御祈祷本尊也。題二正中山一。法燈赫燿《かくよう》二尊間。精宇梵音心自閑。花木知レ時春色顯。黄鶯有レ感正中山。青文豹。

（注）鬼子母神堂は市川市指定文化財。

（注）文永元年（一二六四）房州小松原法難の際に、日蓮は法華堂に避難して傷の養生に越年、法難の際に具現した鬼子母神像を刻み、安置した。のちに日蓮は祈祷の秘法を胤継（日常）に直授した。この像は祈祷の本尊とされ、宗門唯一の祈祷根本道場と定められた。鬼子母神大祭は正月・五月・九月に行われる。

（注）荒行。例年十一月一日から翌年二月十日まで粗衣粗食と水行を行いながら祈祷の伝授を受ける。百日間の修行。修行の本尊は鬼子母神像。毎月八の日は縁日の法要があり、鬼子母神の開帳と祈祷がある。

（注）鬼子母神は、はじめ人の子を食べていた。釈迦が鬼子母神の子を隠したので、はじめて親の痛みを知った。以来、子を守る神になったという。

一、**番神堂**

三十番神を祭る也。毎年七月十五日には近村の女童集りて、拍子とりどり踊り興ずる也。

一、**千部**

三月八日より十七日迄御影講。十月十五日、中山の祭《まち》とて群集せり。

一、**鐘**

朝七ツ（午前三時半）前に撞《つく》レ之《これを》。此庵を助宣庵といふ。

一、**正中山法華経寺**

洪鐘銘曰、諸法従本来。常自寂滅相。佛子行道已。来也得作佛。万治元 戊 戌年《つちのえいぬのとし》（一六五八）。

一、**菩薩号**

祖師菩薩号は、洛の妙蓮寺より始む。本寺の什宝に雨乞の本尊とて、祖師自筆の法華曼荼羅あり。後光嚴の御時天下大旱す。時に此本尊を桂川辺に致し請雨の法を修す。忽ち大雨数日に及び、叡感ましまし、勅して大井の号を賜はるとぞ。先年、妙蓮寺にて此曼荼羅拝見許せし也。又、勢州宇治里光明寺の境内に、日蓮上人の真跡にて題目石有り。聖人功徳の為に雨宮に百ケ日参詣、七字を刻し給ふとぞ。今の髯題目とは大きに異にして、字形全く、筆法備はり、凡筆にあらず。是亦《これまた》予拝見せし也。

一、**役寺四ケ寺**

浄光院。本行徳（本行院カ）。法宣院。安世院。此外に地中といへるは二十ケ寺あり。寺号略《りやくす》レ之《これを》。此辺の末寺七十五ケ寺といふ。江戸觸次、谷中妙法寺也。

（注）浄光院は中山、本行徳は本行院。

一、**角力**
毎年七月十五日、鬼子母神堂下にて、近辺のもの打寄り興行す。見物群集す。

一、**下宿**
是は中山村也。当山の下通り故に下宿といへり。

一、**北方村**《ほっけむら》（注）市川市北方《きたかた》一～三丁目・本北方《もときたかた》一～三丁目・北方町《ぼっけまち》四丁目。
高二百十九石七斗九升五合（米約五百四十九俵）。朝比奈清右衛門知行地也。
（注）立地。中山村・若宮村の北方、木下街道の西方台地上にある。中世は八幡庄の内。室町時代からの地名。すでに「北方」の漢字が当てられ「ボッケ」と読んだ。江戸時代を通じて旗本朝比奈領。村高は寛永以後幕末まで二百石前後で推移した。
（注）ボッケという地名だが、なぜ、「北方」の漢字をあてたのか不明。定説なし。
地名伝説。
①この地に住んだ閑院家の呼び名が北家（ほっけ）だから。閑院とは平安時代の藤原氏の邸宅のことだが、藤原氏北家の一支流の家名でもある。

②その閑院家にあった宝剣（ほうけん）を里人が尊んだから。

③中山の領主太田乗明の北の方（奥方）が住んで北方（ほっけ）といったからで、のちにこの庵は法顕（のちの法見寺）と呼ばれた。

④ボッケのボは強調するときに用いる。ホは秀、穂など「秀でた、目だった、高い」等の意がある。ホが上につくときは助詞のツがついて「ホツ○○」となる。ケはクエのつづまったものとされる。クエは「崩れ」（くえ）で、崖崩れまたは崖をいう。したがって、ホとクエがつながると、ホックエとなり、その意味は「立派な崖」となる。中山台地、高石神台地から続く市川砂嘴《さし》の南縁に古墳時代の鬼高遺跡があり、砂嘴の先端は真間の入江であり、砂嘴の根元には台地から海岸に降りた人々が暮らし始めたと考えられる。海を背にして北を振り返ると、そこには見事な崖が切り立っていたのである。つまりホックエであり、ホが強調されるのでボッケとなる。北方の文字をあてたのは、人々の住み始めた海岸地帯から北の方ということからであろう。（『いちかわ水土記』鈴木恒夫著、ただし、④項のみ）

（注）昭和二十六年（一九五一）に北方（読みはボッケ）は北方町《ぼっけまち》一～四丁目となり、昭和四十四年（一九六九）の住居表示実施で北方《きたかた》一～三丁目と本北方《もときたかた》一～三丁目となった。このときに「きたかた」と呼称変更された。但し、旧北方町《ぼっけまち》四丁目のみは住居表示が実施されず「北方町（ボッケマチと読む）四丁目」のままで残されている。

一、**妙見寺** （注）法見寺。ほうけんじ。市川市本北方三丁目五番十六号。
妙法山といふ。中山末。七面社有り。開基。
（注）応永二十七年（一四二〇）創建とされる。

一、**千足**《せんぞく》 （注）市川市北方町《ぼっけまち》四丁目。
是は北方村《ほっけむら》の新田也。公儀へは一村に書き上ぐる也。
（注）『葛飾誌略』は一八一〇年の刊行だが、万延元年（一八六〇）の文書にも「千足」という地名があり、名主、組頭などの村役人もいた。ただし、一村として扱われてはいなかった。江戸時代は千足村と称していた。今でも北方町《ぼっけまち》四丁目にある町内会は「千足町会」という。

一、**妙正社** （注）妙正寺。市川市北方町《ぼっけまち》四丁目。
疱瘡神也。日蓮聖人の祭所にして、妙正明神といひ、諸人婆々神と云ふ。霊験ありとて詣人多し。
（注）文応元年（一二六〇）創建とする。

一、**藤原新田** （注）船橋市藤原一～八丁目。
高不ㇾ詳《からずくわし》。家数六十余戸。

（注）立地。木下街道の北西に位置する。中山競馬場の北、市川松戸道路の東（右側）になる。市川市奉免町・柏井町、鎌ケ谷市西道野辺と接する。幕府領。

（注）藤原の地名。開墾指導者が鈴木甚右衛門（子孫は政右衛門）家で、鈴木家の本姓が藤原氏だったことによるとされる。

（注）『延宝三年（一六七五）葛飾郡八幡庄藤原新田検地帳』によれば次の通り。田二町八反歩、畑百二十七町九反三畝二十八歩、屋敷地八反二畝二十四歩、屋敷筆数十八。行徳の百姓が移住して藤原新田を開墾したのだが、名請け人は次の通り。（藤原新田）甚右衛門、甚兵衛、源右衛門、源左衛門、清兵衛、五郎兵衛、久兵衛、長右衛門、作兵衛、隼人、惣右衛門、七左衛門、新右衛門、太兵衛、（林之内家守）又兵衛、以上十五人。（妙典）左兵衛、八郎左衛門、次郎兵衛、（関ヶ島）佐次右衛門、利右衛門、太郎右衛門、利左衛門、（行徳）佐左衛門、三郎右衛門、忠右衛門、助左衛門、弥左衛門、徳願寺、（湊）与左衛門、（押切）善右衛門、助左衛門、（伊勢宿）市左衛門、（欠真間）勘兵衛、茂右衛門、（塩浜新田）太右衛門、茂右衛門、権左衛門、三郎兵衛、七兵衛、小左衛門、久右衛門、伝兵衛、（新宿）善左衛門、以上二十七人と寺一。

（注）家数。

延宝三年（一六七五）十八
宝暦十年（一七六〇）四十一、人数百八十一
享和三年（一八〇三）四十九、人数二百十八（男百二十二、女九十六）、馬十六
天保十三年（一八四二）四十八、人数三百九
明治五年（一八七二）六十五、人数四百十三（男二百一、女二百十二）

（注）『船橋市史』前編より藤原新田の様子。
ここは従来はなはだ住みにくい土地だった。夏は暑く冬は寒い。風は強く、春夏秋冬いかなる方向の風でも吹かぬことがない。雨が降らなければ、赤土の細かく軽い砂が舞い上がって砂ぼこりとなる。戸の隙間といわず、節穴といわず砂は入り込む。戸棚に重ねた茶碗の上まで真っ白になる。雨が降ると道路は泥田のようになり、荷馬車のわだちは一尺も地中にはまる。道路を突っ切ることさえも容易ではない。冬の霜柱は高く、午前十時ころにはそれが融けて、下駄などでは歩けなくなる。井戸は天気が続くと水が出なくなる。米はわずかしか取れないから、麦一升に米三合を交ぜて食った。米ばかりの飯は食ったことがない。台風の暴風雨は恐ろしかった。だから屋敷の周囲に木を植えた。屋根は低くし、軒を垂れ下がって作った。家の中は昼でも薄暗かった。そうしないと家屋が風で潰れた。

（注）行徳の嫁取りの話。船橋の野方から貰う。米、魚などおいしいものをすぐに食べさせ

る。すると、実家の藤原新田へ帰らなくなるのだという。

一、**神明社**　(注) 船橋市藤原三丁目三十四番十六号。
当村（藤原新田）鎮守。別当、行徳自性院。
(注) 祭神、神明の神。例祭日十月十七日。境内坪数二百六十八坪。
(注) 本行徳の鎮守神明社を分祠した。もとは小字上郷にあったが、明治十年ころ火事に遭い、仮社のままで二十余年を経たが、その仮社も老朽したので明治三十二年二月今の中郷に移した。社殿完成後、同年十一月十九日遷座祭をした。

一、**観世音堂**　(注) 船橋市藤原三丁目二番十六号。藤原観音堂。
身代観世音也。諸人藤原堂といふ。咸世《かんぜ》作。応和二年（九六二）也。凡八百四十八年に及ぶ。西国二十一番穴穂寺本尊と同木同作也。丹州見樹寺より、万治二己亥年《つちのといのとし》（一六五九）田中三左衛門御普請奉行の節、丹州桂川へ出役して持ち来り、徳願寺へ納めし也。今百五十一年に及ぶ。後三十一年過ぎて当所へ移し奉る也。元禄三庚午年《かのえうまのとし》（一六九〇）の事なり。是は行徳三十三所の外也。行徳を三度めぐりて、藤原に百観音と参り納むる也。
(注) 御詠歌「たのもしやめぐりおさめてくわんぜおん　二世あんらくいのる心は」

『葛飾記』に、本行徳徳願寺持ちなり。これは、行徳三十三所を三度巡礼して、この一枚を入れて成る結願所《けちがんじょ》なり、とある。

（注）身代わり観音像は札所三十三所に因み、三十三年に一度の開帳がされるが、次の開帳は西暦二〇二七年とされている。船橋市指定文化財有形彫刻木像観世音菩薩立像。

（注）『元亨釈書』巻十七身代観音のいわれ。げんこうしゃくしょ。三十巻。虎関師錬著。仏教渡来以後元亨二年（一三二二）までの四百余人の僧伝・仏教史を漢文体で記したもの。以下は大意。（『船橋市史』前編より）

京都の仏師観世は彫像の傍ら勤めて法華経を読む。普門品三十三篇を読むを日課とす。丹波桑田郡の宇治宮成が観音像を刻ましむ。像なりて銭を与えて帰らしむ。宮成にわかに変心して大江山で観世を殺し財を奪ひて帰る。宮成、像を拝するに肩上割け、そこから血流れ地に滴る。宮成恐れて人を洛に遣わして観世を見せしむるに更に変わりなし。宮成聞きて驚怖して急に観世の所に行き財を返し詳しく事を述ぶ。観世、その大悲尊、身代わりせしとて感涙にむせびその像を菩提寺たる穴穂寺に安置す、時に応和二年（九六二）であった。

（注）『船橋市』前編より。藤原観音堂にある身代観音像は、この穴穂寺の観音と同じときに同じ木で観世が作ったものという。万治二年（一六五九）行徳の富豪田中三左衛門が普請奉行とし

て丹波桂川の普請に行ったとき、丹波見樹寺にあったものを行徳徳願寺に納めた。藤原新田が開墾された元禄三年（一六九〇）、徳願寺の寺領のあった場所に堂を建てて安置した。穴穂仏は肩に刀痕あり、藤原仏は腰部に傷痕がある。身長三尺の立像。数回の修理を確認、一本彫り。平安末期の作か、複製に非ざるか、とある。

なお、扶桑略記（平安末期成立の歴史書）巻六に徳願寺空誉和尚が将来して同寺に安置し、信者の田中氏が藤原三丁目に遷座したと伝える。略記の筆者は、穴穂寺でこのことを査検せしに、大師像は真に古仏であり同形二体を塑像《そぞう》（彫刻の原型に用いる粘土像）したるというを聞かず、とある。

（注）享和三年（一八〇八）閏正月『藤原新田銘細帳』（『船橋市史』）に「木仏立像　一観音堂観世ノ作　本行徳村海厳山浄土宗徳願寺持　是ハ縁起別紙之通御座候　五反六畝歩　同寺請」とある。

一、**丸山新田**（注）船橋市丸山一～五丁目。

高山畑とも四百石（米約千俵）。

（注）立地。鎌ケ谷市馬込沢・東道野辺に囲まれた船橋市の飛び地。藤原新田の北東。

（注）徳田与左衛門。延宝二年（一六七四）ころ、本行徳の徳田与左衛門により開発され

た。当時五十一歳。行徳の家を長男に譲り、次男以下、妻と母を連れて移住したとみられる。与左衛門の父は行徳の長松寺に丸山新田徳田与惣兵衛として葬られている。初代与左衛門は元禄九年（一六九六）十月十九日に没す。法名丸忠徳山。慈眼院。

（注）家数。
延宝二年（一六七四）ころ　二〜三
天保年中（一八三〇〜四三）八
明治五年（一八七二）十三、人数九十人（男四十六、女四十四）
昭和十四年（一九三九）二十一、人数百四十五人（男七十六、女六十九）
（注）昭和三十二年（一九五七）の調査。
水田一町二畝十一歩、畑四十二町九反九畝二十五歩、山林四十町五反五畝二歩、原野四反四畝十七歩、宅地三町九反九畝九歩、雑地一町八反七畝二十二歩　合計九十町八反八畝二十六歩。

（『船橋市史』前編より）

一、**慈眼院**　（注）今は墓地のみが残る。跡地には自治会館が立っている。
禅。行徳長松寺末。開基。本尊十一面観音、恵心僧都作。

一、**蛭子社《ひるこしや》**

是を恵比須といふ。神主、鈴木伊勢。

（注）恵比須。えびす。恵比寿。七福神の一。もと兵庫県西宮神社の祭神蛭子命。海上・漁業の神、または商売繁昌の神として信仰される。

一、**中澤村**　（注）鎌ケ谷市中沢・北中沢一～三丁目・東中沢一～四丁目・富岡三丁目・初富本町二丁目・道野辺中央一丁目・同三丁目・同五丁目。

高四百石（米約千俵）。本田様馬の飼料場。当所に牧十一有り。鉄玉薬御免、是犬防也。月々六度も野（闕字《けつじ》）有《あり》レ之《これ》。家数二十三戸。

（注）立地。東は市川市大町に接し、北は北総鉄道が走り、松戸市になる。南は船橋市藤原・丸山に接する。地域内を東武野田線が縦断している。鎌ヶ谷カントリークラブが市川市境にある。

（注）江戸時代は旗本領。元禄十一年（一六九八）までは原田領、以後は本多領。

（注）元禄十一年（一六九八）家数五十六、人数三百四十九、馬八十二

寛保二年（一七四二）家数六十五、人数三百二十九、馬三十一、大工・木挽・桶大工各一

文化七年（一八一〇）家数二十三～二十四と少ないが、百姓だけの数字か。水呑その他は含まれていないのかもしれない。

（注）鷹場組合では将軍家の促飼場に所属。中野牧の野付村で、牧士の三橋家が居住し、代々世

襲した。(『鎌ケ谷市史』より)

一、高石神村《たかいしがみむら》 (注) 市川市高石神・鬼越一丁目・鬼高二~三丁目。

諸人深町と云ふ。高二百二十一石八升三合(米約五百五十二俵)。小金領也。朝比奈清右衛門知行。

(注) 立地。鬼越村が西にあり、東は中山村になる。千葉街道から木下街道が分岐する地点から木下街道沿いにある。中世には八幡庄谷中郷に属す。

(注) 深町。高石神・中山・北方・鬼越村にまたがる広域の呼び名。それぞれの村の全域を含んだのではない。各村の道沿いに発達した村落のある一部分を深町と呼んだ。この深町のような村落を街村という。街村とは、集落の一。家屋が街道などに沿って密集し、長く連なる形態。

(注) 千葉街道から木下街道に入って京成電車の踏切を越すと「深町通り」バス停があり、次が「深町坂上」となる。昔は中間に「深町坂下」バス停があったが、今はない。

(注)『葛飾記』より。高石明神。舟橋海道少し左方脇なり。八幡よりたつみの方。この所、間ィ(?)の宿鬼越村と云の続き、深町といふ。本名高石神村と云。中山より西なり、鬼越にも中山へ近道あり、木卸、鹿島への海道なり。

（注）『江戸名所図会』より。高石神神社。八幡より東の方、佐倉街道鬼越村深町の入口道より左の岡にあり。

一、高石神社《たかいしじんじゃ》（注）市川市高石神一番十号。

当村（高石神村）鎮守也。社地は鬼越村地内也。別当、養福寺。正木大膳亮《すけ》時綱舎弟正木弾正左衛門の霊を祭る也。

（注）『葛飾記』より。この深町の入口高き所に、高石明神の社あり。これは里見義弘の弟上総国大多喜の城主正木大膳（『江戸砂子』には内膳とある）の廟所なり。この故に、御神体は剣戟《けんげき》を帯したる馬上の軍神なり……又、別に深町の権現といふなり。これはこの所の草創百姓兵庫といふ人の屋敷の鎮守なり。

（注）祭神。神功皇后。じんぐうこうごう。記紀伝承によれば仲哀天皇の皇后。天皇とともに熊襲を征伐、天皇崩御後、新羅を征して凱旋し、応神天皇を出産、摂政七十年にして崩御。例祭日十月九日。境内坪数七百四十六坪。創建年代不詳。応永十七年（一四一〇）香取造営料足納帳、永享三年（一四三一）十二月二十四日中山法華経寺文書「原胤義売券」などに高石神の地名記載がある。したがって創建はそれ以前か。由緒。社伝に、南総大多喜城主正木内膳が故あって奇石を得、これを祭ったので高石神と称したとされる。しかし、これでは古文書の記載と時代が合わない。

一、**安房の須祠**

当村（高石神村）にあり。（注）安房神社。市川市中山四丁目三番二十五号。

七）正月の軍《いくさ》也。忠弘生年十六歳、勇力にして血戦す。終《つい》に松田尾張守に討れし也。古老云ふ、すべて此辺より国府台迄に小祠の多きは、其頃の勇士戦死の霊を祭るもの多しと。云々。里見軍記に云ふ。永禄七年（一五六四）正月八日合戦。里見義弘・岩槻城主太田三楽斎、鴻の臺《こうだい》に出張《でばり》し、北条氏康・氏政と戦ひ、正木大膳は手の者僅《わず》か二十騎ばかりに討ちなされ、前後を見合せ控へたるに、小田原勢四五百騎、短兵急に打ってかゝる。時綱進んで敵兵二十余人薙ぎ倒し、義弘の跡を慕ひ、上総国へぞ落ち行きける。嫡子弾正左衛門は、なほ深入りして戦ふ所に、山角伊予守覘《うかが》ひ寄りて無手と組み、両馬が間に落ち重る。正木左の手を以て山角を取って押へけるが、馬より落ちざま右の腕を打折りしかば、太刀取って刺すに堪へず。捻じ殺さんと思ひけるにや、曳々《えいえい》声を出し押し付けけるに、下より山角三太刀まで腰の番《つが》ひを刺し通し、終《つい》に正木を刎ね返し、首を取って差し揚げたり。云々。

（注）安房神社の例祭日十月十九日。境内坪数二百九十四坪。永禄七年の第二次国府台合戦で戦死した里見長九郎弘次、十六歳の霊を祀る。里見一族が安房神社を建立した。

（注）『葛飾記』より。安房ノ須大明神。所に云伝ふる俗諺《ぞくげん》に曰《いわく》、中むかし葛飾浦の塩を商ふ者あり、この所を黄昏《たそがれ》に通りしに、道の傍《かたわ》らに、古き髑髏《どくろ》に藤の蔓《つる》貫きまとひたるあり。

この商人、何となく脚にて蹴《けり》もて行に、向ふの方にいづくともなく、若き男一人忽然と顕《あらわ》れ、商人に向ひ、悦べる色をなしていはく、これ永き世のくるしみ、藤かつら生ひつらぬきまとひ、苦み止む隙なかりしに、今これを蹴放ち給ふゆへに、この苦みを免る。この恩を謝せんとするに処なし、我が本国は安房国なり。その所縁なお存す。願くは我に伴ひ給へ、とてこれをいざなふ……その後、彼（商人）髑髏を小祠に祭り、本国は安房国なればとて、安房のす明神と崇《あが》め号けし、と里老の物語を聞候き、この故に、元は安房の頭《ず》明神と云ひしとかや、これすなわち、安房の里見長九郎の髑髏なりと云ふ。

一、**泰福寺**《たいふくじ》（注）市川市高石神二十一番九号。

中山末。開基。

（注）弘安二年（一二七九）創建。開基日寂。日寂はもと浅草寺寂海法印といわれ、富木常忍により日蓮宗に改宗し、日寂と号す。富木常忍（日常）の邸内に住み、その庵あとが現在の泰福寺になる。寺を建立したのは旗本朝比奈泰勝で、文禄二年（一五九三）に名前の「泰」を入れて朝光山泰福寺としたとされる。

（注）元弘の板碑《いたび》。日寂上人の供養のため、法華経寺の三世日祐上人が書いたもの。市川市最古の板碑。市川市指定文化財。板碑。イタビ。石造りの卒塔婆《そとうば》。鎌倉・室町時代の死者追善、生前

の逆修《ぎゃくしゅ》供養のため建立。特に関東に多く、秩父青石で作ったものを青石塔婆という。平板石の頂きを三角形にし、上部に仏の種子《しゅじ》または仏像を彫る。下部は氏名や紀年を刻む。

一、**隆然寺**　（注）浄然寺。じょうねんじ。市川市高石神一番八号。

清光山といふ。中山末。開基。此所釜谷道也。深町・藤原・丸山と続くなり。家数百余戸。

（注）釜谷道とは鎌ケ谷道のことで木下街道。

（注）延宝八年（一六八〇）創建。開基日然。京成電車立体交差工事による道路拡幅のため、二〇一四年十月現在、すでに立ち退いている。

一、**鬼越村**《おにごえむら》　（注）市川市鬼越一～二丁目・鬼高一～四丁目・高石神・田尻三～四丁目など。

高六百七十五石六斗七合（米約千六百八十八俵）。内六百十四石五斗二升一合（米約千五百三十六俵）、朝比奈弥太郎知行。同六十一石八升六合（米約百五十二俵）、朝比奈甚之丞知行。当村は小金領也。神明社、別当神明寺。諏訪祠・寄木祠・世直祠・高石神共五社を氏神とす。鬼越村・八幡町へ定助《じょうすけ》の人馬出づる也。当宿長さ四百五十六間（約八百二十九メートル）。

（注）立地。西に八幡村、東に高石神村、北に北方《ぼっけ》村がある。千葉街道を挟んで北が一丁目、南が二丁目。江戸時代初期から旗本朝比奈領。朝比奈氏の分家が寛政三年（一七九一）断絶し、分家領が幕府領となる。よって、幕府領と旗本領との入会地であった。

（注）『寛政四年（一七九二）八月鬼越村明細帳』より。このときすでに一部幕府領になっていた。

高六十一石八升六合　この反別八町六反四畝十六ト　内五町七反二十四歩ト田方
一町四反二十四歩ト田成畑
一町四反四畝二十六ト畑屋敷

なお、高六百十四石五斗一升三合　この反別九十町が朝比奈弥太郎知行所入会

この部分は『享和三年（一八〇三）正月鬼越村明細帳』による。

村内の用水は、道野辺村林水（囃子水）から流れる八幡宿境川葉洗処より分水（内匠堀）年貢米は、一里先の行徳河岸から積み出した。

家数二十一、人数七十八（内男四十一、女三十七）、十三年後の享和三年の『鬼越村明細帳』によれば五穀の他、瓜・茄子等を作付け、行徳河岸（祭礼河岸）から船積みで江戸本所にて少しずつ売りさばいた。

農業の他は、男は縄・俵・薪等を揃え、女は木綿糸をとり木綿を織った。

商売屋が六軒あり、太物粉屋一、餅屋二、水菓子や一、米屋一、乾物屋一だった。職人は、大工一、鍛治一。

（注）助郷。すけごう。江戸時代、宿場常備の伝馬・人足が不足する場合に、指定されて応

援の人馬を負担する近隣の郷村。また、その課役。常任のものを定助郷《じょうすけごう》、臨時に補うものを代助郷・増助郷・加助郷といった。寛文七年（一六六七）以来の助郷村は、上妙典・下妙典・稲荷木・大和田・河原・田尻・高谷（以上は定助郷）・市川新田・鬼越・高石神・平田村。公用のための役人・荷物などの運搬であり、東京都葛飾区新宿《にいじゅく》からの二里六町（約八千五百メートル）と船橋宿への一里十五町（約五千五百五十九メートル）を継ぎ送った。

一、**浄開寺**　（注）市川市鬼越一丁目十四番十六号。
周塚山といふ。中山末。開基、中山三世日祐上人。日常上人一周忌弔ひの霊場也。
（注）応安七年（一三七四）創建。

一、**神明寺**　（注）市川市鬼越一丁目十一番八号。
真言。開基。此村名、鬼越といへるも怖しきこと也。何さま由来有る事なるべし。
（注）真言宗豊山派。元和元年（一六一六）創建。

一、八幡町《やわたまち》　（注）市川市八幡一～六丁目。南八幡一～五丁目・平田一丁目・同三～四丁目・大和田四丁目・東菅野一丁目・同三～五丁目など。

高三百八十三石一斗六升一合（米約九百五十七俵）。外に高二十石（米約五十俵）、総寧寺《そうねいじ》領有り。八幡宿長さ四百七十二間（約八百五十九メートル）。下総の八幡にて駅場也。旅籠屋四五軒あり。常に人馬往来繁し。舟橋へ二里八丁（約八千七百二十メートル）本軽人、行徳へ一里八丁（約四千七百九十六メートル）本軽人、市川へ一里（約三千九百二十四メートル）本軽人。

（注）立地。八幡には今市川市役所本庁がある。北に古八幡村、北西に菅野村、西が平田村、東は鬼越村になる。八幡村が正式名。村内を千葉街道が横断する。宿が置かれ、山城国石清水八幡宮の別宮葛飾八幡宮がある。中世八幡庄の遺称地。

（注）八幡宿。市川市八幡一～三丁目など。宿往還十町二十間（約千百二十六メートル）、宿内街並東西七町三十間、天保十四年（一八三四）の宿内人数五百八十二、家数百六、旅籠屋八（中四、小四、本陣・脇本陣なし）、問屋一、年寄二、馬指二。

正徳元年（一七一一）改の運賃（駄賃と人足賃銭）は、小岩まで一駄乗掛荷人とも五十三文・軽尻《からじり》馬三十七文・人足二十八文、新宿《にいじゅく》まで同じく八十九文・五十九文・四十四文。木賃銭は主人三十五文・召使十七文・馬三十五文。本文中の本軽人とは、本馬《ほんま》・軽尻・人足の略。

（注）農間稼ぎ。男は往還稼ぎと縄ない、女は糸取りと機織り。

（注）八幡庄。現在の市川市八幡を中心とする市川市北部地域、松戸市・鎌ケ谷市の一部を含む。ただし、近世の行徳領諸村は除かれる。香取神宮を通じて下河辺庄の支配になっていた。成立時期は不詳。平安時代後期の保元三年（一一五八）山城国石清水八幡宮の別当寺極楽寺領下総国「葛餝別宮」の社領が庄園化したとされる。鎌倉時代は千葉氏の支配下にあった。庄内には法華経寺がある。谷中郷、大野郷、蘇谷（曽谷）郷、中沢郷などがある。また、真間・柏井・奉免・若宮戸・高石神・秋山・松丸・北方・宮窪などの村も含まれていた。

一、**八幡宮**《はちまんぐう》（注）葛飾八幡宮。通称八幡様。市川市八幡四丁目二番一号。相殿二前。天照大神、春日明神。御朱印五十石（米約百二十五俵）。男山八幡宮勧請。寛平年《かんぴょう》中（八八九〜八九七）勅願所《ちょくがんじょ》。国家鎮護として日本国中に一社づつ鎮座ましまし、其所をも八幡と号せり。凡九百十余年に及ぶ。

（注）勅願所。勅命によって国家鎮護、王体安穏を祈願した社寺。

（注）寛平年間、宇多天皇の勅願によって京都石清水八幡宮を勧請し、別宮となる。源頼朝の崇敬を受けた。以上のことは、寛政五年（一七九三）に境内から発掘された元亨元年《げんこう》（一三二一）十二月十七日の年紀がある梵鐘に記載がある。（『市川市史』第二巻）

（注）下総国の総鎮守。貞観年中（八五九〜八七七）日本全国六十余州に総社八幡を置いた。
（注）改耕碑。市川市北部と千葉街道の間にある入江跡地一帯の水の便をよくするために明治四十五年から大正八年にかけて耕地整理を実施。真間川を改修して原木から東京湾へ流すように排水路を建設した。大正九年、葛飾八幡宮の境内で竣工式が行われた。碑は京成電車踏切の脇に建立されている。

一、**大鳥居**

額、八幡宮。筆者不レ詳。古記に云ふ、額を掲ぐる事、昔は禁中三十六殿九重の御門、神社は伊勢・石清水、是は天子御自体の社なれば仔細なし。寺院に於ては御祈願所七十二ケ寺の外は制禁也。勿論、額を掲げぬ所には下馬もなき事也。云々。
（注）千葉街道沿いにある一の鳥居。
（注）欄外注釈に、古記不明、とあり。

一、**下馬**《げば》

仁王門前右に札有り。口訣《こうけつ》に、下馬札を二字ともいふ。死活の點、板は小さく文字は大に見ゆるが法也。
（注）口訣。こうけつ。口伝えの奥義。

（注）下馬札。げばふだ。社寺などの境内で、そこで下馬すべきことを記した立札。「下馬」または「下乗」と記す。

（注）二字札。にじさつ、にじふだ。「下馬」または「下乗」の二字を書いて、乗馬または乗輿のまま入ることを禁止した制札。

一、**楼門**

仁王あり。裏は大黒天・毘沙門天也。古記に云ふ、金剛・密迹《みっしゃく》の像也。必ずしも二像に限るにあらずと雖も、此尊、伽藍守護の誓ひあり。故に惣門の左右に安置して仁王と称す。云々。

（注）『葛飾記』より。仁王門には表の左右に金剛密釈の像、裏には多聞大黒の二天をおきたり。

（注）仁王像の行方。明治の廃仏毀釈で葛飾八幡宮の別当法漸寺が廃寺され、そのときに本行徳の徳願寺に移された。

（注）神仏混淆。しんぶつこんこう。我が国固有の神の信仰と、仏教信仰とを折衷して融合調和すること。奈良時代に始まり、神宮寺などはその現れ。

（注）仁王。伽藍守護の神で寺門または須弥壇《しゅみだん》の両脇に安置した半裸像の金剛力士。口を空けた阿形《あぎょう》を密迹金剛、口を閉じた吽形《うんぎょう》を那羅延金剛とする。

一、狛犬《こまいぬ》

拝殿前左右にあり。神社記に曰《い》ふ、獅子・狛犬、神社に限らず。禁中にもあり。元日の節会・御即位などに、隼人、此狛犬の後にて犬の声を上げて君を守る事、延喜式にあり。是日本紀にいへる火門降命の苗裔也。此故に神社に立つるも守護の心なり。

（注）狛犬。こまいぬ。高麗犬の意。神社の社頭や社殿の前に据え置かれる一対の獅子に似た獣の像。魔除けのためといい、昔は宮中の門扉・凡帳・屏風などの動揺するのをとめるためにも用いた。

一、神輿

三基、拝殿にあり。御随身《ごずいしん》、拝殿にあり。豊盤間戸命・櫛盤間戸命是也。此拝殿に詩歌連俳の奉納の額数多あり。予若年の頃、俳友の勧めにより、催主となりて発句の額を奉納せし也。今、是を顧みるに、我句の拙《つたな》きを後悔致す也。

（注）御随身。ごずいしん。平安時代、貴人の外出のときの護衛として勅宣《ちょくせん》により付き添った近衛府《このえふ》の舎人《とねり》。随身門とは、神社で随身姿の二神の像を左右に安置する門。仏寺の仁王門の仁王にならったものとされる。京成電車の踏切を越すと二の鳥居があり、次に随身門がある。随身とは隋神とも書く。

一、**大銀杏《おおいちょう》**
本社の側に有る神木也。大さ牛も隠すばかり也。
（注）千本銀杏とも称される。千本公孫樹。天然記念物。根回り十・八メートル、高さ二十二メートル。
（注）『葛飾記』より。本社の傍ら、右方大木の銀杏あり。根より根を生じ、何囲といふを知らず。
（注）『江戸名所図会』より。神前右の脇に銀杏の大樹あり神木とす。この樹のうつろの中に常に小蛇栖《す》めり、毎年八月十五日祭礼のときに音楽を流す。そのとき数万の小蛇枝上に顕《あらわ》れ出づ。衆人ことごとくこれを奇なりといふ。

一、**筒粥神事**
正月十五日、神事也。此粥占を聞きて、農家作り物の熟不熟、幷《ならび》に、天気の善悪を知る也。

一、**祭礼**
八月十五日十六日也。国中第一の大市にして、呉服屋を始め麻苧《まちょ》・古着屋、幷に小道具・小間物、その外、万《よろず》の諸商人、二通り三通りに仮の見世店をしつらへ、鬻《ひさ》ぐ事誠に喧《かまびす》し。貴賤老若男女の参詣限りもなく、八幡祭とて世に名高し。生姜《しょうが》、是亦此市の名物とする也。放生会《ほうじょうえ》もあり。又、寛政五癸丑年《みずのとうしのとし》（一七九三）正月十一日、本社西の朽木の根の下より鐘一口掘り出せり。銘左に。

敬奉治鑄銅鐘　丈三尺（約四百五十四センチ）。龍頭七寸五分（約二十二・七センチ）。指渡二尺一寸（約六十三・六センチ）。

大日本國　東州下総　第一鎮守　葛餝八幡　是大菩薩　傳聞寛平　宇多天皇　勅願社壇　建久以来　右大将軍　崇敬殊勝　天長地久　前横巨海　後連遠村　魚虫性動　晃鐘曉聲　人獸眠覺　金磬夜響　永除煩悩　能證菩提

元亨元年辛酉《げんこうがんねんかのととり》（一三二一）十二月十七日。願主右衛門尉丸子眞吉。別當法印知圓。

予も拝見到せしに、いかにも古きもの也。此年号より是迄の年数四百八十九年に及びし也。是は、其時代此辺を領せし武家の寄進なるべし。

（注）本文は「元亨」とあるが「元亨」である。

（注）祭礼は九月十五日から六日間。「八幡のぼろ市」という農具市が立つ。二月、初卯祭《はつうさい》では湯立行事・湯立神楽・宮司舞などの祭事がある。

（注）欄外注釈に、鐘の図は成田名所図会にある、とあり。

一、**法漸寺**（注）廃寺。

八幡山といふ。別当也。天台本睿山末。鈴木右膳、神主也。

一、**八幡不《ずの》レ知《しら》森**　（注）市川市八幡二丁目八番。

諸国に聞えて名高き杜也。魔所也といふ。又、平将門の影人形、此所へ埋めてありともいふ。又、日本武尊東征の時、八陣を鋪《し》き給ふ跡とも云ふ。其外説々多し。予、古老に委《くわ》しく尋ね聞きけるに、此所昔仮遷宮の神也。故に敬して注連《ちゅうれん》（しめ縄のこと）を引き、猥《みだり》に入る事を禁ず。不浄を忌む心也。昔は今の街道にあらず。古八幡に中山道といふ字有り。其所街道にて、宮居も其所に北向にてあり。国初様（徳川家康）御通行の砌《みぎり》、此街道を開く。幷に宮居も今の所に遷し、大杜に造営有り。云々。此杜の地所、今は本行徳村の同地内に成りたり。八幡三不思議、杜、一夜銀杏、馬蹄石、是を云ふ。

（注）この森、いまは宗教法人葛飾八幡宮の所有。八百三十九平方メートル。地目山林。

一、**東昌寺**　（注）市川市八幡一丁目三番二十三号。

浅間山といふ。禅宗栗原寶成寺末。開基。

（注）天正年間（一五七三〜九二）太誉和尚が創建。曹洞宗浅間山という。寛永元年（一六二四）に万明《ばんめい》和尚が現在地に移した。移転の理由は定かでないが、徳川家康が千葉街道を整備したのを機会に移したと考えられる。

（注）官軍兵士の墓。市川・船橋戦争（戊辰戦争）での戦死者を祀ったもの。一基は岡山藩

士花房喜太夫、信正印平のもの。もう一基は津軽藩士小室弥四郎のもの。この戦争で、官軍十三名、旧幕府軍二十名、人夫四名が死に、約千軒の民家を焼いた。

一、梨子《なし》

八幡梨子とて名物也。近年、他の村々にも夥しく梨子を植ゑて江戸へ出す也。其植ゑ始めし人は、此村の川上氏也。甲府・濃州などへ立越え、最上の梨子の穂を得て帰り、接穂してより段々諸村へ弘まりしといふ。経済に賢き人也。或人云ふ、梨子・林檎の類は、人家近く食烟かゝらざれば、実を結ぶ事薄しと。云々。左掖梨花。冷艶全欺レ雪。餘香乍入レ衣。春風且莫レ定。吹向二玉階一飛。丘為。枕草子に云ふ、梨の花、よにすさまじく怪しきものにて、云々。愛敬おくれたる人の顔など見ては、たとへにいふも、げに其色より初めて愛なく見ゆるを、唐土に云々。楊貴妃の御門の御使にあひて泣きける顔に譬《たと》へて、梨花一枝帯レ雨。云々。

（注）川上善六翁遺徳碑。大正四年（一九一五）建立。葛飾八幡宮境内にあり。梨は明和六年（一七七〇）に始まる。梨栽培は市川・松戸・鎌ケ谷に拡大した。

（注）濃州。美濃国の別称。今の岐阜県南部。

（注）枕草子。まくらのそうし。平安中期の随筆。清少納言。最終的成立は長保二年（一〇〇〇）以後とされる。欄外注釈に、枕草紙第四十一段、とあり。

（注）『江戸名所図会』より。「梨園」、真間より八幡へ行く道の間にあり、二月の花盛りは雪を欺に似たり。

一、**孝子**

此梨子を始めたる川上某は、貞実にして孝子也。先年中川飛騨守御通行の砌、御聞きに及び、御褒美を被《れ》二下置《くだしおか》一し也。元は貧也と雖も、今は富貴也。

一、**古八幡村**　（注）市川市八幡四丁目など。

高四十五石一斗二升九合（米約百十二俵）。小金領也。

（注）八幡村の北にあり、北東方向に菅野村がある。村名は八幡村の元地だからというものと、元禄年中に八幡村から分村したもので小八幡とされていた、というものとがある。

一、**八幡村**　（注）八幡町の項参照。

昔は、此所往還にして街道也とぞ。

（注）往還。おうかん。ゆききする道。街道。

一、**平田村**（注）市川市平田一～四丁目。

高五十八石一斗九合（米約百四十五俵）。家数凡四十余戸。宿長さ四百二十間（約七百六十四メートル）。

（注）立地。西に市川新田、東に八幡町、北に菅野村、南は大洲・稲荷木・大和田など。千葉街道沿いに集落があった。千葉街道の往還は長さ二百三十四間、道幅二～二・五間。梨の栽培が盛んだった。

（注）鎌倉時代に千葉胤俊がこの地に住むにあたり、土地の名を取って平田とした。平らで広い地形から平田といわれる。

一、**諏訪社**（注）諏訪神社。通称、お諏訪様。市川市平田二丁目二十三番十二号。

当村（平田村）鎮守。別当神主ともいふ事なく、村中惣持也。祭神は信州諏訪勧請。健御名《たけみな》方命《かたのみこと》。八坂刀賣命《やさかとめのかみ》、則《すなわち》大已貴命《おおなむちのみこと》の御子也。此神の氏子は獣肉を喰ふ事を穢《けがれ》とせず。

（注）祭神。健御名方命。たけみなかたのみこと。日本神話で大国主命の子。武勇に優れ、国譲りの交渉を拒んで敗れ、信州諏訪に退いた。諏訪神社上社の祭神。戦国のころ、平田左衛門尉胤俊の尊崇が厚かった。例祭日十月十七日。境内坪数四百坪。

一、菅野村《すがのむら》　（注）市川市菅野一〜六丁目・東菅野一〜四丁目・平田一〜二丁目・須和田二丁目など。

高五百石六斗四升四合（米約千二百五十一俵）。小金領也。家数八十余戸。

（注）立地。西は真間村、東は八幡町、北は須和田・宮久保村、南は市川新田・平田村がある。

（注）村名の由来。①スガノの地名は、北側は湿地帯であり、菅（すげ）が密生していた。だから菅野と呼ばれた。また、南半分は砂質でこのような土地をスカとかスガとか呼んだ。だからスガノと呼び「菅野」の漢字をあてた。②京都の人、菅野道信は平将門を平定するため関東に下り天慶《てんぎょう》三年（九四〇）目的を達した。スガノの地に住み、仏門に入って将門の霊を祀った。

（注）永井荷風。昭和二十一年（一九四六）一月、菅野に移住、翌二十二年一月、菅野にいたフランス文学者小西茂也方に転居、さらに二十三年十二月、現東菅野二―九―十一に十八坪の家を新三十二万円で購入して移る。昭和三十二年三月、京成八幡駅近くの八幡三丁目二十五番に家を新築し移転、同三十四年四月三十日に死亡した。永井荷風は京成バスに乗って浦安まで来ている。市川周辺を描いた作品は『来訪者』『或夜』『羊羹』『畦道』『にぎり飯』『買出し』『葛飾土産』などがある。日記『断腸亭日乗』は有名。

一、**白籏社**（注）白幡天神社。しらはたてんじんしゃ。通称、白幡さま。市川市菅野一丁目十五番二号。

当村（菅野村）鎮守。竹内宿禰《たけうちのすくね》を祭る。別当、不動院。

（注）治承四年（一一八〇）、源頼朝が安房国に旗揚げしたとき、菅野の地に白旗を掲げたことから白幡宮と名付けられたという。社額は勝海舟作。境内坪数二千八坪。

（注）祭神。竹内宿禰と菅原道真。竹内宿禰は大和朝廷の初期に活躍したという伝説上の人物。仲哀天皇にしたがって熊襲を征し、天皇崩御の後、神功皇后とともに新羅に遠征、また、幼帝応神天皇を補佐したという。竹内宿禰の子孫に葛城《かつらぎ》・巨勢《こせ》・平群《へぐり》・紀・蘇我の諸氏がある。菅原道真（天神様）は明治四年（一八七一）に合祀され、社名に「天」の字を加えた。

（注）湯の花の神事。二月二十日。釜に熱湯を仕立てて、その湯を小笹で全身に振り掛け、一年の無病息災を祈願する神事。

一、**不動院**（注）菅野のお不動さん。市川市東菅野一丁目十六番十一号。

山王山といふ。真言。開基。本尊、不動尊。霊験也とぞ。当村の辺は早稲地にて、茄子瓜等至りて早く出来、江戸へ出す事也。

（注）真言宗豊山派。本尊不動明王。伝空海作。境内坪数七百八十坪。墓域六百坪。不動明

王は、平将門平定のため寛朝僧正が天慶二年（九三九）に安置したとされる。成田山新勝寺の不動尊と同木・同仏師作。現在の寺地は、豊臣秀吉が関東下向のときに使者を立てて祈願所とし、のちに秀頼の誕生を祝って寄進したもの。

一、**縄**
農業の暇に酒醤油塩問屋等の詰縄を掬《よ》りて鬻《ひさ》ぐ事也。

一、**宮久保村**　（注）市川市宮久保一～六丁目・曽谷三丁目・東菅野四～五丁目。
高四百――　（米約九千俵）。当村名主、貝塚村より兼帯也。
（注）立地。西は須和田、東は北方《ぼっけ》、北は曽谷・貝塚、南は菅野になる。宮窪とも書く。
（注）『享和三年（一八〇三）正月宮久保村明細帳』より。
高三百九十五石一斗六升一合　石盛上田一石一斗・中田九斗・下田七斗・下々田五斗
反別田三十六町四反四畝十二歩
畑二十二町一反七畝二十八歩　石盛上畑九斗・中畑七斗・下畑五斗・屋敷九斗
百姓藪二ケ所反別一町歩、百姓林一ケ所反別二町三畝二十八歩、秣《まぐさ》場一反五畝二十六歩
五穀の他は瓜、西瓜、大根を作り、行徳河岸・市川河岸から江戸表へ売りさばいた。米の津出

しは一里先の市川河岸で川路四里半。
農間は男女とも藪木を取り、縄をない、糸を取り木綿を織った。

家数は五十七軒、人数二百三十三人（内男百二十四、女百九人）、馬十一疋、牛なし。
商売屋七軒、木綿切居酒外品々・小間物居酒・穀屋・たばこや・豆富外品々・水菓子類
職人桶屋一軒
寿の者　長左衛門養父佐平治当亥八十三歳、九兵衛養父（ママ、母カ）さん九十二歳、喜兵衛養父喜平次当亥九十歳

一、**春日社**
当村（宮久保村）鎮守。別当。家数凡四十余戸。

一、**天神祠**
古き祠也とぞ。往古、左遷人《させんびと》の守本尊なりきとぞ。別当。

一、**善福寺**
開基。
一、**養福寺**
開基。
一、**袖掛松**
往古、都人《みやこびと》左遷の地也と。
一、**貝塚村**　（注）市川市下貝塚一～三丁目・南大野一丁目。
高二百八石九斗三合（米約五百二十二俵）。小金領也。
（注）立地。西は曽谷、東は大野・奉免、北は高塚（松戸市）、南は宮久保・北方《ぼっけ》四丁目になっている。下貝塚村と改称したのは明治十二年（一八七九）。当時東葛飾郡内には貝塚村が二ケ所あった。流山市のものを上貝塚村とした。延文三年（一三五八）の弘法寺《ぐほうじ》文書に貝塚の地名がある。古い地名。幕府領。

一、**高塚村**　（注）現在、松戸市高塚新田外。

高八百九十五石七斗七升四合（米約二千二百三十九俵）。同領（幕府領）也。

一、**曽谷村**《そやむら》　（注）市川市曽谷一～八丁目・宮久保一丁目。

高六百七十石（米約千六百七十五俵）。家数八十余戸。

一、**安国寺**　（注）市川市曽谷一丁目三十五番一号。

曽谷山と云ふ。中山末高席。開基日禮上人。

（注）日蓮宗長谷山という。文応元年（一二六〇）曽谷教信の開闢《かいびゃく》。文永元年（一二六四）宗祖日蓮が曽谷家の守り本尊妙見堂で曽谷夫妻に三度の説法をした霊跡。

一、**曽谷次郎教信城址**　（注）市川市曽谷三丁目二十八番付近。

則《すなわ》ち此寺地（安国寺）也。鎌倉北条時頼卿の時の大名也。祖師日蓮上人弘法の為、房州より鎌倉へ赴き給ふ時、曽谷殿の館に入り、暫く逗留、教信深く信じ、弟子となり、日禮と云ふ。此時、祖師の面前にて御影を刻む。則ち體《からだ》の内に祖師髪爪を納む。此像いま同国塩古村法宣寺の祖師是也。開山日祝は教信の末也。千葉一族也といふ。

（注）欄外注釈に、教信の事は国分村安国寺の縁起に詳しい、とあり。

一、**妙見尊**
城主教信霊夢を蒙り、勧請有り。霊験奇端、世の人知る所也。

一、**菅家祠**
古き祠也。
（注）菅家。かんけ。菅原道真。

一、**王羲之祠**
管神祠の隣。延享元子《えんきょうがんね》（一七四四）四月、出家鳥石先生勧請也。神像は唐土より伝へ来るといふ。書家の祭る所、尤もなるべし。

一、**石額**
晋右軍王公廟。鳥石筆。鳥居等は寛政辛亥《かのとい》（一七九一）暴風に破倒せし也。碑。王公神像記。朝敬大夫藤原檀搖。延享改元《えんきょうかいげん》（一七四四）夏四月。

一、**鳥石**（注）鳥（からす）石。
城主曽谷殿の愛石也といふ。此石いま江戸品川鈴ヶ森八幡にあり。是は鳥石先生乞ひ受けて八幡へ納めしといふ。其石を拝見せしに、大さ三尺ばかり、石面五寸ばかりにして鳥の形容あり。石色青く、鳥形は真黒也。石の左の肩に篆書《てんしょ》にて銘有る也。文、南郭。書、烏石。

（注）江戸時代の書家松下雨石《うせき》はこの石に興味を持ち、雨石を烏石《うせき》と改めた。東京都大田区大森北の磐井神社社務所に保管されている。

一、**溜**

曽谷池といふ是也。先年蓴菜《じゅんさい》を植ゑ付けしに、年々殖え広がるといふ。

（注）蓴菜《じゅんさい》。じゅんさい。スイレン科の多年生水草。夏、水面に紫紅色の花を開き、のち卵形の果実を結ぶ。若芽・若葉は食用として珍重される。

一、**須和田村《すわだむら》**　（注）市川市須和田一～二丁目・国府台《こうのだい》一丁目。

高百三十七石八斗二升四合（米約三百四十四俵）。家数凡三十余戸。

（注）立地。西は真間、東に宮久保、北に国分、南は菅野になる。村内の西、国分谷と真間山の台地から東西に約六百メートルの須和田台地が村の北側に延びている。台地上には有名な須和田遺跡（市川市須和田二丁目、須和田公園）がある。弥生式土器である須和田式土器、奈良・平安時代に比定される真間式土器・国分式土器の標準遺跡。須和田台地の南は湿地帯であり、村の南境界は真間川だった。台地上で暮らし、海退とともに崖下の平地に降りたと思われる。元亀二年

（一五七一）里見家支配のころは「諏訪田」とある。
（注）『旧高旧領取調帳』によれば、幕末には代官支配所百三十九石四斗六升四合、六所神社領十石。

一、**六所社**（注）六所神社。ろくしょじんじゃ。市川市須和田二丁目二十二番七号。
当村（須和田村）鎮守。御朱印十石（米約二十五俵）。神主桑原和泉。社は真間の北の方也。下総国惣社府中宮也。唯一宗源《ゆいいつそうげん》（万法の根元の意）の神地也。祭神大巳貴命《おおなむちのみこと》・伊弉册尊《いざなみのみこと》・素戔嗚尊《すさのおのみこと》・大宮賣尊《おおみやひめのみこと》・右晋農尊《みぎしんのうのみこと》・瓊々杵尊《ににぎのみこと》、已上《いじょう》六所也。景行帝四十一年五月五日、凡千七百年に及ぶ。当国第一の古跡なり。神職の家も、往古より今に到り連綿たるは珍しき事也。往古は御代々帝都より御造立あり。其後、将軍家御建立也。慶長十九年甲寅年《きのえとらのとし》（一六一四）大阪御陣の前に、神君（徳川家康）御参詣あり。本社拝殿悉く御建立有りし也。
（注）古代、下総国内を国司が巡拝する手間を省くため設置された。今の国府台市営運動場付近にあったが、明治十九年に現在地に移された。

一、**東学院**
須田山と云ふ。真言国分寺末。開基、桑原播磨守幷《ならび》に山宥持。天平《てんぴょう》九年（七三七）建立。是東学院宿寺也。高野大師入定より三十八年前也。凡千七十三年に及ぶ古跡也。十一面観音本尊也。

行基菩薩作。神木大銀杏。

一、**萱原《かやはら》**

すはだ萱原には蛇の住むとて、昔より児女の言ひ伝へたり。

一、**東光寺** (注) 市川市須和田一丁目十九番十五号。

日蓮宗真間末。開基、日祝知性院。元和《げんな》元乙卯年《がんきのとうのとし》(一六一五) 建立。

一、**国分寺《こくぶんじ》** (注) 市川市国分三丁目二十番一号。

高七百七十八石九斗九合 (米約千九百四十七俵)。小金領也。真間より十町 (約千九十メートル) 南の方也。

(注) 真言宗豊山派。本尊、薬師如来。境内坪数七百坪。由緒。国分山という。天平《てんぴょう》十三年 (七四一) 聖武《しょうむ》天皇の詔勅により建立された下総国分寺。創建時は金光明《きんこうみょう》四天王護国寺と称した。明治二十三年になって国分山国分寺と改称した。金光明経。きんこうみょうきょう。聖武天皇が十巻本を全国に頒布。

(注) 国分寺《こくぶんじ》。天平十三年聖武天皇の勅願により、五穀豊穣・国家鎮護のため、全国に建立

された。この時代は疱瘡が流行し社会不安が増大していたので、仏教によりこの難局を切り抜けようとしたものと考えられる。奈良東大寺を総寺とした一国一寺の官寺。国分僧寺は金光明四天王護国之寺といい、僧二十人を置いた。また、同時に国分尼寺も設置され、法華滅罪之寺といい、尼十人が置かれた。尼寺跡は江戸時代から「昔堂」と地元で呼ばれていたが、昭和八年「尼寺」と墨で書かれた土器が発見された。昭和四十二年の昔堂発掘調査により東大寺式の金堂・講堂の基壇が確認された。その場所は、今は国分尼寺跡公園になっている。

一、**金光明寺**（注）きんこうみょうじ。
国分山といふ。真言。御朱印十五石二斗（米約三十八俵）。開基、行基菩薩。凡千百年にも及ぶ。文武帝《もんむてい》勅願所。本尊薬師如来。行基菩薩作。霊験の尊像也。
（注）文武帝。もんむてい。第四十二代文武天皇。大宝律令を制定。在位六九七～七〇七。
（注）三代将軍徳川家光は寺領十五石余の朱印状を与えた。国分寺の項を参照。

一、**題㆓国分寺㆒**
草創聖武皇。国分寺霊場。啼鳥深林裏。開花内苑香。幽燈千古影。残照一尊光。密法相承牖。

舊蹤輝総陽。文豹。

一、**鐘**

大檀那、北条相模守入道平時頼。建長八年（一二五六）夏五月。惜しむべし、此鐘、中頃の住僧小さしとて鋳直し、潰したりと。愚の愚なるもの也。

一、**楼門**

古仏多し。千歳の面容尊し。中門二ケ所、其外諸堂有り。綺麗なる事也。

一、**役寺三ケ寺**

龍珠院・一条院・寶珠院、他所寺等あはせて二十ケ寺有りとぞ。往古、聖武天皇勅願にて大日本六十余州に国分寺御建立有りしと。今、諸国に有《ある》レ之《これ》也。

（注）豊臣秀吉の時代、天正十九年（一五九一）ころまでは国分山金光明寺《こくぶんざんきんこうみょうじ》薬師堂には、五ケ院と十二坊があったと伝えられる。薬師堂には本尊の薬師如来を安置した。その後五ケ院十二坊はことごとく廃寺となり、享保二年（一七一七）の火災で焼失した。五ケ院とは、新生院・徳蔵院・成就院・遊生院・一乗院、十二坊とは、常楽坊・華蔵坊・松本坊・泉蔵坊・林宗坊・慶長坊・山本坊・谷林坊・龍宗坊・福生坊・仁宗坊をいう。

一、**笠鳳寺**
禅宗総寧寺末。開基。

一、**経王寺**　（注）市川市国分二丁目二十二番七号。
日蓮末。開基。
（注）寛文四年（一六六四）の創建。地内に日枝神社、愛宕神社、伊弉諾《いざなぎ》神社を祀る。

一、**国分五郎胤道城址**
千葉氏也。東鑑《あずまかがみ》ニ曰《いわ》ク、国分五郎胤道、兄弟三人、父常胤ト共ニ三河守ニ属シ、摂津国一谷ニ至ル。云々。古池あり、曽谷の池と云ふ。蓴菜《じゅんさい》、此地より多く出づる也。千年を経たる池にあらねば蓴菜は生ぜざるもの也といふ。当村（須和田村）の長左衛門といふ者の家は古き家也と。日道遷化の時、日頂此家にて碁を打ちて居られ、遷化に逢はずといふ。故に勘気ありしと也。又、国分寺とて外に小庵あり。昔は大寺なれども、兵乱度々にて寺領も掠《かす》められ、今に及ぶと。元禄年中（一六八八〜一七〇三）御縄入りの時、除地五畝歩（約百五十坪）下されしと也。開基行基也。

一、**泣石**
是は松戸道用水の流れにあり。国分寺は此道より東の方に見ゆ。水中に小さく見ゆる石也。活き石にて、昔より大きく成りしといふ。地底より出でて有りと。又、国分寺村高の内三千石（米約七千五百俵）、大久保大隅守知行也。百六十九石九斗三升二合（米約四百十五俵）、鵜殿新三郎知行也。

（注）国分村。立地。市川市国分一～七丁目・中国分一～五丁目・北国分一～四丁目・堀之内一～五丁目・国府台一丁目・同五～六丁目・真間五丁目・須和田五丁目など。谷津を隔てて国府台村の東に位置する。間には今はじゅんさい池などがある。地名は国分寺に由来する。国分郷といい国分寺の荘園だったが、下総守護千葉常胤の子胤道が本貫地とされ、胤道は国分を名乗る。江戸時代は幕府領、旗本領との相給。『旧高旧領取調帳』では幕府領三百二十八石五斗三合、鵜殿鎮五郎領百六十七石九斗三升七合、金光明寺領十五石二斗。

一、**大町村**（注）市川市大町。大町新田という。

高千十九石八升（米約二千五百四十七俵）。小金領也。

（注）立地。西は松戸市高塚新田、東は鎌ケ谷市中沢、北は北総鉄道が横切る。南は大野町。町内東に大町自然公園と市営霊園がある。大野村の北の丘陵上の村。寛文十年（一六七〇）に開かれた。元禄十三年（一七〇〇）ころの『下総国各村級分』には大野新田とある。高千十九石八

升。

一、**大野村**　（注）市川市大野町一～四丁目・南大野一～三丁目・下貝塚二丁目。
高千百五十三石（米約二千八百八十二俵）。稲越村より半道ばかり有り。城跡・御門《みかど》・殿臺など字多し。追て委《くわ》しく尋ねて可《べき》レ書《かく》也。予、先年、米買出しの時、此辺を歩行しけれども寸暇なく、委《くわ》しく不《ざる》レ尋《たずね》は残念也。

（注）立地。大町の南、下貝塚の北、西に松戸市高塚、東に柏井町がある。町の中心部に武蔵野線市川大野駅がある。台地上に畑、台地に挟まれた低地には水田があった。現在の市川市内では最大の町。殿台・御門・迎米・迎新田・古里の集落があり、組と呼ばれていた。中世は八幡庄大野郷。地内には日蓮宗の本将寺（正応年間、一二八八～九三創建）、本光寺（正平十六年、一三六一創建）、法蓮寺（建治三年、一二七七創建）、円行院（宝徳元年、一四四九創建）、充行院、礼林寺（正応四年、一二九一創建）、浄光寺（創建年代不詳）があり、日蓮宗の影響が強かった。元禄十五年（一七〇二）の検地では、田反別百二町歩余、畑八十三町三反余、屋敷十六町九反余、合計二百二町二反余だった。この反別は、一村だけで行徳塩浜十六ケ村の最盛期の塩浜反別に匹敵する面積である。『宝暦六年（一七五三）の家並御検分留帳』によれば、人数八百五十四、奉公出は男八十七、女五十、高持百五十七軒・屋敷十八軒・水呑無高七軒・寺七軒だった。

一、**市川村**　（注）市川市市川一～四丁目・市川南一～五丁目・新田二～四丁目・真間一～五丁目・国府台四丁目など。

高八百九十九石六斗五升五合（米約二千二百四十九俵）。内四十石（米約百俵）、大久保大隅守知行所。家数凡二百余戸。すべて此辺は昔の府中也。今も佐倉街道にて繁昌也。毎月二七に市あり。上中下と三丁に分る。寒室、大例裏通りをいふ。此所は真間の地内也。

（注）立地。西は江戸川であり、対岸は武蔵国伊与田村（現江戸川区）である。関所名が小岩・市川の関所と呼ばれたのは、伊与田村が小岩村の原野を開墾してできた村なので、すでにある関所及び渡しに古称をあてて伝え残そうとしたためである。東は市川新田、北は真間・国府台、南は根本・大洲だった。

（注）村の中央を真間川が横断する。日蓮宗の弘法寺《ぐほうじ》の門前町として発展した。江戸時代に至り弘法寺の敷地や寺領田畑は真間村と称されていた。明治初年になり真間村は市川村から分かれて一村となった。市川宿、市河、市川町などと呼ばれた。

（注）市川渡船場から市川新田境までの村内距離六百四十間（約千百六十四メートル）、道幅は二間から二間半まで、家並みは六町半（約七百八メートル）続いた。文化七年（一八一〇）当時は家数二百軒余。

（注）市川関所跡は市川市市川三丁目二十四番十七号地先。京成電車の江戸川橋梁下流百メートルほどの位置になる。元和《げんな》元年（一六一六）、幕府は利根川筋に十六ケ所の定船場《じょうせんば》を定め、定船

場以外での旅人の往来を禁止した。市川の渡しは重要個所の一つだった。渡船の運行は市川村代官の管轄だった。船頭は常時十人いた。関所は小岩側に置かれた。役人は毎朝小岩へ出勤した。江戸川の川幅は通常は八十間（約百四十五メートル）ほどだが出水時には百間（約百八十二メートル）ほどになった。

一、**第六天社**　（注）胡録神社。市川市市川二丁目二十一番二号。

当所（市川村）鎮守。祭礼九月十九日。本祭には家臺三組、花車など出で、甚だ花麗にて賑ふと也。別当、極楽寺。祭神、面足惶根尊《おもだるかしこねのみこと》是也。天神第六の神也。故に第六天神と云ふ。又、仏説には魔訶修羅王也といへり。

（注）祭神。面足命、おもだるのみこと。惶根命、かしこねのみこと。例祭日十月十八日。境内坪数二百三十坪。境内神社、八幡神社・天満神社・稲荷神社・道祖神社。由緒。創建は不明。天保七年（一八三六）、社殿改築の記録がある。

一、**極楽寺**　（注）市川市市川二丁目二十四番三号。

正照山といふ。真言善養寺末。開基、用慶法印。永正二乙丑年《きのとうしのとし》（一五〇五）建立。凡三百五年に及ぶ。御除地一反九畝三歩（約五百七十三坪）。

一、**観音寺**　（注）市川市市川二丁目十三番十六号。

天宮山といふ。真言国分寺末。開基誉賢。御除地一反六畝四歩（約三百二十二坪）。康安二《こうあん》

壬寅年《みずのえとらのとし》（一三六二）建立。凡四百四十八年に及ぶ。本尊観音、恵心作。霊験也。

（注）南朝正平十七年（一三六二）開基。康安は北朝。本尊聖観世音菩薩像（伝源心作）。境内に里見公の愛馬嵐瑠の墓がある。

（注）欄外注釈に、康安二年は正平十七年とすべきである。当時足利氏の勢力下にあったため康安を用ひたのであらう、とあり。

一、**安国院**　（注）市川市市川三丁目十四番十三号。

玄授院。此二ケ寺は真間院家也。

一、**市川兵部少輔館**

小田原北条氏政の臣下にて、武勇の誉有り。跡不レ詳。

一、**古代茶屋**

中屋某方にあり。先年、真間川浚への時、掘り出せし也。

（注）古代茶屋は「古代茶釜」と思われる。『行徳志』より。

一、**根本寺**《こんぽんじ》（注）市川市国府台五丁目二十四番二十八号。

国分寺末。開基有広法印。応永四丁丑年《ひのとうしのとし》（一三九七）建立。凡四百二十三年に及ぶ。

（注）真言宗豊山派。国府《こくふ》神社の隣り、旧市川市根本《ねもと》にかつて明王山根本寺《こんぽんじ》があった。今でいうと市川四丁目四番になる。マンション建設のため現在地に移転した。

一、**下総国府**

国分寺より此辺迄也。是昔の国府也。東鑑曰《あずまかがみいわく》、治承四年（一一八〇）九月十七日、武衛不レ待二廣常参入一、令レ向二下総国一給。千葉介常胤、相二具子息六人一、参二會于下総国一。二十八日、遣二御使一被レ召二江戸太郎重長一。二十九日、昨日雖レ被レ遣二御書一不レ参間、被レ遣三中四郎惟重於二葛西三郎清重之許一。十月二日済二太井利根川、隅田両河一、精兵及二三万余騎一。下略。当村新溜は享保十一年末（一七二六）出来、長さ二十八間（約五十メートル）、東西平均九間（約十六メートル）、深さ五尺（約百五十一センチ）、圦長三尺（約九十センチ）横九尺（約二百七十二センチ）、馬踏四尺（約百二十一センチ）。

一、**笹塚**

田畑の字にあり。昔は笹塚千軒とて、繁昌の地也といふ。

一、**旧家能勢氏**

御入国以来の名主職にて、今に至り改めず。永続する事珍しき也。御関所役人の内也。苗字帯刀御免也。

一、**鵠王社《こくおうしゃ》**（注）国府神社。市川市市川四丁目四番十八号。

市川根本の鎮守也。日本武尊東征の節、祭る所也。旧記曰、鵠岱《こくだい》俗云白鳥、人皇十二代景行天皇四十年、皇子小碓尊日本武尊也、為二東征一、在二闕左一。下向凱陣時、臨二太井流一、不レ弁二浅深一。時無二何地一、鵠飛来、渡二浅瀬一、垂レ翼奉レ向レ尊。尊感喜、此山與レ汝、長可レ爲二住処一旨、宣旨。云々。此辺に深草庵などいへるありて、西上人の古跡などいへど、不レ詳。

（注）祭神。日本武尊。やまとたけるのみこと。例祭日十月十八日。境内神社、稲荷神社・天満神社。境内坪数百六十坪。御神体はコウノトリの嘴《くちばし》だという。昔は鴻王神社、鳳凰明神とも称した。もとは今の国府台市営総合運動場付近にあったが、陸軍兵営のために移転。永保七年（一〇八七）創建とされる。

一、**市川新田**（注）市川市新田一～三丁目・同五丁目・市川南二丁目・南八幡五丁目。

宿長さ四百五十八間（約八百三十三メートル）。高八十一石七斗七升八合（米約二百四十俵）。名主繁右衛門。家数三十軒ばかり。

（注）立地。市川村の東、千葉街道に沿って家並みが展開した。田中正成が主導して開いた新田。明暦元年（一六五五）没。

（注）元禄十四年（一七〇一）の検地では、田反別二十一町九反余、畑反別九町二反余、屋敷一町二反余、合計三十二町三反余。所持反別による農民の階層区分。田畑屋敷合わせて九町余八右衛門（田中家）、三町以上一人、一町五反以上三町未満五人、四反以上五反未満九人、四反未満三人、以上十九人は名請人で全員が屋敷を持っていた。

（注）『旧高旧領取調帳』では二百十六石八斗五升六合、代官桑山圭介。年貢米の津出しは十二町（約千三百八メートル）ほど離れた市川河岸を利用した。

（注）八幡宿へは十四町（約千五百二十六メートル）ほど、街道の村内往還の長さは五町五十六間、うち家並みが三町五十六間ほどだった。

一、**長栄寺**

日蓮宗真間末。開基日順。寛永六巳年《みのとし》（一六二九）建。御除地二反四畝歩（約七百二十坪）。

一、**第六天社**　（注）胡録神社。市川市新田一丁目三番一号。

祭神前に記す。祭礼九月十九日。

（注）祭神。面足命、おもだるのみこと。惶根命、かしこねのみこと。例祭日十月十八日。境内坪数二百三十坪。境内神社、稲荷神社。境内坪数五百二十坪。由緒。承応二年（一六五三）九月十九日再建の記録があるが、それ以前は不明。

一、**石地蔵**

高一丈二尺（約三百六十三センチ）、明暦元乙未年《きのとひつじのとし》（一六五五）建つ。施主田中氏。凡百五十五年に及ぶ。

一、**浪人墓**

腹切地蔵といふ。凡三十年前五月二十五日、吉良浪人此所にて切腹す。何人《なんぴと》か塚へ願を掛け初めけるや、霊験有りと。諸人歩みを運ぶ事也。毎年七月二十五日には草角力有りて賑へり。地蔵堂、此所にあり。徳願寺持也。此村、田中氏草創也とぞ。

一、**真間村**

高三十石（米約七十五俵）。是は弘徳寺御朱印也。市川村の内也。

（注）江戸時代は市川村に含まれていた。『旧高旧領取調帳』にも名はない。明治初年になって市川村から分かれて真間村となった。
（注）弘法寺の敷地や寺領田畑は江戸時代真間村と称されていた。
（注）ママ。ほとんど垂直な傾斜地のこと。がけ。弘法寺前は急な斜面であり、下ったところに真間川がある。

一、**弘法寺**（注）ぐほうじ。市川市真間四丁目九番一号。

真間山といふ。日蓮宗中興開山日頂上人。是も中山開基日常上人の男にて、則ち六老僧の其一人也。元開山と申すは弘法大師此地に錫を留め開基あり。嗣法して古義山伏派にて星霜を経たり。中山草創の砌《みぎり》、日蓮上人に帰依し、宗を改めて法華と成る。又、真言の密法を日蓮に伝へし故に、当山と中山は法華の祈祷を専らとする事也。下馬大門の松並木凡七八丁（約七百六十〜八百七十メートル）有り。

（注）由緒。もと真言宗で空海の遺跡とされる。建長年中（一二四九〜五五）住僧了性が村主の富木五郎胤継の一男を弟子として伊予坊と名付けた。伊予坊は宗祖日蓮の弟子となり、日頂と改名、文永十一年（一二七四）本尊を刻み、安置してから日蓮宗寺院となる。

（注）本尊、大曼荼羅釈迦如来像（日頂作）。境内坪数一万六千坪。
（注）手児奈神祭四月と十月の八日・九日。甲子大黒天開帳毎月甲子日。

一、**継橋**　（注）真間の継橋。市川市真間四丁目六番と七番の間に架かる。

並木を過ぎて少しの川に渡す。凡二三間（約三百六十四センチ〜五百六十四センチ）の橋なりしが、高名の橋也。鈴木長頼銘有り。碑橋の側にあり。繼橋興廃。維文維橋。詞林千歳。萬葉不ㇾ凋。


新勅撰。かつしかの昔のままの繼橋を忘れず渡る春霞哉　大僧正慈鎮。

風雅集。五月雨に越え行く浪はかつしかやかすみにかゝるままの繼橋　雅経。

千載集旋頭歌に、源仲正下総国の守に任じけるが、任はてゝ上りたりけるに、源俊頼朝臣《あそん》に遣しける歌に、東路の八重の霞を分け来ても君に逢はねばなほ隔てたる心地こそすれと有り。返しに源俊頼朝臣、かき絶えし真間の繼橋ふみ見れば隔てたる霞も晴れて向へるがごと。

夢ならで又や通はん白露の置き別れにし真間の繼はし　土御門院御製。

みな人を渡しはてんとせし程に我身はもとのまゝの繼橋　日蓮聖人。

東路をけさ立ちくれば勝鹿や真間の繼橋霞はれたり　曽我五郎。
（注）欄外注釈に、勝鹿図志手くり舟には太田純の繼橋記を掲げてある。本書に漏れたのは遺憾に堪へない、とあり。

（注）継橋は真間山弘法寺の参道、真間川に架かる入江橋から弘法寺石段への中途にある朱塗りの橋。歌碑が立っている。湿地や細流をつなぐために、川の中に柱を突き立て板を渡し、点々と続く橋だったと考えられる。
（注）足の音せず行かむ駒もが葛飾のままの継橋やまず通はむ　万葉集巻第十四　３３８７（足の音を立てずに歩く駒が欲しいものだ。それなら、葛飾の真間の継橋を、やまずに女性のもとにかようものを。）

（注）新勅撰。新勅撰和歌集。二十巻。後堀河天皇の勅命により藤原定家撰進。文暦二年（一二三五）成る。武家の歌が多く、宇治川集とあだなされた。
（注）慈鎮。慈円の諡号。一一五五〜一二二五。平安末期から鎌倉初期の僧。歌人。藤原忠通の子。前後四度、天台座主となる。和歌に優れ家集「拾玉集」、史論「愚管抄」がある。
（注）風雅集。風雅和歌集。二十巻。勅撰和歌集。和漢両序がある。花園法皇の監修、光厳上皇が康永《こうえい》三年（一三四四）着手し、貞和《じょうわ》五年（一三五〇）ころ完成。歌数二千二百首。玉葉集を受けた京極派歌風を発展。
（注）千載集。千載和歌集。二十巻。勅撰和歌集。寿永二年（一一八三）後白河法皇の院宣により文治三年（一一八七）藤原俊成（釈阿）撰。一条天皇以後二百年間の、後拾遺集に漏れた歌よ

り撰集。
（注）朝臣。あそん。天武天皇のときに定められた八色の姓の第二のもの。四位以上の人の姓、または名に付ける敬称。朝廷に仕える臣下。
（注）土御門院。つちみかどいん。土御門天皇。一一九五～一二三一。在位一一九八～一二一〇。第八十三代天皇。後鳥羽上皇の第一皇子。承久の乱により土佐国に、のち阿波国に遷せられる。土佐院とも阿波院とも称す。

一、**真間井**《ままのい》（注）市川市真間四丁目四番九号。
手兒名祠の奥山陰亀井坊の側清水の井也。清冷にして寒暑無《なし》二増減《ぞうげん》一。銘に曰く、瓶甕可レ汲。固志何傾。嗚呼節婦。與レ水洌清。と。人渇きを凌ぐに足れり。浅々たる清泉境に似るといふ、梅聖愈が詩の心に近し。

玉葉集。かつしかのまゝの井筒の影ばかりさらぬ思ひの跡を戀ひつゝ　光明峯寺入道攝政。
（注）真間井。ままのい。日蓮宗亀井院の裏庭にある。市川市真間四丁目四番九号。

（注）亀井坊。日蓮宗亀井院。寛永十五年（一六三八）ころ、真間山弘法寺《ぐほうじ》第十一世日立上人により、貫主の隠居寺として建てる。はじめ「瓶井院」と称す。元禄九年（一九六九）弘法寺大檀那鈴木静軒長常を葬り「鈴木院《れいぼくいん》」と改称、宝永二年（一七〇五）鈴木《すずき》家が凋落する

におよび「亀井院」と改称した。敷地内にあった井戸に霊亀が出現したとのことで亀井と呼ばれた井戸だった。弘法寺の小高い丘の下ったところにある井戸には新鮮な湧水が古代から出て、人々が集まる場所だった。ママとは崖の意味であり、崖下の井戸という意味で「真間の井」と呼ばれていた。

(注) 万葉集巻第九　１８０８
葛飾の真間の井見れば立ちならし水汲ましけむ手児奈思ほゆ
(葛飾の真間の井を見れば、そこをふみならして、水を汲んだ手児奈が思われる。)
(注) 玉葉集。ぎょくようしゅう。玉葉和歌集。京極為兼撰。正和二年（一三一三）完成。勅撰和歌集。

一、**手児名社**　(注) 手児奈霊堂。てこなれいどう。市川市真間四丁目五番。
手児名の霊を祭る。石階《いしきざはし》の下東の方《かた》へ入る也。千七百余年に及ぶ。清輔の奥義抄に云ふ。下つふさの国かつしかの真間の井に水をくむ女、その姿たへにて月を望むが如く、花の咲くが如し。見る人懸想《けそう》すること、夏の虫の火に入るが如く、湊に船の入るが如し。此女、思ひあつかひ、其身を水に投ぐ。云々。

万葉集。かつしかの真間の入江に打なびく玉藻刈りけんてこなしぞ思ふ　山部赤人。

同集。我もみつ人にもつげん葛飾の真間の手兒名が奥つきどころ　同。
（注）清輔の奥義抄。歌学書。藤原清輔著。清輔一一〇四〜七七。
（注）葛飾の真間の娘子（おとめ）の墓を通ったとき、山部宿禰赤人が作った歌一首と短歌。この歌はそのうちの短歌。万葉集巻第三　432、433。奥津城（おくつき）とは墓のこと。
（注）万葉集巻第九　1807に高橋虫麻呂の葛飾の真間娘子を詠んだ歌一首あり、奥義抄とほぼ同内容。『万葉集　国民の文学第二巻』土屋文明訳によれば次の通り。

東の国に、昔あったことと、今でも絶やさずに人の言いついできた、葛飾の真間の手児奈が、麻の衣に青い襟ひもをつけ、よい麻を織って裳として着て、髪もくしけずらず、くつもはかずに歩くけれど、錦や綾の中に包んだ大事な子どもも、この娘にはおよびもない。満月のごとく満ち足りた面わで、花のようにほほ笑んで立っていれば、夏の虫の火にとび入るように、また港に船をこぎ入れるように、人々が行きかう時に、幾らも生きはすまいものを、こんなにしてどうしようと、自分の身の上のことを知って、波の音のさわぐ港の墓に、自殺した手児奈が伏している。遠い時代にあったことであるのを、昨日見たことのように思われるのである。（編集委員谷崎潤一郎・川端康成・中島健蔵他）。

一、**真間《まま》の於須比《おすひ》**
麓に有り。東より西へ流る。市川へ落ち入る小川也。

万葉集。かつしかのままの手兒名がありしかばまゝのおすひに浪もとどろに。

おすひとはをそひ也。傍にと云ふことぞ。往古は此山の麓より皆浦也といへり。蒼海変而成二桑田一と、宜《むべ》也。

万葉集。葛飾のまゝの浦まを漕ぐ舟の舟人さわぐ浪たつらしも
（注）万葉集巻第十四　３３８５　葛飾の真間の手児奈がいたので真間の海辺に波さえもとどろくばかりに押し寄せた。
（注）万葉集巻第十四　３３４９　葛飾の真間の入江の辺をこぐ船の船人が騒ぐ。波が立つと見える。
（注）欄外注釈に、於須比は磯辺の東語である、とあり。

一、**鈴木院**《れいぼくいん》（注）亀井院。真間の井の項参照。
真間井に隣る。御大工鈴木修理の寺也。

一、**石階**《いしきざはし》
凡四五十段、みかげ石面結構なる事並びなし。鈴木《すずき》氏寄進すと也。

一、**楼門**

仁王有り。額、真間山と有り。筆者不レ詳。

一、**遍覧亭**

中門の南の林の中也。千萬の風光一望に満つ。富士の白嶺遙に見えて、佳景いふばかりなし。先年上様被《さる》レ為《な》二御《ご》小休《しょうきゅう》一。故に御殿といふ也。朗詠集の三千世界眼前盡。十二因縁心裏空。都良香の俤《おもかげ》あり。

続千載。くもりなき影もかはらぬ昔見しまゝの入江の秋の夜の月　爲教。

海東遍覧亭。万里柳條青。幽徑響二人語一。後堂誦二佛経一。松風和似レ瑟。花雨猶レ振レ鈴。孤月真間満。望深比二洞庭一。　青文豹。

（注）朗詠集。源家・藤家の両流があり、藤原公任の「和漢朗詠集」、藤原基俊の「新撰朗詠集」がある。

（注）続千載。しょくせんざい。続千載和歌集。勅撰和歌集。二十巻。後宇多法皇の院宣により元応二年（一三二〇）二条（藤原）為世が撰進。

一、**楓**

上覧紅葉と高札有り。享保（一七一六〜三五）の砌《みぎり》、上覧有り。此楓凡千年の老樹也とぞ。幹二抱に余り、枝に枝、葉に葉を重ねて、高さ四五丈（十二～十五メートル）、径六七丈にはびこり、二葉の紅葉とて比類なき名木也。常に風騒の客多し。凡、諸木葉紅する中に、楓は名をいはずして紅葉と称せらるるは、紅葉勝る故也。桜といはず花と云ふが如し。

題㆓真間山紅葉㆒。相従賓客葉楓下。詩賦共吟一酒徒。煙草千尋薫㆓寶地㆒。稀教㆓名木只無㆒㆑朽。　青文豹。

（注）欄外注釈に、今あるは後に植ゑたもの、とあり。

一、**本堂**

本尊釈迦如来、実は薬師如来にて、弘法大師の作也。法華宗に成りし時、日蓮上人開眼有りて、釈迦如来と唱え初めたりと。祖師堂は本堂の隣。

一、**松平大和守様墓**

本堂の側にあり。川越の城主十五万石（米約三十七万五千俵）の大守の墳也。

一、**鈴木近江像**

庫裏にあり。官家御大工にて法華宗当寺を信仰有り。石階は日光御普請の残石を寄付せらる。

（注）涙石の伝説。弘法寺の石段。泣き石ともいう。日光東照宮造営時、伊豆から江戸川を上っ

て石を運んだとき、市川の根本近くで船が動かなくなった。仏縁ありとして鈴木氏は石を降ろして弘法寺の石段にしてしまった。鈴木氏は石段で切腹した。それ以来、その場所（下から二十七段目）がいつも濡れているのだという。

一、**庫裏方丈**

一丁（約百九メートル）程西へ入る。什物は法螺貝・剣・大黒天祖師作・陳札・題目等多し。

（注）欄外注釈に、什物の列挙当を得てゐない、とあり。

一、**撫虎**

唐畫無名也。上様御成りの節、遍覧亭に懸けしを御賞美、撫で給ひ、活けるやう也と上意有りしより斯《か》く号する也。

一、**論田**

当山の後の作場、松戸と市川との事也。上人取扱ひて漸《ようや》く事済む。今に昔語り也。地中十ケ寺有り。

一、国府臺村《こうのだいむら》（注）市川市国府台二〜四丁目など。
高百二十八石五斗（米約三百二十一俵）。総寧寺《そうねいじ》御朱印也。日本禅宗寺一万七百ヶ寺有りといふ。
（注）『旧高旧領取調帳』では国府台村は総寧寺領で百八石五斗。
（注）立地。江戸川の左岸にあり、市川村の北西に位置する。台地上にあり下総国府が置かれた場所と推定されている。大化の改新後の西暦六五〇年ころ、国府台の地に下総国府が置かれる。その後、西暦七〇〇年ころまでの間に、谷を隔てた東の台地に下総国分僧寺が建立された。国府台は鴻之台・鵠台・甲之台・高野台とも書かれた。日本武尊が江戸川を渡るとき、コウノトリが浅瀬を教えてくれたということから国府神社の祭神は日本武尊で、御神体はコウノトリの嘴《くちばし》といわれている。

一、総寧寺《そうねいじ》（注）市川市国府台三丁目十番一号。
安国山と云ふ。禅曹洞。開基通幻和尚。凡四百六十七年に及ぶ。関東総録司三ヶ寺の内也。所謂る三ヶ寺は、下野富田大中寺・武州川越龍穏寺・当寺、是也。
（注）本尊、釈迦牟尼仏。境内八千坪。
（注）永徳三年（一三八三）近江国観音寺城主佐々木六角判官氏頼を開基とし通幻禅師が開山となる。創建地、滋賀県坂田郡近江町（佐槻庄樫原郷）、創建時乗安寺と称す。永禄年間（一五五五

八～六九）正親町《おおぎまち》天皇から綸旨《りんじ》を賜り一宗の僧録になる。

天正三年（一五七五）北条氏政の帰依があり下総関宿に移されて総寧寺と改称した。

慶長十七年（一六一二）徳川家康の帰依により朱印地二十石の寄進を受け、かつ大僧録に任ぜられ曹洞宗を統括する。寛永年間（一六二四～四五年）徳川家光により朱印地が加増され百八十三石となる。

関宿は水害が多発し、寛文三年（一六六三）住職智堂は将軍家綱に願い出て国府台に移転した。毎年正月十六日には将軍に伺候、十万石以上の大名と同じ待遇が慣例だった。当時の支配下寺七千余、朱印寺三十。
（注）寺地の一部が里見公園になっている。

一、**道灌榎**

大門並木にあり。文明年中（一四六九～八六）太田道灌植ゑしといふ。太田道灌は文武二道の名将也。無実の難にて文明十八丙午年《ひのえうまのとし》（一四八六）七月、高見原に戦死すといふ也。

一、**大門額**

安国山。台徳院様（徳川秀忠）御真翰《しんがん》。下馬石。大門前に有り。鳳凰坂。大門入口の坂を云ふ。

本堂左右に回廊有り。其外院堂多し。当寺（総寧寺）、昔は近江の国にあり。天正三乙亥年《きのといのとし》（一五七五）北条氏政下総関宿へ移し、其後此所へ移す。
（注）欄外注釈に、元和三年（一六一七）内町に移り寛文三年（一六六三）今の地に移る、とあり。

一、**古城跡**

享保の初め（一七一六〜）上覧の所也。総寧寺の後の山也。文明十一年（一四七九）七月、総州一揆、原扇ケ谷に叛し、臼井《うすい》城主立籠る。よつて太田道灌発言して此地に縄張りし、築いて向城となし、一揆を亡す。要害堅固の地也。道灌凱陣の歌に、武士《もののふ》の軍《いくさ》のにはにかつしかや花はこゝろの真間の継橋。

一、**石棺**　（注）明戸（あけど）古墳石棺。

山上にあり。土に埋る。是を石の唐櫃とて、以前器物など此中より出でたりといへど、さにあらず。棺槨《かんかく》（ひつぎ、かんおけ）なるべしと或人いへり。又、床几《しょうぎ》坂などといふ所あり。里見家と北条家と両度の大合戦あり。然《しか》れども城攻めにあらず。平場の合戦也。此辺より八幡鬼越の辺迄の間にて軍《いくさ》あり。前の軍は天文七年（一五三八）十月五日也。北条軍記に曰《いわ》く、生實《おゆみ》の御所義明威勢広大にして、古河公方晴氏公より義明を追討すべきよし氏綱へ御頼み有り。中略。義明聞いて急ぎ中途にて馳せ廻りて防ぐべしとて、弟基頼幷《ならび》に御曹司を大将とし、里見義堯《よしたか》を副将として安房・上総の軍兵を催し、同国鵠の台に陣を張り、市川を前に当て待ちかけたり。下略。後の合戦は永禄六年（一五六三）癸亥《みずのとい》正月七日八日の事也。北条軍記に曰く、北条氏康・氏政は、遠山丹波守・富永四郎左衛門を先陣として、伊豆・相模・武蔵の軍勢を率し鵠の台へ押向ふ。房州勢は敵を難所へ引請けん為、鵠の台の中段に備へたり。去る程に、遠山・富永、鬨《とき》の声を揚ぐると同じく喚き叫んで攻め登る。房州勢は敵を思ふ難所へ引き寄せたり。正木大膳真先に進み、惣手を乱し切ってかゝる。小田原勢追ひ立てられ、坂中に足を立てかねたり。中略。又、古戦記三考に曰く、正月初め三楽斎・康資、相共に総州葛飾郡国府臺へ出張し、利根川・鬼怒川の落合なる市川の渡りを前に当て、真間の幽林を抱へに、江戸の城を西南に見なし、旗馬印堂々と並べて寄手遅しと待ち懸けたりしに、房源の軍勢は里見左馬頭義弘を大将として、中略。以下凡三千余人、堂々として備へたり。房源・岩槻の両勢国府臺に出張の由、南方へ相聞えければ、氏康軍議して、中略。爰《ここ》に江戸の遠山丹波守直景・葛西の富永次郎左衛門政家は、中略。在り合ふ人数を引率し、遠山直景は行徳を押して行く。富永政家は小松川川辺迄駆け出でたり。中略。去る程に遠山・富永は綱成が返答にて勇み進み向ひけるが、是ぞ最期の軍とは後にぞ思ひ合されける。中略。惣じて此日の戦ひに、北条家へ討取る首五千三百二十余級、里見家へ討取る首数三千七百六十余級也。其外、手負双方に夥し。凡、里見義弘の如き、又、太田資政の如きは、智勇といひ、武略といひ、斯くばかり敵に不意を襲はるべき人傑に非れども、極運の致す所にて、是非も無き事也。云々。

一、**国府臺**

国分臺・鵠岱とも書く。又、往古の真土山は此山也とも云ふ。国府の字、昔より一音にてこふと読むこと法也。安国古禅林。山高渭水《いすい》深。昔年合戦地。詞客一偈《けつ》心。

一、**鐘ヶ淵**

此崖下にあり。こゝに舟橋の古寺の鐘あり。兵乱の時持ち来り、陣鐘とせしを、城跡崩れし時に此所へ落ち、埋れしといふ。

風さそふ鐘ヶ淵とや氷満ちてかんかんと照る冬の月　東几《とうき》。

此山上より見渡せば、刀禰川《とねがわ》の流、瀑布《ばくふ》を引くが如く、富士の高根も眼前にて、葛西の田園、何万石と限りもなし。一眸《いちぼう》の中に東の日枝も見え渡り、此方には筑波根のこのもかのもなど、眺望筆舌に絶ゆ。

一、**阿取防神**

歌林良材集に云《いわ》く、下総国阿取ばの宮と申す社は、神の誓ひにて、小柴をたて、いのること有り。云々。万葉集、帳丁若麻績部諸人、

庭中の阿須波の神に小柴さしあれは祝はん帰りくまでに

此神は下総国に書き載せたれども、何地なるや未レ詳《いまだつまびらならず》。此所に記す。

（注）欄外注釈に、万葉集巻二十、とあり。

一、**上小岩村**（注）江戸川区西小岩四～五丁目・北小岩六～七丁目など。

高六百八十一石七斗五升三合（米約千七百四俵）。東葛西の割といふ。

（注）立地。江戸川右岸にあり。東に小岩田村、西に鎌倉新田（現葛飾区）、南は中小岩村、北は柴又村（現葛飾区）。村内を佐倉道と岩槻道が通る。

（注）佐倉道のルート。日本橋を出立して、今の神田須田町・上野広小路・上野駅前・三ノ輪・南千住と続き、千住大橋で隅田川を渡る。千住宿からは、日光街道は直進し、水戸佐倉道は東方へ右折する。そのまま東へ進むと小菅・綾瀬・亀有となり中川縁に出る。対岸は葛飾区新宿（にいじゅく）である。この渡しを新宿《にいじゅく》の渡しという。佐倉道は渡ったところの新宿で右折して水戸街道と分岐する。佐倉道は、そのまま南下して途中から南西方向に向きを変え京成高砂駅前を東へ進むと、新柴又駅南を抜けて江戸川区北小岩八丁目で江戸川にあたる。そのまま南下すると、京成電鉄の江戸川駅が左手にあり、踏切を越して左折すれば東京都側の小岩・市川関所跡に出る。なお、左折せずに直進すれば市川橋を渡ってきた千葉街道と交差し、千葉街道を突っ切ると元佐倉道（旧千葉街道）と交差する。元佐倉道との交差点を突っ切り、直進して南下すると河原の渡し場に到達する。この道は、江戸時代以前から岩槻道と呼ばれていた塩の道である。現在の呼び名は篠崎街道である。河原の渡しが自由に通行ができ、塩などの物流も河原の渡しで自由

に渡せたのは江戸時代の元和元年（一六一五）までである。その後は渡しが閉ざされて、本行徳村からの舟運に切り替えられた。

（注）中世の江戸川区内は伊勢神宮に寄進された葛西御厨があった。江戸時代は幕府領だったが、篠崎村は旗本領だった。天保のころ（一八三〇～四三）は東葛西領の内とされ、上小岩村・中小岩村・下小岩村・小岩田村・伊与田村・中平井村の六ケ村が上之割に属し、それより南部の三十ケ村は下之割とされていた。

（注）天保十三年（一八四二）では百姓三十七、寺二。
（注）上小岩遺跡。江戸川区北小岩六丁目。昭和二十七年（一九五二）に中学生が自宅裏で見つけた土器片を教師に見せたことが発端で、同二十八年に調査がされた。古墳時代前期や中世の土器・遺構が発掘され、養老五年（七二一）の下総葛飾郡大島郷戸籍（正倉院文書）に記載されている甲和里《こうわのさと》（小岩のこと）に関する遺跡と考えられている。（『江戸川区史』第一巻）

一、**御関所**
御代官支配之武具と、女は手形なければ通さず。厳重なること相州の箱根・遠州の今切の関所の如し。

（注）江戸川区北小岩三丁目地先河川敷、京成電鉄鉄橋下流。京成江戸川駅下車、南へ五百メートル。京成バス一里塚下車、北へ約百メートル。

（注）三大関所とは、箱根の関、今切の関、白河の関。

（注）慶長年間（一五九六～一六一五）に番所として設置。慶安四年（一六五一）由井正雪事件が起こるにおよび、関所に昇格され、専任の関所役人を置いて厳重な取り締まりをするようになった。元和二年（一六一六）設置。利根川水系十六ケ所の渡し場の一。渡しに設置されていた常夜燈は、今は宝林寺にある。明治三十八年（一九〇五）一月十六日、渡し場上流に江戸川橋（現市川橋の前身）が架けられた。

一、**舟渡し**　（注）江戸川区北小岩三丁目。

市川の渡しと云へば、市川方にて越す也。

（注）船渡、佐倉街道の渡しなり、正保（一六四四～四七）改の国図に、市川船渡四拾五間、舟上り総州市川村としるし、元禄十五年（一七〇二）改定の武蔵国図には、川幅五拾間と見えたり、今の川幅六七拾間もあるべし。（『葛西志』）

（注）成田山参詣客はもちろんのこと、房州から埼玉県の慈恩寺に詣でるものが多数あり、往来が激しかった。渡し場の近くには、筑前屋、清水屋、角屋などの旅籠屋や掛茶屋などが

立ち並び「御番所町」と呼ばれて繁栄した。なお、慈恩寺への道は岩槻道といわれた。

一、**下小岩村**　（注）江戸川区東小岩一～五丁目・南小岩一～八丁目。
高千二百七十一石四斗七升五合（米約三千百七十八俵）。
（注）立地。ＪＲ総武線の南側一帯で江戸川の右岸に位置する。南には北篠崎町・鹿骨町がある。西は上一色町・興宮町、東は江戸川を挟んで市川町がある。
（注）明治になってからの人口は千二百六十一人、家数二百二十九。
江戸時代から和傘生産が盛んで、上方の傘に対して地張傘と呼ばれた。雨傘と絵日傘を作った。昭和六年（一九三一）ころ、東京地張組合員は三十四名、従事者約百五十戸千人前後とされ、大部分が下小岩入屋在住者とされる。善養寺に和傘の碑がある。昭和五年建立。（『江戸川区史』）

一、**善養寺**　（注）江戸川区東小岩二丁目二十四番二号。京成バス江戸川病院前下車二百メートル。
真言新義。御朱印十石（米約二十五俵）。此寺は此近辺にての本寺也。境内広し。日本真言寺一万十八ケ寺といふ。

（注）真言宗豊山派。星住山地蔵院という。古くから「小岩不動尊」と呼ばれて有名だった。本尊は地蔵菩薩。境内一万二千平方メートル。縁起では大永七年（一五二七）に山城国（京都府）醍醐山の老僧頼澄法師が、霊夢のお告げにより、霊宝三国伝来毘首葛摩の製作という不動明王の尊像を祀ったのが始まりとされる。ただし、永正六年（一五〇九）の『東《あずま》路《じ》の津《つ》登《と》』に善養寺の名があり、寺伝よりも創建は古いとされる。江戸時代、将軍家光から杖先十石の御朱印を賜った。末寺百三十余の中本寺。

（注）星降り松。ほしくだりまつ。「星住山」という山号の起こり。昭和十五年に枯れてしまい、今のは二代目。仁王門の脇にある。

（注）仁王門。寛保年間（一七四一～四四）の建築。仁王の製作年代は不詳。明治年間に行徳の仏師により修復。

（注）なでぼとけ。びんずる尊者像。江戸時代から「善養寺のなでぼとけ」という。高さ八十センチほどの座像。

（注）影向の松。ようごうのまつ。「影向」とは神仏がこの世に現れた姿のことをいう。樹齢六百年以上、高さ八メートル余、幹回り四・五メートル、東西三十メートル、南北二十八メートルの日本一のはい松。大正十五年、東京都の天然記念物に指定される。松の根元にある四角い石は「影向の石」という。

（注）天明三年、浅間山噴火横死者供養碑。東京都指定文化財。寛政七年（一七九五）七月、十三回忌に下篠崎村の人々が建立。天明三年（一七八三）七月六日から八日にかけて信州浅間山の大爆発があり、特に山津波がひどく、流失した村は七十ケ村を数え、死傷者もおびただしく、人馬の死体が利根川から江戸川へ流れ下り、小岩の善養寺前にあった毘沙門洲にはうず高く漂着し、舟の運行にも差し支えるほどだった。新井村延命寺には石地蔵がある。

一、**不動尊**
護摩堂の本尊也。霊験あり。弘法大師作。毎年八月二十八日祭とて、草角力有り。
（注）「小岩不動尊」として知られている。

一、**笹ケ崎村**　（注）江戸川区北篠崎一～二丁目・東小岩一～二丁目・同四丁目・南小岩二丁目。
高百九十二石七斗三升七合（米約四百八十一俵）。外に御用萱野一町九反二十八歩（約五千七百二十八坪）。見取田一丁九反八畝十五歩（約五千九百五十五坪）、草銭場三丁六反歩（約四千八百坪）。堤、今は流作場になれり。
（注）見取田。みとりた。江戸時代、新田を開発して未だ土地が劣悪なため、見取りによって軽い年貢を課した田。見取りとは、坪刈りして納米高を定めること。見取検分。
（注）流作場。ながれさくば。河川敷などで耕作される土地。

（注）立地。江戸川の右岸、下小岩村の南、鹿骨村《ししぼねむら》の東、下篠崎村の北に位置する。対岸は市川村。篠竹や笹の多い砂洲という意味で笹ケ崎村という。

（注）元禄八年（一六九五）の検地では高百九十二石余、反別三十七町七反余。宝暦七年（一七五二）の家数四十六、人数二百三十五、うち出家二。屋根葺四、髪結い一、日用雑貨商い一。幕末は家数四十八、質屋二、髪結床一、屋根屋二、桶屋一、伝馬船運送一がいた。

一、**上篠崎村**（注）江戸川区上篠崎一～三丁目・西篠崎一～二丁目・北篠崎一～二丁目・南小岩二丁目・鹿骨三丁目。
高三百石（米約七百五十俵）。松浦造酒之亟（丞カ）殿知行所也。
（注）立地。江戸川右岸、笹ケ崎村の南、鹿骨村の東、下篠崎村の北、対岸は市川新田・平田村。中世は葛西御厨の内。鎌倉時代にはすでに上下篠崎村に分かれていた。応永四年（一三九

七）十二月二十三日、鎌倉公方足利氏満が篠崎郷内の田畑在家を八幡庄法花寺（中山法華経寺）に安堵するよう幕府管令斯波義将に推挙している。江戸時代は寛永二年（一六二五）旗本本田清兵衛が四百二十石。元禄には旗本松浦氏領三百石。幕末の家数百六十六、人数五百九十六。

（注）篠崎の地名は、砂洲の上の土地で、しかも篠竹の茂っていた土地という意味。「篠」とは、細かく小さく群がって生える竹や笹の総称。篠竹という名の植物はない。「細竹」「小竹」は万葉集では「しの」と詠み、「小竹」は「ささ」とも詠んでいる。竹は皮が落ちるので茎を使用するもの。笹は皮が落ちないので主として葉を利用するものとされていた。また、「崎」とは「サキ」で、先端や隙間を意味する。したがって、低湿地帯の中に竹や笹の群落のある小高い場所があり、そこに集落があったと考えられる。（『地名のはなし』江戸川区教育委員会編）

一、**富士浅間社**　（注）江戸川区上篠崎村一丁目二十二番三十一号。京成バス浅間神社前下車。西南へ百五十メートル。都営新宿線篠崎駅から南へ一・一キロ。

当所上下（篠崎村）の産土神也。富士浅間勧請也。祭神木花開耶姫《このはなさくやひめ》。毎年六月朔祭る。別当無量寺。

（注）天慶元年（九三八）五月十五日の創建。祭神木花開耶姫命。このはなさくやひめのみこと。天慶三年（九四〇）平将門の乱を鎮めるため平貞盛が金幣と弓矢を奉納した。境内坪数約四千坪。「せんげん様の森」という。イチョウ、ムクノキ、エノキ、クロマツ、タブノキ、キササゲなどの樹林になっている。

（注）創建の年代は、江戸川沿いの三角州の一角で芦萩が生い茂っていた。目の前が真間の入江であり、船路の要衝の位置にあった。

（注）神明さん跡。浅間神社には神明社が合祀されている。神明社は、もともとは上篠崎二丁目三十三番地にあった。今は住宅地になっている。この辺りを神明さん跡という。篠崎村が葛西御厨として伊勢大神宮の神領地であったころは相当に栄えていた場所だった。承平元年（九三一）鎮座とされる。（『江戸川区史』第一巻）

（注）のぼり祭り。七月一日。境内に十二間（二十一・七二メートル）もある大のぼりが十本立てられる。氏子の五地区が各二本ずつ立てる。いつもこの日は雨が降るので「どろんこ祭り」ともいう。旧上下篠崎村の上之庭・中之庭・本郷・下之庭・西之庭の五地区。

一、**下篠崎村**　（注）江戸川区篠崎町一～八丁目・上篠崎二～四丁目・東篠崎一～二丁目・南篠崎一丁目・同四丁目・東篠崎町・谷河内二丁目。

高四百五十石（米約千百二十五俵）。本田清兵衛殿知行所也。

（注）立地。上篠崎村の南、上鎌田村の北であり、谷河内《やごうち》村が西にある。東は江戸川を挟み、川原から本行徳。中世は葛西御厨の内。下篠崎村の江戸川地先には中洲があり、神明社が祀られていた。創建年代不詳。寛永十二年（一六三五）本行徳一丁目の現在地に神明社を遷座。江戸時代は旗本松浦氏と幕府との相給。『旧高旧領取調帳』では旗本本田領八百十石余、幕府領四石余、無量寺領三石余。明治初期の家数百六十、人数八百三十八。

一、**無量寺**　（注）江戸川区篠崎町三丁目五番十五号。京成バス内沼下車、西へ四百メートル。

御朱印三石四斗（米約八・五俵）。開基。

（注）真言宗豊山派。金滝山真徳院と号する。本尊は阿弥陀如来像。恵心僧都作。里見氏が国府台合戦に敗れたときに残兵が拠ったので、兵火にあって炎上したと伝えられる。創建年代不詳。

（注）青面金剛立像庚申塔。高さ二・〇五メートル。笠塔婆角柱型。享保九年（一七二四）造立。

一、笊筵《ざるむしろ》

上下の篠崎にて、農間に笊《ざる》を作り筵《むしろ》を織りて活計を助く。篠崎ざる・篠崎筵とて名物也。甚だ強し。

一、上鎌田村《かみかまだむら》 （注）江戸川区南篠崎一〜五丁目・東篠崎二丁目・江戸川一丁目。

高五百五十七石八斗九升九合（米約千三百九十四俵）。外に畑三町二反二畝二十四歩（約九千六百八十四坪）。是は江戸川通り堤外流作場也。子年《ねどし》二月中、堀口荒四郎殿懸りにて御検地に成る。

（注）立地。下篠崎村の西、北に谷河内村《やごうちむら》、南は前野村になる。中世は葛西御厨の内。文化・文政のころは家数九十余、幕末は家数百二、人数五百六十二。

（注）堤外流作場。ここでは今井から小岩へ続くバス通り、つまり篠崎街道が江戸時代の堤防である。街道から対岸の行徳街道までが江戸川である。篠崎街道と行徳街道の間にもう一つの堤防があった。行徳街道よりも低い堤防で、洪水のときに溢れた水を篠崎街道までの間に溜めて下流へ流していた。そのような場所で普段は畑などを耕作していた。

一、長寿院 （注）廃寺。

真言。開基。西光寺。真言。開基。

（注）長寿院。廃寺。長寿院持ちだった豊田神社社地として寺地が利用された。
（注）豊田神社。江戸川区東瑞江二丁目五番三号。京成バス宮下下車、北へ百メートル。創建不詳。旧鎌田村の鎮守。もと神明社といい、明治初年に別当寺だった長寿院が廃寺となり、その跡地に社殿を建て、豊田神社と改称した。天照大御神《あまてらすおおみかみ》と経津主命《ふつぬしのみこと》を祀る。御神木の欅《けやき》は樹高二十五メートル、周囲三・七五メートル、樹齢二百年以上。
（注）西光寺。江戸川区南篠崎町一丁目一番二十四号。京成バス上鎌田下車、北へ百メートル。真言宗豊山派、薬王院蓮華院とも号す。もとは葛飾区の正福寺の末寺だった。永正二年（一五〇五）法伝中僧都の草創。本尊は木像阿弥陀如来立像。石像線刻地蔵菩薩立像。江戸川区指定文化財。研磨された石の表面に画像が右向きに彫られている。陽刻浮き彫りの技法。天明年間（一七八一～八九）の造立。

一、**下鎌田村**《しもかまだむら》（注）江戸川区江戸川一～三丁目・東瑞江一～二丁目・西瑞江二～三丁目・瑞江二丁目・南篠崎町三丁目・下鎌田町。
高六百八十一石七斗九升三合（米約千七百四俵）。
（注）立地。上鎌田村の南西にある。前野村、当代島村が東、西に一之江新田、南は上今井村、対岸は下総国葛飾郡欠真間村になる。中世は葛西御厨の内で蒲田《かまだ》と呼ばれた。
（注）元禄十年（一六九七）の検地では高六百八十一石、反別八十三町一反余。幕末の家数百四

十二、人数七百六十四。

一、**伊勢屋村**　（注）江戸川区東篠崎一～二丁目・下篠崎町。

高四十六石六升九合（米約百十五俵）。

（注）立地。江戸川右岸にある。対岸は下総国葛飾郡河原村。西は下篠崎村、南は前野村。幕末の家数十一、人数五十一。

（注）河原の渡しの渡し口があった。河原村を出発地点とした塩の道と呼ばれた岩槻道がここから始まった。

一、**前野村**　（注）江戸川区江戸川一丁目・南篠崎町五丁目。

高八十三石九斗一升二合（米約二百九俵）。

（注）立地。江戸川右岸にある。下鎌田村の東、北は上鎌田村・伊勢屋村、南は当代島村。東に江戸川を挟んで下総国葛飾郡湊村がある。

（注）幕末の家数三十七、人数百七十二。

（注）戦国時代から塩焼を続け、江戸時代、寛永六年（一六二九）の行徳塩浜検地のときに永二貫二百七十一文を課せられている。元禄十五年（一七〇二）の検地では外されている。湊村の塩浜に前野分と呼ばれたものがある。

一、**太子堂**　（注）明福寺。江戸川区江戸川三丁目八番一号。

境内にあり。二月二十二日、太子祭とて参詣群集する也。江戸より諸職人参詣致す也。是は上宮太子と申せるは、諸職の道を下民へ教へ給ひければ也。親鸞堂。御自作真影座。但、御頭のみ御自作也。

（注）太子堂。明福寺境内にある。本尊は木像聖徳太子立像。像高百十七センチの大きなもの。

（注）親鸞堂。明福寺境内にある。御影堂ともいう。南北朝時代の作と伝える。寄木造りで、高さ七十五センチ。縁起では親鸞聖人直作という。親鸞聖人が常陸国笠間郡から上洛の途次、この地が日照りに苦しんでいたので、雨乞いをし、雨を降らせて村人を救った。その縁で草庵を結んだのが、この寺の始まりという。

一、**上今井村**　（注）江戸川区江戸川三〜四丁目・西瑞江二〜三丁目。

高三百十四石七升四合（米約七百八十五俵）。

（注）立地。江戸川右岸に位置し、西は東一之江村、南は下今井村、対岸は下総国葛飾郡欠真間村。中世は葛西御厨の内。

（注）今井の渡しがあった。浅草から通ずる道で平井の渡しを渡り、今井の渡しに達する行徳道という街道があった。

（注）幕末の家数八十九、人数四百二十二。

一、牛頭天王社

当村（上今井村）鎮守。尾州津島同神勧請也。別当金蔵寺。祭神素戔嗚尊は日神御舎弟也。是疫病除の御神也。日本紀略に云ふ、祇園《ヲ》牛頭天王と云ふは、素戔嗚尊の御所行悪しきにより、諸神に逐はれ給ひ、新羅国に至り、牛頭の方と云ふ島に居住なされ、民を従え居給ひしより称し奉ると。神代巻及び欽明紀に詳也。

（注）欄外注釈に、素戔嗚尊の御事は日本紀略神代巻に新羅会戸茂梨に居ますとある他、欽明紀には何もない、とあり。また、本書に引用の古文詩歌は殆ど誤ってゐるので全部訂正した事を附記する、とある。

一、金蔵寺《こんぞうじ》　（注）江戸川区江戸川三丁目三十三番。京成バス八雲神社下車、北西へ二百メートル。

寶徳山といふ。一本寺也。開基。

（注）浄土宗宝徳山松壽院。開山は覺順和尚。応永二十二年（一四一五）十一月二十五日寂。第六世白道上人が宝徳二年（一四五〇）に一宇を建立し、そのときの年号を使って宝徳院松壽院金蔵寺と称した。本尊は木像阿弥陀如来像。鎌倉時代前期のものとされる。

一、**香取社**　（注）江戸川区江戸川三丁目四十四番八号。都バス・京成バス今井下車、北東へ二百メートル。

祭神下総国香取同神。別当圓勝寺。

（注）祭神は経津主命。ふつぬしのみこと。永禄七年（一五六四）八月十五日の創建。十一面観音を祀ってある珍しい神社。大銀杏がある。樹齢不明。根元の周囲四・五メートル、幹が二本に分かれている。三・一メートルと二・三五メートル。市川市相之川一丁目にある香取神社《かとりじんじゃ》は、ここから分祠したもの。

一、**圓照寺**

真言。開基。

一、**浄興寺**《じょうこうじ》　（注）江戸川区江戸川三丁目二十二番五号。京成バス八雲神社前下車、西北へ四百メートル。

浄土宗。一本寺。開基。

（注）龍亀山清泰院と号し、浄土宗。本尊阿弥陀如来像。文永三年（一二六六）源清和尚が草庵を結ぶ。弘安年中（一二七八〜八八）同寺に一宿した記主禅師が開山したと伝える。

（注）連歌師柴屋軒宗長。れんがしさいおくけんそうちょう。室町後期の連歌師。別号長阿。駿

河の人。宗祇の高弟。師の没後、隠棲して柴屋軒と号す。連歌集「壁草」、著「宗長手記」、紀行文「東路の津登」など。一四四八〜一五三二。

（注）永正六年（一五〇九）「東路《あずまじ》の津登《つと》」（前略）ある人安房の清洲（澄力）を一見せよかしと誘ひしに、いづこかさしてと思ふ世なれば、立帰り江戸のたてのふもとに一宿して、下総国葛西の庄の河内を、半日ばかりよしあしをしのぐ折りしも、霜枯は難波の浦に通ひて、隠れて住し里々見えたり。都鳥堀江こぐ心ちして、今井といふ津よりおりて、浄土門の寺浄興寺にて、むかえ馬人待つほど、住持出て物語の序に、発句所望有りしに、とかくすれば程ふるに、たちながら
　ふじのねは遠からぬ雪の千里哉
方丈の西にさし向ひて、ふじの雪曇なく見え渡る計なり。（後略）

（注）琴弾きの松。北条氏康、天文十五年（一五四六）紀行文「武蔵野紀行」よりの故事。葛西の荘浄興寺の長老八十あまりにおよべるがむかひに出られ、寺内にたちより一宿すべきよしまうされければ、河をわたり彼等に行きて一宿するに、夜に入り風ひややかに吹きたり。松風入琴といふことをおもひ出て「松風の吹音きけばよもすがら　しらべことなるねこそかはらね」

（注）物見の松。北条氏康が訪れた十八年後、すなわち永禄七年（一五六四）第二次国府台合戦

が戦われた。里見の軍勢を攻めた小田原北条の兵が琴弾きの松に登って、国府台の里見軍の様子を探った。そのため、物見の松ともいわれるようになった。

一、**下今井村**　（注）江戸川区江戸川四〜六丁目・東葛西一丁目など。

高百六十五石八斗五合（米約四百十五俵）。

（注）立地。北は上今井村、南に長島村、西は二之江村、東は江戸川を挟んで下総国葛飾郡新井村。中世は葛西御厨の内。

（注）漁業が盛んで、御肴献上御用を勤めた。慶安二年（一六四九）から白魚漁が許可された。葛西浦から羽田沖まで出てハマグリを獲っていた。

（注）天保三年（一八三二）の記録では、家数百二十二、うち漁師百十二。漁船五十五艘、うち四十三艘が年貢御免だった。

一、**熊野社**　（注）江戸川区江戸川五丁目七番六号。都バス下今井停留所そば。

川辺にあり。此下は深き淵也。

（注）熊野神社。宝永四年（一七〇七）の創建。祭神は伊弉冉尊《いざなみのみこと》。江戸時代から舟人たちの信仰が厚く、江戸川を上下する舟は、必ず白帆を下げ、鉢巻をとって航行の安全を祈ったという。

（注）俗に「おくまんさま」と称す。「おくまん」はお熊さまのこと。おくまんさまの前には

「だし杭」が打ってあり、江戸川の水流の直撃を和らげるためのもの。そのため、この出し杭の下はいつも深くえぐれていた、水はきれいで、よくこなれていた。徳川将軍家では水船を使って殿中に運び、茶の湯を立てるのに使っていた。故に「おくまんだしの水」という。大正時代でも深川のお茶屋さんが買っていた。
（注）芭蕉の句碑。茶水汲むおくまんだしや松の花。昭和四十三年（一九六八）十月十五日地元住民の建立。

一、葛西菁《かさいせい》

菜ともいふ。此辺より小松川其外村々にて作り、毎日江戸へ鬻《ひさ》ぐ事也。かさいなとて名産也。上方にも此辺の如きの風味の菜は無しと也。すでに、椀屋久兵衛上方へ取上（寄カ）せて、人にも振舞ひ賞せしめしと也。又、行徳領川付の村々の作る所の菜、葛西菜にもまさりて甚だ味よし。凡、菜は異国にも日本の如きの風味はなしと。斯くの如く、京大坂にもなく、唐にもなしとあれば、これ世界の第一也。菘《な》、正字也。
（注）葛西菁。かさいせい。にらの花、かぶ、大根。
（注）江戸川と中川の間に数本の川があり、新川に注いでいた。一番中川に寄った川が小松川で、この川を境にして東小松川と西小松川と呼んでいた。この土地の産物は菜っ葉だった。徳川吉宗が鷹狩りに来たとき、菜っ葉の名をたずねたところ、菜っ葉は菜っ葉だというばかりで名が

ついていなかった。それならば以後「小松菜」と呼ぶがよい、との言葉があったという故事が伝えられている。一般には葛西菜という。

一、葛西鮨

是亦葛西弥右衛門とて、江戸鮨屋にて称美せらる。米も良く、味よし。実に海内第一也とぞ。

『葛飾誌略』（終）

資料1 『市川市史』第六巻上より

（適宜ルビを付した）

❖二五七　塩浜由緒書（明和六年〈一七六九〉八月）

「塩浜由緒書写」（冊）

明和六年丑冬行徳領塩浜御年貢引方之儀布施弥一郎被申立候処《もうしたてられそうろうところ》、引方難相立《あいたちがたき》由御勘定所ニ而《て》申渡有之《これあり》候処左候而者《は》百姓共難立《たちがたき》ニ付前々之儀聞合有之書面之通書付遺候《のこりそうろう》、御勘定奉行吟味役中評議之上　有徳院様厚キ思召杢《おぼしめしもくのしん》進覚書慥成事《たしかなること》尤之儀ニ付伺之通引方可申付《もうしつけるべき》申渡有之、伺之通相済

覚

行徳塩浜之儀元来上総国五井与《と》申所ニ而往古ゟ《より》塩ヲ焼覚江《え》家業之様ニ致《いたし》候ヲ、行徳領之もの近国之事故折節罷越《ことゆえおりふしまかりこし》見覚候而当《時》村拾四ケ村之内本行徳村・欠真間村・湊村三ケ村之もの習候而、行徳領村附遠干潟砂場之内ヲ見立塩を少々宛焼習ひ、其節者渡世ニ仕候《つかまつるそうろう》程之儀ニ者無之《これなく》自分遣

い用迄之塩を焼候処ニ、近所百姓共段々見習ひ焼方を覚江他所へも出し候得共《そうらえども》其節者塩年貢与申者も無之候、権現様関八州御領地ニ罷成《まかりなり》東金江御鷹野ニ被為成候節、行徳領御通行之砌《みぎり》塩焼候を御覧被遊《あそばされ》甚《はなはだ》御悦喜《ごきえつ》被遊塩之儀者御軍用第一之事御領地一番之宝与被思召《おぼしめされ》候、随分百姓共出精仕候様塩焼百姓共野先江被召出《めしだされ》上意有之金子等被下置相続《あいつづき》、台徳院様ニ茂《も》右之通上意有之、其節者段々百姓共塩稼ヲ覚出精仕候ニ付金子三千両之拝借被仰付《おおせつけられ》塩ヲ以《もって》年々返納仕候

大猷院《だいゆういん》様御代ニ者上方ゟ段々塩ヲも船廻ニ而差下し候得者《そうらはば》行徳塩之儀者江戸御城中ニ有之茂同前之儀御軍用御要害御手当ニ罷成候間、出精仕候様可仕《つかまつるべき》旨《別本、是又》差図東金江御成之節行徳領近所船橋村ニ御殿茂有之当時御殿之跡も有之候塩浜百姓共御庭江被召出塩浜稼出精仕候様ニ上意有之、金子弐千両拝借与申被下置、右之通上ゟ段々手当被仰付夫食《ぶじき》等も被下置候故百姓共勝手ニも罷成段々塩浜繁昌百姓家居等も相応ニ仕罷在候《つかまつりまかりありそうろう》故塩浜年貢御代官ゟ申付候、然共《しかれども》塩之儀六月・七月暑気強御座候節第一相稼、八月・九月・十月頃者稲作之取収《とりおさめ》百姓手隙もなく、十一月・十二月・正月・二月・三月者塩垂《しおたれ》候事滴少く漸々仕当一はい位ニ罷成四月・五月者例年雨天打続塩垂百姓男女共ニ手を空く仕罷在候、塩之儀一日雨降候へ者休三四日照続不申候而者塩稼不罷成《まかりならず》候、其訳者潮水ヲかけ塩水をたらし其水を塩竈ニ入焼立申候塩竈之拵方一竈拵候ニ手間掛り申候塩焼立候ニ松葉ハ下直ニ当り候へ共塩之出来方あしく色も黒く罷成格別下品ニ而塩之利目薄く御座候、萱木ニ而焼立候得者格別塩之出来方宜敷《よろしく》御座候、然共《しかれども》萱木ハ直高ニ御座候、右之通行徳領塩之儀者江戸御城下武家町家を始《はじめ》関八州上下之要用ニ罷成御軍用第一之御重宝ニ而兵粮同事与申儀ニ而随分百姓

共勝手罷成塩焼百姓壱人ニ而も多く罷成候様ニ　　権現様　台徳院様　大猷院《だいゆういん》様御代々ゟ取
斗年々塩浜稼之様子ニ応し雨天打続又風波等ニ而減し候得者塩浜年貢引方相立来申候、田畑之取
斗と違申候、勿論年ニ寄《より》塩浜稼方天気能《よく》夏中夥敷《おびただしく》塩出来直段下直ニ罷成塩焼百姓勝手ニ不罷成
年者右之塩　公儀江御買上ニ被仰付候而直ニ郷蔵江詰置直段見合御払ニ申付御買上之金子則返
納仕候、私支配之節享保年中御買上之趣も被仰付候、右之訳ニ而享保六丑年大水ニ而塩浜荒地大
分出来《しゅったい》仕候　有徳院様達《たっし》　上聞《じょうぶんに》塩浜古来之訳有馬兵庫頭殿ヲ以御尋有之ニ付、古来之訳
前々御代々上之思召申伝候趣私支配所之儀故申上候処、塩浜絵図面ヲ以有馬兵庫頭・加納遠江守
両人立会御白書院渡於御廊下ニ御尋有之ニ付御普請被仰付可然段《しかるべきだん》申上候処御聞達
　有徳院様上意ニ茂御軍用第一之儀其上廻船ニ而上方ゟ塩相廻り候得共万一海上風波相続廻船相
滞候節行徳之塩ニ而諸人上下之助ニ罷成候間早々御普請申付候様に被仰渡、同寅之春右塩浜堤入
堀等之御普請金千両余之御入用ニ而御普請被仰付塩焼百姓共勝手ニ茂罷成尤荒地も大分立返り御
益筋も有之候、通例田地御取ケ之取斗と違御損徳之訳ニ拘り不申何連《いずれ》之道ニも塩稼取続塩之出来
方罷成百姓相続仕候様ニ《可》取斗候得与　有徳院様上意有之、年々吟味委細ニ仕引方ニ行届候様ニ
仕候、何程塩多焼出し候とも田作之米方与違塩浜年貢一反之取永相増候儀者不罷成候、不稼之年
者其年之天気合不宜時節を考実々焼出し候塩少く尤直段合迄遂吟味ヲ定、永年貢之内ヲ申立引方
申付候、如此《かくのごとく》引方申付候事其年者御損失之様ニ御座候得共年柄悪敷《あしき》不稼ニ而引方も被下候与申而
百姓共荒浜起返りを第一ニ仕自然与荒地起返り御徳用ニ罷成候、年柄悪鋪《あしき》候而茂引方不申付候得

者宜敷場所之塩浜をも荒地ニ打捨置自然与荒浜引方相願申候間年々荒浜多く罷成荒地引出来反而《かえって》
御損失ニ罷成候
右之通行徳領塩浜古来之訳　有徳院様御尋有之様子承糺申上候処、江戸表武家町家平日之助ニ
罷成御軍用第一之儀塩浜之分者無年貢地ニも可被仰付程《おおせつけらるべき》之思召ニ候得共、左候而者百姓共奢之心
生し後々塩稼未熟ニ可罷成候間油断不仕亦取続茂能キ様心ヲ付取斗候様ニ可申付与有馬兵庫頭・
加納遠江守両人立会於新部屋ニ享保八年卯八月廿一日　上意之趣被申渡候
右者行徳領塩浜之儀御聞合ニ付書留置候を写進申候、以上

明和六丑年八月

小宮山杢進

（岩田家文書）

資料2

『市川市史』第六巻上より

（適宜ルビを付した）

❖二五八　塩浜由来書（宝暦六年〈一七五六〉以降成立）

「行徳領
　塩浜由来書
　　下総国葛飾郡
　　　欠真間村
　　　　小川六左衛門所持」（冊）

行徳領塩浜古来発起書留

行徳領村々塩浜之儀先年何ケ年以前誰様御支配之節塩浜相成《あいなり》候訳幷《ならびに》反取永相極《あいきめ》候義是又誰様御支配之節相極夫ゟ《それより》四分一塩四分三永納ニ相成候哉《や》之訳委細御尋ニ付左ニ奉申上候《もうしあげたてまつりそうろう》

一当領塩浜初発端之儀者《は》何百年以前ニ御座候哉往古之義ニ而《て》相知不申《あいしりもうさず》候、反永之儀も古来ゟ相極候由申伝候、尤年貢塩相州小田原江《え》船廻ニ而相納候由是又申伝候、権現様関八州御領地ニ罷成《まかりなり》候

以後者百六拾年以前慶長元申年伊奈備前守様御支配之節吉田佐太郎様御掛ニ而新塩浜開発被遊《あそばされ》御
取箇《とりか》之義者五ケ年御免ニ而上納可仕《つかまつるべき》旨《むね》御書付《おんかきつけ》被下置《くだしおかれ》候

新塩浜開発御書付写

塩浜新開之義五ケ年之間諸役有間敷候、其以後者十分一之積ヲ以御成ケ可致納所候、為後日《ごじつのため》手
形如此仍如件《かくのごとしよってくだんのごとし》

慶長元年申正月晦日《みそか》　吉佐太郎書判

妙典村

治郎右衛門

図　書

一反取永之義古来ゟ相極候由百廿八年以前寛永六巳年伊奈半十郎村御支配御検地之節猶又御取極
被遊候、其後元禄十五年御検地之節も反永之義者矢張寛永年中御極之通ニ御座候

一四分一塩四分三金納之義者五拾五ケ年以前元禄十五午年平岡三郎右衛門様御支配御検地之節御
定法ニ罷成候古来者塩納之義何分一ト申御極も無御座候哉《ござなくそうろうや》、村々不同ニ御座候、大概五分一位
ニ相見申候

塩浜御役永之義高外浮役ニ御座候故歟《か》古来より御割付面ニも相見《あいみえ》不申御皆済目録ニ斗《ばかり》相見申
候、七拾六ケ年以前天和元酉年近山六左衛門様・萬年長十郎様御支配之節初《はじめて》而御割付面ニ相
見申候

一当領塩浜附村々之義古来者廿六ケ村ニ御座候処段々減少仕当時拾六ケ村ニ罷成申候、堀江・猫実・当代嶋・新井・欠真間・前野・湊・押切・伊セ宿・関ヶ嶋・本行徳・下新宿・河原・大和田・稲荷木・両妙典村・田尻・高谷・原木・二俣・二子・本郷・印内・寺内・山野・西海神・右村々の内堀江・猫実・二子・本郷・印内・寺内・山野・西海神右八ケ村者荒浜ニ罷成候故寛永六巳年伊奈半十郎様御支配之節ゟ塩浜永御除ニ相成候、当代嶋・大和田・稲荷木・前野右四ケ村者元禄十五午年平岡三郎右衛門様御支配御検地之節塩浜永御除被下置候、但前野村者葛西領ニ罷成不勝手故当時湊新田分ニ罷成候

右者御尋ニ付書上ケ申候通相違無御座候、以上

行徳領本行徳村

宝暦六年子十月

名主　平　蔵

辻源五郎様

御役所

宝永四亥年村方高反別銘細書上帳写書抜

一永七拾七貫八百三拾文　塩浜役　欠真間村

五拾八貫三百八拾文　金納

拾九貫四百五拾文　　塩納
此塩参百八拾五俵　但五斗入
此反別
上々浜壱町八畝拾四歩
上浜弐町七反壱畝廿八歩
中浜八町五反七畝弐歩
下浜拾壱町五反六畝拾四歩
下々浜四町六反七畝拾四歩
反別合廿八町六反壱畝拾四歩

是者先規ゟ定納ニ被　仰付納来申候、塩納之義古検節ハ永壱〆文ニ付塩四俵相納代永弐百文ツヽ御引被下候処八ケ年以前辰年池田新兵衛様・平岡三郎右衛門様・比企長左衛門様御検地ニ而六年以前午年ゟ永壱〆文ニ付塩五俵相納代永弐百五拾文ツヽ御引被下候、但塩百姓ゟ取立候義七升五合入桶枡ニ而壱俵八桶入ニ仕御蔵屋敷江積置御役之節七桶余御座候得《そうらえば》者御請取名主組頭ニ証文被仰付御願置被遊候、御水帳之義者比企長左衛門様ニ而焼失仕候由にて田畑同前ニ未《いまだ》御渡不被遊《あそばされず》候《そうろう》

寛永六巳年伊奈半十郎様御検地村々塩浜御役永

一永百七拾弐貫九百弐拾壱文　本行徳村
一永拾四貫百拾五文　関ヶ島村
一永拾五貫五百七拾文　伊勢宿村
一永弐拾九貫四百文　押切村
一永三拾八貫三百拾七文　湊　村
一永弐貫弐百七拾壱文　前野村
一永五拾弐貫八百九拾四文　欠真間村
一永拾七貫六百三拾壱文　新井村
一永百弐拾五貫三百九拾弐文　両妙典村
一永三貫八百五拾文　当代嶋村
一永五拾三貫五百八拾五文　高谷村
一永三拾四貫九百八拾九文　田尻村
一永五貫七百六拾四文　大和田村
一永弐拾貫六百七拾七文　河原村
一永拾六貫百九拾文　稲荷木村
一永壱貫三百壱文　下新宿村
永合六百四貫八百六拾七文

右者寛永六巳年御検地御水帳ニ而者反別不分明候、右御検地以後村々新浜出来《しゅったい》致候ニ付伊奈半十郎様御内宇田川喜兵衛殿横折帳を以証拠与《と》いたし御役永上納致候由依之《これより》今以御割付ニ反別無之《これなく》永高斗《ばかり》御書付有之候《これありそうろう》、反永者古検も新検も相違無之候《これなくそうら》得共《えども》、御年貢塩之義者古検之内者取永五分一納にて永壱貫文ニ付塩四俵ツヽ上納いたし候元禄新検ゟ四分一納ニ而永壱貫文ニ付塩五俵ツヽ相納申候

一寛永御検地之節者原木・二俣両村私領所故此表ニ無之原木村者苦塩請負以前ゟ御料所ニ相成候、二俣村者苦塩水請負以後元禄十四巳年ゟ御料所ニ相成候

元禄十五午年平岡三郎右衛門様・池田新兵衛様・比企長左衛門様御検地

一塩浜反別合四町六畝拾弐ト　二俣村
　永合八貫四百七拾四文四ト

一塩浜反別合六町九反八畝廿九ト　原木村
　永合拾四貫六百八拾文八ト

一塩浜反別合拾三町三反弐畝拾ト　高谷村
　永合弐拾八貫百三拾三文八ト

一塩浜反別合九町弐反八畝拾七ト　田尻村
　永合弐拾四貫八百拾七文

一塩浜反別合拾九町五反四畝廿一ト　上妙典村
永合五拾貫弐百四拾文七ト
一塩浜反別合弐拾町八反九畝拾五ト　下妙典村
永合百弐貫六百六拾壱文弐ト
一塩浜反別合三町壱反三畝拾壱ト　関ヶ島村
永合九貫四百六拾六文七ト
一塩浜反別合四町壱反弐畝拾七ト　伊勢宿村
永合拾三貫弐百七拾弐文
一塩浜反別合拾三町三反九畝廿五ト　押切村
永合参拾八貫六百七拾六文
一塩浜反別合拾弐町三畝弐ト　湊　村
永合参拾弐貫七百拾四文
一塩浜反別合六町五反壱畝廿三ト　同新田
永合拾六貫七百六拾六文
一塩浜反別合弐拾八町六反壱畝拾弐ト　欠真間村
永合七拾七貫八百三拾文
一塩浜反別合九町三反拾七ト　新井村

永合弐拾四貫八百七拾弐文
一塩浜反別合壱反　　下新宿村
永合三百文
一塩浜反別合弐町八反九畝拾四ト　　河原村
永合七貫九百四拾弐九ト
一塩浜反別合三拾七町五反五畝八ト　　本行徳村
永合百壱貫六百五拾文壱ト
拾六ケ村
塩浜反別合百九拾壱町七反七畝廿四ト
永合五百七貫四百五拾三文壱ト
内永百弐拾六貫八百六拾三文　四分一塩納
此塩弐千五百三拾七俵　但五斗入
一元禄新検二又・原木・高谷三ケ村之義上々浜無之上浜反永三百文ニ而中・下・下々迄五拾文下り
一田尻村之義上々浜無之上浜反永三百五拾文にて段々五拾文下り
一上妙典村より新井村迄者上々浜反永四百文ゟ段々五拾文下り
一慶長年中塩浜御検地迄者下郷・堀江・猫実・台方・二子・本郷・印内・寺内・山野・西海神右

村ニ而も塩浜所持いたし候処寛永御検地ゟ荒浜に相成、堀江村之義者荒浜跡御立野ニ成、猫実
并台方荒浜者百姓持葭野ニ相成候

一慶長之頃者右廿四ケ村塩浜永高之節者塩浜数凡六百釣有之候処、寛永御検地之節者四百八拾釣
相成ル、元禄御検地之節者四百拾九釣相成、段々塩焼困窮いたし享保十九寅年ニ者本行徳ゟ二
又村迄九ケ村ニ而百弐拾五釣、関ケ嶋ゟ新井村迄七ケ村ニ而五拾五釣都合百八拾釣減少いたし
候

一延宝八申年閏八月六日当領津浪ニ而欠真間村之内香取并湊新田ニ而五拾五人流死都而《すべて》当領にて百
人程流死いたし候、家財塩浜諸道具雑穀等悉く流失いたし候、其節御代官伊奈半左衛門様御支
配ニ而仕入金村々願出候得共相叶不申《あいかないもうさず》、江戸町人之金子九百両也田中恒右衛門殿口入ニ而、
借受仕入いたし候、川除并田地潮除堤大破ニ付人足壱人ニ付鐚《びた》百文ツヽ被下置《くだしおかれ》御救御普請被成
下候、其外夫食拝借《ふじきはいしゃく》等無之候、尤未申両年御年貢塩并置籾流失いたし候御改請不申不納いた
し候ニ付、右申年ゟ三拾四ケ年過正徳三巳年御順見様御改ニ付弁納被仰付候

一元禄十六未年十一月廿三日夜大地震平岡三郎右衛門様御支配之節ニ而地形ゆり下ケ塩浜海面塩
除堤保チ不申荒浜致出来《しゅったいいたし》候

宝永元申年右御同人様御支配之節七月七日大洪水、居村ニ而水丈三尺江戸川ゟ一面塩浜江水押
開塩浜囲堤致大破候、未申両年村々夥敷《おびただしく》荒浜出来塩浜御役永六ト通御用捨ニ而塩納御赦免ニ
候、其上為夫食御貯麦物備被仰付候、塩浜自普請金として壱町歩ニ付弐両ツヽ被仰付候

一宝永二酉年右御同人様御支配之節、五月中より盆前迄永雨ニ而塩浜不稼、依之御願申上候得共塩納三ト二御用捨ニ而元永上納被　仰付候

一宝永五子年南条金左衛門様御支配之節、右未申両年之荒浜ニ而村々潰百姓出来いたし候、欠真間村百姓佐太左衛門・覚左衛門・重治郎共塩浜合壱町五歩荒浜ニ相成弁納難義之趣奉願上《ねがいあげたてまつり》候処、元永合弐貫弐百廿五文皆引方被成下候、湊村ニ而ハ治郎左衛門・彦兵衛・源兵衛年々致弁納迷惑仕候旨度々奉願上候得者則御吟味之上村々永荒引被成下候、塩浜之義古来より御検地ゟ御検地迄何年荒浜ニ成候共御用捨無御座弁納致候由、然処《しかるところ》此節ゟ塩浜永荒浜半納引之始ニ候、上郷二又・原木・両村者弐年前戌年ゟ荒浜引有之候

一宝永六丑年南条金左衛門様御支配之節、原木・二俣両村塩浜囲堤大破仕候ニ付願上候得共浪除程麁朶《そだ》羽口等山野村御林被下置葉唐竹葉直竹之分者代永被下置人足之義者壱人ニ付御扶持米壱升ツヽ被下置候、人足名代竹代共ニ金高三拾両余之御入用御普請被成下候

一宝永七寅年右御同人様御支配之節、湊村塩浜囲堤大破仕候ニ付、押切村荒浜跡江塩引江川囲堤共相廻し候得者垂浜も荒不申《あれもうさず》候段願上候得者則《すなわち》御普請被　仰付候、浪除杭麁朶羽口等者山野村・柏井村之御林被下置葉唐竹葉直竹者代永被下置人足者御扶持壱人ニ付壱升ツヽ被下置唐竹直竹代共ニ金三拾六両之御入用御普請被成下候、人足之義者村々御割合無之湊村斗ニ而相勤申候得共御積余慶《ママ》有之候故名代ニ而人足賃程有之候、右御普請被　仰付押切村荒浜跡湊村江立返り候、此場所を寅新浜与申候

一正徳元卯年右御同人様御支配之節、欠真間村・両湊・本行徳四ヶ村塩浜囲堤大破仕候間願上候得者御普請被仰付杭木麁朶葉唐竹葉直竹等之諸色者代永被下置人足者壱人ニ付御扶持米七升ツヽ代永ニ而被下置候金高百三拾両余之御入用御普請被成下候、先例之通村切ニ御普請仕上ケ申候

一正徳五未年松平九郎左衛門様御支配之節、原木・二又両村塩浜御普請所大破仕候ニ付御修復相願候得者、諸色人足賃銀共金高六拾両余之御入用御普請被成下候、人足壱人ニ付賃銭壱匁八ト宛被下置候、例之通　御普請仕上ケ申候

一享保二酉年八月十六日大嵐高浪ニ而塩浜囲堤悉く大破仕候ニ付、松平九郎左衛門様御支配之節願上候得者則御勘定五味平八郎様・深津藤九郎様御見分之上翌戌年御普請被仰付候、御普請村々者二又・原木・高谷・田尻・両妙典・本行徳・関ヶ嶋・伊勢宿・押切・両湊・欠真間村・新井拾四ケ村ニ而金高九百七拾両余之御入用御普請被成下、尤人足之儀者金壱両ニ付四拾人替壱人ニ付鐚八拾四文ツヽ、諸色之義者入札直段ヲ以村方江被下置先例之通組合無之一村切ニ御普請仕上申上候

一享保五子年右御同人様御支配之節、原木・二又両村御普請所大破仕候間御修復願上候得者御普請被　仰付諸色人足共金高百六拾両余之御入用御普請被　成下候、人足壱人賃銀壱匁八ト被下置候

一享保六丑年小宮山杢進様御支配之節、五月中ゟ盆前不稼ニ而御願申上候者御年貢塩御赦免年々

弁納いたし候ニ付松平九郎左衛門様御支配之節ゟ願上候得共相叶不申候処、此年永荒引半納引
被成下候、杢進様御支配之初年也
一享保七寅年右御同人様御支配之節八月廿七日大嵐高浪ニ而塩浜囲堤大破仕候間願上候得者、則
御普請被　仰付内堤外堤ニ而金高弐千百両余文《ママ》御入用ニ候、金壱両ニ付人足三拾八人替壱人鐚
八拾文ツヽ被下置候、芝附人足賃銀壱匁五ト葭植人足者壱人ニ付米五合扶持被下置杭木葉唐葉
直竹麁朶葉笹等之諸色入札直段ヲ以村方江被下置先例之通一村切ニ御普請仕上申候、内堤ニ者
芝植被　仰付外堤ニ者葭植被　仰付浪除百足杭ニ御目論見ニ而至極丈夫御普請被成下候故年数
相保申候
一享保八卯年右御同人様御支配之節、右寅年御普請所葉笹垣詰直し被　仰付金壱《ママ》人米五合宛被下
置候、原木・二又両村斗御修復有之候、葉笹垣詰直有之候村々欠真間村・両湊・高谷・原木・
二又六ケ村也、此節人足余慶《ママ》御積り被成下候間御扶持米名代ニ而人足賃銀なと有之候諸色之義
者例之通付永被下置候
一享保九辰年右御同人様御支配之節、御普請所堤弁ニ葉笹垣詰等御修復奉願上候得者御普請被
仰付、諸色之義者御入用人足之義者壱人ニ付米八合ツヽ被下置候、此節御普請有之候村々欠真
間・新井・両湊・本行徳・高谷・原木・二又八ケ村也
一享保十巳年右御同人様御支配之節、垣下直ニ而御買上被成下候、但塩六桶入八千三百四拾弐俵
者桶此代金四百六拾五両弐分鐚六百七拾文ニ候、御買上之節ゟ段々下直ニ相成御損金有之候、

此御損者杢進様御まとひ被遊候由、此御買上役人田中三左衛門殿下役湊村久左衛門高谷半右衛門也

一享保十三申年右御同人仕御支配之節、江戸川大洪水ニ而塩浜ニも一面水押開其上大嵐高浪ニ而塩浜悉く荒申候ニ付御願申上候得者御役永六分通御引方被下候、夫食拝借も被　仰付候

一享保十四酉年御同人様御支配之節、塩浜至而不景気ニ付塩稼取続難相成依之塩浜七八分通も御新田ニ願上候得者御吟味之上御役永三分通御引方被成下候

一享保十五戌年右御同人様御支配之節、去々申年洪水幷高浪之節大破仕塩浜囲堤ニ而井戸溝埋り申候ニ付申年ゟ段々願上候得者則当戌年井沢惣兵衛様御掛ニ而御普請役安田太左衛門様御見分御目論見ニ而塩浜囲堤御修復幷塩浜井戸溝潮引江戸浚普請被　仰付、先例之通諸色之義者御買上人足壱人ニ付賃銭八ト此鐚六拾四文ツヽ被下置本村切御普請仕上申候、四月始御普請取懸り六月始出来致候、且又当戌八月晦日大嵐高浪ニ而塩浜諸道具流失候、塩舟竈屋吹潰塩焼百姓難義仕候旨御願申上候得者御役永去酉年之通三分御引方被成下夫食拝借も被　仰付候、将又塩浜之義荒浜半納又者起返り等有之村々塩浜之訳不分明ニ付依之六月中田中三左衛門殿・杢進様御手代芦川唯八殿御見分之上御吟味を以明細書村々江渡候

一享保十六亥年右御同人様御支配之節、八月廿七日大嵐高浪ニ而去戌年ゟ海面ニ而弐三尺も高浪故塩浜諸道具流失幷家居塩舟竈屋吹潰し塩焼百姓退転可仕躰之間願上候得者御役永拾六ケ村ニて永弐百貫文御用捨引被成下候、其外夫食拝借被　仰付候

一享保十七子年右御同人様御支配之節、去亥八月廿七日之高浪ニ而塩浜御普請所大破いたし候間願上候得者、伊沢弥惣兵衛様御懸ニ而御修復被　仰付候、人足賃金三拾両余之御普請被成下候、此節御普請有之村々欠真間・新井・両湊・高谷・原木・二又都合七ケ村、諸色代御入用者無之、堤御修復之人足賃金斗ニて如此《かくのごとく》ニ候

一享保十九寅年疋田庄九郎様御支配之節、五月中ゟ盆前迄長雨降続塩浜不稼ニ付願上候へ者御役永之分三分一通り御引方被成下候

一元文三午年伊奈半左衛門様御支配之節、五月中ゟ永雨江戸川満水ニ而塩浜江相障其上夏土用中雨降続不稼ニ付願上候へ者四分一塩納御免除被成下元永ニ而上納仕候

一寛保元酉年右御同人様御支配之節、押切村ニ而先年新塩浜取立申候堤及大破候ニ付、御普請願上候へ者則人足諸色共金高三拾弐両之御入用被　仰付候、人足壱人ニ付賃銀壱匁五トツヽ被下置候

一寛保弐戌年右御同人様御支配之節、右同村御普請又候御修復願上候へ者金高拾八両余之御入用御普請被成下候、人足壱人前賃銀壱匁五トツヽ被下置候、幷八月朔日大風雨高浪都而関東大洪水居村ニ而水丈五六尺依之塩浜も一面水押開欠真間村地内潮除堤字枡形ト申所大切所出来、水深難相知程御座候、外村々所々切所潮引堀押埋り候ニ付右御普請願上候へ者則御勘定青木治郎九郎様・野田治郎右衛門様御見分之上翌亥年御普請被　仰付、人足壱人ニ付御扶持米七合五夕被下置候、塩浜附拾四ケ村々右之通ニ御座候、将又塩浜之義小破之節繕ひ御普請者御扶持米被

下置候義も御座候得共大破之節扶持米之例無御座候、且枡形堤切所者水深ニ付廻し築ニ御普請被成下候、川除堤組合ニ而川通りハ細川越中守様御手伝ニ付右堤川通一同ニ御普請有之塩浜者地方内道御普請之御目論見ニ相成候間御支配一統ニ御扶持米ニ成候故塩浜も如此御伺相済候歟、塩浜之義者古来人足諸色村高役ニ御構無御座御入用ヲ以御普請被　仰付来候、終ニ役人足之例無御座候、此上御普請願申上候ハヽ先例之通賃人足ニ可奉願候、且右大変ゆへ申上候へ者塩納不残御赦免之上永高三分二御用捨引被成下候

塩浜御年貢永増覚

一永拾四貫八百三拾文五ト　新井村
一永四拾弐貫六百九拾八文四ト　欠真間村
一永拾八貫八百四拾九文五ト　湊　村
一永九貫七百九拾七文九ト　同新田村
一永弐拾六貫八百三文六ト　押切村
一永拾弐貫五百拾壱文八ト　伊勢宿村
一永八貫五百九拾四文　関ヶ嶋村
一永六拾四貫八百廿弐文七ト　本行徳村
一永弐拾六貫百拾六文　上妙典村

一永三拾八貫弐百四拾四文六ト　下妙典村
一永三百文　下新宿村
一永四貫四百九拾弐文五ト　河原村
右者延享元子年柴村藤右衛門様御支配之節御改増永書面之通りニ候、尤享保十九寅年御改以後
村々段々半納引ニ罷成候処去亥年迄之上納辻江二割増也
一永拾七貫九百廿六文弐ト　田尻村
一永弐拾弐貫三百四拾六文　高谷村
一永八貫七百三文　原木村
一永四貫二百九文　二又村
右四ケ村之義も前々ゟ塩浜拾六ケ村組合之内ニ有之候処寛保三亥年前拾弐ケ村者柴田（ママ）藤右衛門
様御支配ニ成此四ケ村者上坂安左衛門様御支配ニ成ル故別ニ記ス

塩浜御年貢永覚

一永拾四貫四百九拾七文壱ト　新井村
一永四拾三貫三拾四文九ト　欠真間村
一永弐拾貫六百拾七文弐ト　湊　村
一永九貫九百八拾弐文壱ト　同新田村

一永弐拾八貫百拾弐文三ト　押切村
一永拾弐貫五百八拾七文壱ト　伊勢宿村
一永八貫五百九拾四文　関ヶ島村
一永七拾貫百六拾七文四ト　本行徳村
一永三百文　下新宿村
一永四貫九百四拾壱文七ト　河原村
一永弐拾三貫四百弐拾壱文七ト　上妙典村
一永三拾七貫弐百六拾壱文三ト　下妙典村
一永拾六貫六百七拾弐文六ト　田尻村
一永弐拾壱〆五百三拾四文　高谷村
一永拾貫四百五拾五文　原木村
一永四貫八百五拾壱文九ト　二又村

右者延享三寅年秋舟橋安右衛門様御支配御改塩浜役永高書面之通ニ御座候
一延享四卯年舟橋安右衛門様御支配之節、欠真間・湊・押切三ケ村塩浜囲堤御普請所大破仕候所御普請奉願上候へ者御手代石井清助殿・高橋太助殿御見分御目論見御座候処、近年之御定法ニ者五拾一年以前御普請被成下候証拠書物無之候得者難願相叶旨被　仰聞、右証拠書物有無幷塩浜開発之義とも御普請被仰付候発端何十ヶ年ニ相成候哉由来書差出可申旨被仰渡候、依之申上候者当領塩浜発端之義何百年以前ニ相成候哉往古儀ニ御座候へ者相　知不申乍恐《おそれながらあいしれもうさず》御入国以前相州小田原江塩年貢船廻仕候由申伝候、且御普請始り之義も古来之義ニ而延宝八申年津浪之節古キ書物等不残流失仕候ニ付相知不申候、其以後寛保二戌年大水之節水腐ニ罷成候故証拠書物等無御座候、伝々演説或ハ老人等覚申候義申上候得者塩浜之義大切ニ被思召右之通ニ而御伺相済、則同年七月四日ニ御普請被仰付候処嵐時ニ向ひ候故秋暮迄御延願上九月ゟ十月迄ニ御普請出来いたし候

一寛延元辰年同二巳年右御同人様御支配之節塩浜囲堤御普請被仰付候、同年春中ゟ永雨打続其上八月十三日大風雨高浪ニ而塩焼難義仕候ゆへ奉願上候得者四分一塩御赦免元永ニ而上納被仰付候

一寛延三午年右御同人様御支配之節、塩浜囲堤御普請江川浚等迄被　仰付候

塩浜囲堤ニ生立候埜萱《のかや》御立野ニ成候事

享保七寅年小宮山杢進様御支配之節、行徳領塩浜囲堤御普請被成下候節波除之為右堤通江御入用ヲ以葭萱御植被遊候処、堤丈夫ニ相成段々葭萱生茂候処、田中三左衛門殿杢進様江被申上候者夥敷御入用ヲ以御普請被成下候得者右葭萱御立野ニ被遊可然由被申上候故、享保十一午年御立埜ニ罷成塩浜見廻り役欠真間村安兵衛・湊村平四郎・本行徳伊兵衛・高谷村半右衛門右四人

之もの共被仰付、則堤間数長法反歩ニ積り一坪何杷刈ト委細相改帳面差上候、右御立野組合者新井・欠真間・両湊・押切・関ヶ島・本行徳・高谷合而八ケ村ニ候、然ル処右午年与《よ》り丑迄八ケ村之間者御立野村人足ニ而為刈取被遊候而塩浜御普請所并川除御普請所御遣ひ被遊候、享保十九寅年疋田庄九郎様御支配之節是又村人足ニ而、為刈取代永ニ而入札村請ニ被　仰付候、同廿卯年伊奈半左衛門様御支配之節、卯ゟ未迄五ケ年賦被　仰付候、元文五申年ゟ戌年迄三ケ年賦ニ右御同人様御支配之節者被　仰付候

野萱代永上納直段覚

享保十九年疋田庄九郎様御支配之節

一野萱拾束ニ付　代永八拾壱文三ト

同廿卯年ゟ元文四未年迄五ケ年賦

伊奈半左衛門様御支配之節

一同　代永九拾五文

元文五申年ゟ寛保二戌年迄三ケ年賦

右御同人様御支配之節

一同　代永右同断

寛保三亥年ゟ巳年迄七ケ年賦

柴村藤右衛門様御支配之節
一同　　　　　代永百五文

（文部省史料館文書）

参考文献

『房総叢書』（第六巻）所収『葛飾誌略』房総叢書刊行会　一九四一年十一月十日発行
『広辞苑第四版』新村出編　岩波書店　一九九一年十一月十五日発行
『新版漢語林』著者　鎌田正、米山寅太郎　大修館書店　一九九七年三月一日発行
『燕石十種』（第五巻）所収『葛飾記』岩本活東子編　中央公論社　一九八〇年五月三十日発行
『市川市史』市川市史編纂委員会編　吉川弘文館
『勝鹿図志手ぐり舟』宮崎長蔵著　ホビット社　一九九〇年九月二十九日発行
『影印・翻刻・注解　勝鹿図志手繰舟』高橋俊夫編著　崙書房　一九八〇年七月三十日発行
『下総行徳塩業史』揖西光速著　アチックミューゼアム　一九四一年十月三十日発行
『塩の日本史　第二版』廣山堯道著　雄山閣出版　一九九七年七月五日発行
『浦安町誌上』浦安町誌編纂委員会編集　一九六九年十二月一日発行
『行徳の塩づくり』編集発行市立市川歴史博物館　一九八三年三月三十一日発行
『記念誌　区画整理のあゆみ』市川市南行徳第一土地区画整理組合　一九七四年二月二十八日発行
『原寸復刻江戸名所図会下』石川英輔・田中優子監修　評論社　一九九六年十二月二十日発行

『日本橋魚河岸物語』尾村幸三郎著　青蛙房　一九八四年二月五日発行
『葛飾風土史　川と村と人』遠藤正道著　明光企画　一九七八年三月二十二日発行
『明解行徳の歴史大事典』鈴木和明著　文芸社　二〇〇五年三月十五日発行
『現代語訳成田参詣記』大本山成田山新勝寺　一九九八年四月二十八日発行
『千葉県東葛飾郡誌』（復刻版）千秋社　一九八八年十月五日発行
『青べか日記』山本周五郎著　大和出版　一九七二年九月三十日発行
『学び、歩き、語り合った30余年』森亘男著　二〇一三年九月二十日発行
『江戸近郊みちしるべ』村尾嘉陵著　朝倉治彦編注　平凡社　一九八五年八月十五日発行
『行徳物語』宮崎長蔵・綿貫喜郎共著　市川新聞社　一九七七年十月十五日発行
『千葉県東葛飾郡誌』所収『南行徳村史』
『一茶全集第三巻句帳Ⅱ「七番日記」』信濃毎日新聞社　一九七六年十二月三十日発行
『寛政三年紀行』
『房総諸藩録』須田茂著　崙書房　一九八五年三月十日発行
『市川市の地名』市川市教育委員会　一九八七年三月三十一日発行
『千葉県の地名』日本歴史地名大系（第一二巻）平凡社　一九九六年七月十二日発行
『図説歴史散歩事典』井上光貞監修　山川出版社　一九七九年九月三十日発行
『行徳の歴史散歩』祖田浩一著　行徳新聞社　一九八四年八月二十日発行

『観音札所のある町　行徳・浦安』中山書房仏書林　一九八四年十一月三日発行
『平成一四年度企画展図録　幕末の市川』市立市川歴史博物館　二〇〇三年三月十六日発行
『新編日本古典文学全集48　中世日記紀行集』所収「東路のつと」長崎健ほか校注・訳　小学館
一九九四年六月二十四日発行
『群書類従・第十八輯日記部紀行部』所収「むさしの紀行」塙保己一編纂　群書類従完成会　一
九三二年十月十五日発行
『増訂武江年表』斉藤月岑著　金子光晴校訂　平凡社　一九八六年七月二十六日発行
『遊歴雑記初編』十方庵敬順著　朝倉治彦校訂　平凡社東洋文庫　一九八九年四月十七日発行
『万葉集　国民の文学第二巻』土屋文明訳　河出書房新社　一九六三年十月二十三日発行
『江戸砂子』小池章太郎編　東京堂出版　一九七六年八月二十五日発行
『いちかわ水土記』鈴木亘男著　崙書房　一九九〇年一月二十五日発行
『いちかわ民俗誌』萩原法子著　崙書房　一九八五年十一月一日発行
『市川市史第六巻上』所収『塩浜由緒書』
『上妙典村明細帳』同
『下妙典村明細帳』同
『本行徳村明細帳』同
『旧高旧領取調帳』同

『享和三年正月若宮村・中山村明細帳』同
『享和三年正月鬼越村明細帳』同
『享和三年正月宮久保村明細帳』同
『宝暦六年大野村家並み御検分留帳』同
『葛西志』三島政行著　国書刊行会　一九七一年八月十五日発行
『江戸川区史第一巻』江戸川区　一九七六年三月十五日発行
『江戸川区の史跡と名所』江戸川区教育委員会編集発行　二〇〇〇年十一月発行
『江戸川ブックレットNo.5　地名のはなし』江戸川区教育委員会　一九八九年三月三十一日発行
『鎌ケ谷市史』（第一巻上）鎌ケ谷市
『船橋市史　前篇』船橋市役所　一九五九年三月一日発行
『船橋市史　現代編』
『船橋市史　資料編一』船橋市企画部情報管理課編集　一九八三年三月三十一日発行
『寛政五年九日市村明細帳』
『享和三年五日市村明細帳』
『元禄十五年葛飾郡山野村検地水帳写』
『享保十年六月下総国葛飾郡印内村田方地押帳』

『享保十年六月下総国葛飾郡印内村屋敷地押帳』
『長禄二年六月六日小金本土寺過去帳』
『延宝三年葛飾郡八幡庄藤原新田検地帳』
『享和三年閏正月藤原新田銘細帳』
『松戸宿明細帳』

あとがき

本書の刊行にあたって、市川市南行徳公民館主催講座「葛飾誌略の世界」のために撮影し、参加者のみなさんに資料として提供した写真のアルバムを開いてみました。

アルバムに貼りつけた写真は四百八十四枚ありました。

アルバムは講座の各回ごとに整理してあり、写真の脇に地図を描き、図を描き、コメントを付け、そしてそれを参加者の数だけコピーをして配布したのでした。

つまり、「葛飾誌略の世界」の講座は公民館の会場に居ながらにして、現地に立ち、歩いているように構成したのでした。

その写真集の原本は筆者の宝物です。改めてその綴りを紐解きますと、写真撮影してから今日までの十二年の間に、移転してしまった寺院、建て替えられた建物、違う場所に移された史跡等々がいくつもあることに気づきます。

人は老い、黄泉の国に旅立つように、神社仏閣名所旧跡も時の流れの大河の中に朽ち果て、そして再建されてきたのです。

『葛飾誌略』の著者は「世の営みに遑《いとま》なく、夜分の閑暇に書き集めたれば、論なくも、書損多かるべし。重ねて閑暇を見合せ、認め直すべし」と述べています。

『葛飾誌略の世界』を書いた筆者も『葛飾誌略』の著者とまったく同じ思いです。「重ねて閑暇を見合せ、認め直す」には、執筆の時間が限られてきていると実感しているこの頃です。

読者のみなさんが本書をお読みになって不足を感ずる個所が必ずあると思われます。この本を土台にして、みなさん方ご自身の『葛飾誌略の世界』をお作りいただけたら、この上ない幸せです。

なお、筆者の先祖の一人に新井村の名主鈴木清兵衛があり、天保七年（一八三六）一月十四日没の清兵衛は鈴木金堤あるいは行徳金堤の俳号を使っていました。筆者も金堤を見習って「鈴木銀堤」のペンネームを持つことにしました。子孫であっても金堤を名乗るのはおこがましいと思ったからです。筆者の祖父の名は鈴木銀蔵であり鈴木家の中興の祖であることから、祖父の名から一字をいただくことにしたのです。

鈴木和明

二〇一五年二月吉日

［に］

［ね］

［の］

［は］

［と］

［な］

［す］

［せ］

［そ］

［さ］

［し］

［き］

［く］

［か］

［う］

［え］

［お］

索　引

著者プロフィール

鈴木 和明（すずき かずあき）

1941年、千葉県市川市に生まれる。

南行徳小学校、南行徳中学校を経て東京都立上野高等学校通信制を卒業。

1983年、司法書士試験、行政書士試験に合格、翌1984年、司法書士事務所を開設。1999年、執筆活動を始める。

南行徳中学校PTA会長を2期務める。新井自治会長を務める。

市川博物館友の会会員。新井熊野神社氏子総代代表。

趣味：読書、釣り、将棋（初段）

著書に『おばばと一郎』『おばばと一郎2』『おばばと一郎3』『おばばと一郎4』『行徳郷土史事典』『明解　行徳の歴史大事典』『行徳歴史街道』『行徳歴史街道2』『行徳歴史街道3』『行徳歴史街道4』『郷土読本　行徳　塩焼の郷を訪ねて』『郷土読本　行徳の歴史・文化の探訪1』『郷土読本　行徳の歴史・文化の探訪2』『僕らはハゼっ子』『江戸前のハゼ釣り上達法』『天狗のハゼ釣り談義』『ハゼと勝負する』『HERA100　本気でヘラと勝負する』（以上文芸社刊）、『20人の新鋭作家によるはじめての出版物語』（共著、文芸社刊）などがある。

http://www.s-kazuaki.com

『葛飾誌略』の世界

2015年４月15日　初版第１刷発行

著　者　鈴木 和明
発行者　瓜谷 綱延
発行所　株式会社文芸社
〒160-0022　東京都新宿区新宿１－10－１
電話　03-5369-3060（編集）
03-5369-2299（販売）

印刷所　図書印刷株式会社

ISBN978-4-286-16045-0

鈴木和明著既刊本　好評発売中！

『僕らはハゼっ子』
ハゼ釣り名人の著者が、ハゼの楽園江戸川の自然への愛情と、釣りの奥義を愉快に綴ったエッセイ集。
四六判 88 頁
定価 864 円（税込み）

『江戸前のハゼ釣り上達法』
江戸川でハゼを釣ること 16 年。1 日 1000 尾釣りを目標とし、自他ともに認める“ハゼ釣り名人”がその極意を披露。ハゼ釣りの奥義とエピソードが満載！
四六判 196 頁
定価 1､404 円（税込み）

『天狗のハゼ釣り談義』
自分に合った釣り方を開拓して、きわめてほしいという思いをこめ、ハゼ釣り名人による極意と創意工夫がちりばめられた釣りエッセイ。釣り人の数だけ釣り方がある。オンリーワン釣法でめざせ 1 日 1000 尾 !!
四六判 270 頁
定価 1､512 円（税込み）

『ハゼと勝負する』
1 日 1000 尾以上を連続 22 回達成。限られた釣りポイントでも、釣り師にとって、日々変化する環境に対応して生きるハゼを、どのような釣技でとらえていくのか。その神がかり的釣果の記録をまとめた一冊。
四六判 200 頁
定価 1､296 円（税込み）

『HERA100　本気でヘラと勝負する』
テクニックを追求すればキリがないほど奥の深いヘラブナ釣り。1 日 100 枚。常識を超えた釣果の壁を破る！　釣果を期待したい人はもちろん、幅広い釣り人の要求に応えるコツが満載の痛快釣りエッセイ。
四六判 298 頁
定価 1､512 円（税込み）